新商科"互联网+教育"
电子商务专业系列教材

网络营销与推广

吴彦艳 ◎ 主编
郑丽娟　张丽霞 ◎ 副主编

电子工业出版社
Publishing House of Electronics Industry
北京·BEIJING

内 容 简 介

本书以理论与实践有机结合为基本原则，构建网络营销与推广的逻辑体系和知识内容，力求充分体现网络营销的理论性、实践性和前沿性。本书共 11 章，具体包括网络营销概述、网络营销信息收集与网络市场调研、网络消费者与网络市场、网络广告策划与推广、传统网络营销与推广工具、社交媒体营销与推广工具、短视频营销、直播营销与推广、大数据营销、网络营销策略组合和网络营销策划。

本书立足前沿、结构新颖、体系规范、侧重应用，既可以作为高等院校电子商务、市场营销、企业管理等专业的教学用书，也适合各个层次的电子商务及网络营销的相关从业人员学习或参考。

未经许可，不得以任何方式复制或抄袭本书之部分或全部内容。
版权所有，侵权必究。

图书在版编目（CIP）数据

网络营销与推广 / 吴彦艳主编. —北京：电子工业出版社，2022.9
ISBN 978-7-121-44213-1

Ⅰ.①网⋯ Ⅱ.①吴⋯ Ⅲ.①网络营销－高等学校－教材 Ⅳ.①F713.365.2

中国版本图书馆 CIP 数据核字（2022）第 154823 号

责任编辑：袁桂春
印　　刷：三河市君旺印务有限公司
装　　订：三河市君旺印务有限公司
出版发行：电子工业出版社
　　　　　北京市海淀区万寿路 173 信箱　邮编：100036
开　　本：787×1092　1/16　印张：13　字数：350 千字
版　　次：2022 年 9 月第 1 版
印　　次：2023 年 8 月第 2 次印刷
定　　价：49.80 元

凡所购买电子工业出版社图书有缺损问题，请向购买书店调换。若书店售缺，请与本社发行部联系，联系及邮购电话：（010）88254888，88258888。

质量投诉请发邮件至 zlts@phei.com.cn，盗版侵权举报请发邮件至 dbqq@phei.com.cn。
本书咨询联系方式：（010）88254199，sjb@phei.com.cn。

前言 Preface

随着电子商务的快速发展,网络营销已经成为数字经济时代企业开展商务活动的重要模式。相比传统营销活动,网络营销与互联网信息技术的发展与应用联系紧密,特别是近年来,随着移动互联网技术的快速应用与普及,以微信、微博为代表的社交媒体快速兴起,直播和短视频平台迅速改变了网络营销与推广的市场模式,开放、分享、自主、互动的网络特性推动网络营销进入了一个新的发展时代。

网络营销不仅植根于经典的市场营销理论,而且与现代网络信息技术发展息息相关,具有鲜明的理论性和应用性。如何将理论与实际相结合,更好地推动网络营销的发展与应用,是相关从业人员和研究人员关注的重点。基于此背景,我们编写了本书,对网络营销的基础理论和最新实践进行系统分析与介绍,力求突出网络营销与推广的时效性、先进性和实践性。本书的主要内容包括网络营销概述、网络营销信息收集与网络市场调研、网络消费者与网络市场等网络营销基本理论,网络广告、搜索引擎、电子邮件等传统网络营销与推广工具,微信、微博社交媒体营销与推广工具,短视频、直播及大数据营销等新型网络营销与推广技术,以及网络营销策略组合和网络营销策划。

本书将网络营销理论与市场推广应用紧密结合,紧跟当前电子商务发展的最新趋势,突出了网络营销与推广的前沿性和实践性。一方面,注重对于网络营销基本原理、知识与方法的学习,全面、系统地阐述网络营销的理论知识;另一方面,重点突出最新的网络营销与推广的工具与方法,加强对网络营销实践方法和技巧的训练。希望通过本书的学习,读者能够应用网络营销的专业知识分析和解决网络营销领域中的相关问题。

本书由吴彦艳(哈尔滨商业大学)负责整体设计和统稿,具体分工如下:吴彦艳编写第5、6、8、9章,郑丽娟(东北林业大学)编写第2、3、4、10章,张丽霞(哈尔滨商业大学)编写第1、7、11章。隋东旭对书稿做了细致的审校工作。

本书在编写过程中参考了不少资料,编者已经尽可能详细地在参考文献中列出,在此对这些专家和学者表示深深的谢意。可能有些资料没有指明出处,在此表示万分歉意。现代信息技术发展日新月异，电子商务应用不断推陈出新，网络营销与推广中的技术、方法和手段也在不断地更新变化，同时编者的水平和时间有限，书中难免有疏漏和不当之处，期待专家和读者的批评指正。

编　者

目录 Contents

第1章 网络营销概述 ·················· 1
1.1 网络营销认知 ···················· 2
1.1.1 网络营销的产生 ············· 2
1.1.2 网络营销的概念 ············· 3
1.1.3 网络营销的特点 ············· 4
1.1.4 网络营销的职能 ············· 5
1.2 企业网络营销的开展 ············ 7
1.2.1 企业开展网络营销需要具备的条件 ············· 7
1.2.2 打造企业网络营销团队 ····· 7
1.2.3 企业开展网络营销的步骤与方法 ················ 8
1.2.4 企业网络营销效果评价 ···· 11
1.3 网络营销理论基础 ·············· 11
1.3.1 4C营销理论 ················· 11
1.3.2 整合营销理论 ··············· 12
1.3.3 软营销理论 ·················· 13
本章实训 ································ 13
课后习题 ································ 14

第2章 网络营销信息收集与网络市场调研 ············ 15
2.1 网络营销信息收集 ·············· 16
2.1.1 网络营销信息概述 ········· 16
2.1.2 网络营销信息收集手段 ··· 16
2.1.3 网络营销信息收集的各类网站 ················ 17
2.2 网络市场调研 ···················· 18
2.2.1 网络市场调研概述 ········· 18
2.2.2 网络市场调研内容与过程 ······················ 20
2.2.3 网络市场调研方法与策略 ······················ 23

2.2.4 设计、投放与回收网络市场调研问卷 ········ 27
2.2.5 撰写网络市场调研报告 ··· 31
本章实训 ································ 32
课后习题 ································ 33

第3章 网络消费者与网络市场 ······ 35
3.1 网络消费者 ······················· 36
3.1.1 网络消费者概述 ············ 36
3.1.2 影响网络消费者购买行为的主要因素 ········ 38
3.1.3 网络消费者的购买过程 ··· 39
3.2 网络市场 ·························· 41
3.2.1 网络市场概述 ··············· 41
3.2.2 网络市场细分 ··············· 43
3.2.3 网络目标市场选择 ········· 45
3.2.4 网络市场定位 ··············· 47
本章实训 ································ 48
课后习题 ································ 49

第4章 网络广告策划与推广 ·········· 51
4.1 网络广告概述 ···················· 52
4.1.1 网络广告的概念与特点 ··· 52
4.1.2 网络广告形式 ··············· 53
4.1.3 网络广告构成要素 ········· 56
4.1.4 网络广告投放步骤 ········· 57
4.2 网络广告营销策划 ·············· 59
4.2.1 网络广告预算 ··············· 59
4.2.2 撰写网络广告策划书 ····· 61
4.3 网络广告发布与推广 ············ 63
4.3.1 选择网络广告发布渠道 ··· 63
4.3.2 网络广告效果评估 ········· 65
4.4 软文广告营销 ···················· 67
4.4.1 软文广告营销概述 ········· 67

   4.4.2 软文广告营销策略……… 68
   4.4.3 软文广告推广技巧……… 70
   4.4.4 软文广告效果评估……… 72
  本章实训……………………………… 72
  课后习题……………………………… 73

第5章 传统网络营销与推广工具……… 75
  5.1 搜索引擎优化与推广……………… 76
   5.1.1 搜索引擎概述……………… 76
   5.1.2 搜索引擎优化……………… 79
   5.1.3 关键词优化………………… 81
   5.1.4 竞价排名推广……………… 83
  5.2 电子邮件营销与推广……………… 84
   5.2.1 电子邮件营销概述………… 84
   5.2.2 电子邮件营销步骤
     与方法……………………… 86
   5.2.3 电子邮件推广注意
     事项………………………… 88
  5.3 论坛营销与推广…………………… 89
   5.3.1 论坛营销与推广概述……… 89
   5.3.2 论坛营销与推广策略……… 90
  5.4 友情链接营销与推广……………… 91
   5.4.1 友情链接的作用…………… 91
   5.4.2 友情链接推广策略………… 93
  5.5 问答营销与推广…………………… 94
   5.5.1 问答营销与推广概述……… 95
   5.5.2 问答营销与推广方法……… 96
  本章实训……………………………… 98
  课后习题……………………………… 99

第6章 社交媒体营销与推广工具……… 100
  6.1 微信营销与推广…………………… 101
   6.1.1 微信营销概述……………… 101
   6.1.2 微信朋友圈营销与
     推广………………………… 103
   6.1.3 微信公众号营销与
     推广………………………… 105
   6.1.4 微信小程序营销与
     推广………………………… 107
   6.1.5 微信视频号营销与
     推广………………………… 109
  6.2 微博营销与推广…………………… 111

   6.2.1 微博营销概述……………… 111
   6.2.2 企业微博营销与推广……… 114
   6.2.3 个人微博营销与推广……… 115
   6.2.4 微博营销与推广注
     意事项……………………… 117
  本章实训……………………………… 118
  课后习题……………………………… 119

第7章 短视频营销……………………… 120
  7.1 短视频概述………………………… 121
   7.1.1 短视频的定义及特点……… 121
   7.1.2 短视频类型………………… 122
   7.1.3 短视频盈利模式…………… 122
  7.2 短视频营销………………………… 123
   7.2.1 短视频营销的含义………… 123
   7.2.2 短视频营销的特点………… 123
   7.2.3 短视频营销的主要类型…… 124
  7.3 主要短视频平台…………………… 125
   7.3.1 抖音………………………… 125
   7.3.2 快手………………………… 126
   7.3.3 其他短视频平台…………… 127
  7.4 短视频内容制作与推广…………… 128
   7.4.1 短视频内容制作流程……… 128
   7.4.2 短视频营销推广方法……… 129
   7.4.3 短视频营销注意事项……… 130
  本章实训……………………………… 132
  课后习题……………………………… 132

第8章 直播营销与推广………………… 134
  8.1 直播营销概述……………………… 135
   8.1.1 直播营销的内涵及特点…… 135
   8.1.2 直播营销流程……………… 137
  8.2 直播营销主要平台………………… 138
   8.2.1 淘宝直播…………………… 138
   8.2.2 快手直播…………………… 140
   8.2.3 抖音直播…………………… 142
  8.3 直播营销推广策略………………… 144
   8.3.1 直播营销推广三要素……… 144
   8.3.2 直播营销推广法则………… 145
   8.3.3 直播营销发展策略………… 147
  本章实训……………………………… 148
  课后习题……………………………… 149

第9章 大数据营销 ……………… 151
9.1 大数据营销概述 ……………… 152
- 9.1.1 大数据营销的含义 ……… 152
- 9.1.2 大数据营销的特点 ……… 153
- 9.1.3 大数据营销的主要功能 ·· 153
- 9.1.4 大数据营销的意义 ……… 155

9.2 大数据营销的主要应用 ……… 156
- 9.2.1 大数据营销的应用模式 ·· 156
- 9.2.2 大数据营销应用的优点 ·· 158
- 9.2.3 大数据营销的应用支持系统 ………………… 159

9.3 大数据营销的步骤 …………… 160
- 9.3.1 大数据营销的基本流程 ·· 160
- 9.3.2 商品偏好分析的大数据营销步骤 …………… 161

9.4 大数据营销策略 ……………… 162
- 9.4.1 强化大数据收集与数据库建设 ……………… 162
- 9.4.2 提高消费者营销参与度 ·· 163
- 9.4.3 建立营销数据共享机制 ·· 163
- 9.4.4 构建新型营销沟通体系 ·· 163
- 9.4.5 提供个性化产品或服务 ·· 163

本章实训 ……………………………… 164
课后习题 ……………………………… 165

第10章 网络营销策略组合 …………… 166
10.1 网络营销产品策略 …………… 167
- 10.1.1 网络营销产品概述 …… 167
- 10.1.2 网络营销产品具体策略 · 168
- 10.1.3 构建网络品牌 ………… 169

10.2 网络营销价格策略 …………… 170
- 10.2.1 影响网络营销产品价格的因素 ……………… 170
- 10.2.2 网络营销产品价格的特点 …………………… 171
- 10.2.3 网络营销定价策略 …… 172

10.3 网络营销渠道策略 …………… 175
- 10.3.1 网络营销渠道概述 …… 175
- 10.3.2 网络营销渠道的功能 … 176
- 10.3.3 网络营销渠道的建设与管理 ……………… 177

10.4 网络营销促销策略 …………… 178
- 10.4.1 网络营销促销概述 …… 178
- 10.4.2 网络营销促销的特点 … 179
- 10.4.3 网络营销促销的策略组合 …………………… 180

本章实训 ……………………………… 183
课后习题 ……………………………… 184

第11章 网络营销策划 …………………… 186
11.1 网络营销策划概述 …………… 187
- 11.1.1 网络营销策划的含义 … 187
- 11.1.2 网络营销策划的基本原则 …………………… 188
- 11.1.3 网络营销策划的类型 … 189
- 11.1.4 网络营销策划的作用 … 190
- 11.1.5 网络营销策划的步骤 … 191

11.2 网络营销策划的主要内容…… 191
- 11.2.1 企业与宏观环境研究 … 192
- 11.2.2 企业的网络营销战略分析 …………………… 192
- 11.2.3 企业的网络营销策略分析 …………………… 192
- 11.2.4 企业的网络营销预算 … 194
- 11.2.5 企业的网络营销实施 … 194
- 11.2.6 企业的网络营销风险管理 …………………… 194

11.3 编制网络营销策划书………… 195
- 11.3.1 网络营销策划书的编制原则 ………………… 195
- 11.3.2 网络营销策划书的基本结构 ………………… 195
- 11.3.3 网络营销策划书的格式 …………………… 195
- 11.3.4 网络营销策划书范例 … 197

本章实训 ……………………………… 197
课后习题 ……………………………… 197

参考文献 ……………………………………… 199

VII

第1章 网络营销概述

 章节引言

随着现代信息技术对社会、经济产生深刻的影响,网络的价值和优势已被市场认同,随之产生的营销环境、市场形态也不断演进发展。虚拟市场的产生为买卖双方提供了新的商品交换场所,新的营销理论体系应运而生。

 引导案例

戴尔公司的网络直销

戴尔公司(Dell)是一家总部位于美国得克萨斯州朗德罗克的世界五百强企业,由迈克尔·戴尔于1984年创立,1992年进入《财富》杂志500强之列,迈克尔·戴尔因此成为其中最年轻的首席执行官。自1995年起,戴尔公司一直名列《财富》杂志评选的"最受仰慕的公司",2001年排名第10位,2011年上升至第6位。戴尔公司以生产、设计、销售家用及办公室计算机闻名,同时涉足高端计算机市场,生产与销售服务器、数据储存设备和网络设备等。

戴尔公司诞生时,迈克尔·戴尔希望实现设计、制造和销售技术方式的变革。戴尔公司的传统销售模式是打电话—前台接待—转咨询销售—支付定金—送货上门—接货付款。这种经营模式让戴尔公司在1992—1995年如坐上火箭般增长,使它跻身全球五大计算机制造商之列。随着戴尔公司的业务量快速增加,这种传统直销方式的弊端逐渐显现,即业务的处理需要人工完成,人力资源成本快速增加,而订单处理速度较慢。互联网商业化应用的成功为戴尔公司的发展带来了新的契机,1996—1999年,戴尔公司开始进军互联网市场,实现在线销售。消费者只需要登录戴尔公司的网站,按自己的需求配置计算机,决定后输入自己的信用卡信息,即可完成订购支付过程。戴尔公司将传统人工电话直销转为网络直销,快速降低了人工管理成本,进一步扩大了业务覆盖面,并为全球电子商务制定了基准。戴尔公司网络直销的成功引来了众多竞争者争相效仿,但效果都不理想。

戴尔公司的模式是"先拿到客户订单,收到钱,再组装计算机,然后发货"。也就是说,客户下订单说明计算机的配置,戴尔公司才开始组装,然后邮寄到客户家里。这样,戴尔公司不需要太多流动资金,没有库存,没有店面成本,更没有计算机技术过时的风险,因此也没有价格风险,既满足用户需求的灵活性,又大大降低了成本。这使戴尔公司有很大砍价空间,即使价格比 IBM 公司、康柏克公司低很多,戴尔公司照样能盈利,而 IBM 公司、康柏克公司却可能亏损。

案例思考题
1. 戴尔公司的网络销售方式相对传统销售方式的优点有哪些?
2. 试从多方面分析戴尔公司成功的原因。

1.1 网络营销认知

网络营销是以现代电子技术和通信技术的应用与发展为基础,与市场的变革、竞争及营销观念的转变密切相关的一门学科。相对传统的市场营销,网络营销在许多方面都具有明显的优势,带来了一场营销观念的革命。网络营销的产生为企业提供了适应全球网络技术发展与信息网络社会变革的新技术和手段,是现代企业进入新世纪的重要营销策略。

1.1.1 网络营销的产生

20 世纪 90 年代初,互联网的飞速发展在全球范围内掀起了互联网应用热潮,各大公司纷纷利用互联网提供信息服务和拓展公司业务,同时按照互联网特点积极改善企业内部结构,探索新的营销管理方法,网络营销应运而生。网络营销是在互联网快速发展、消费者价值观变革和商业竞争日趋激烈等综合因素共同作用下产生的,是多种因素综合作用的结果,如图 1-1 所示。

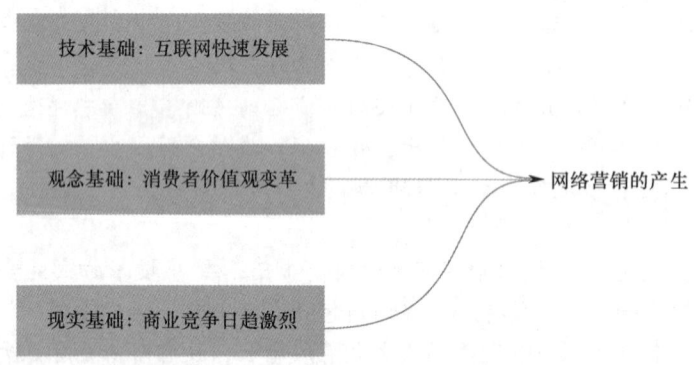

图 1-1 网络营销产生的基础

1. 网络营销产生的技术基础:互联网快速发展

网络营销的产生离不开互联网的快速发展。互联网始于 1969 年的美国,随着接入主机数量的增加,越来越多的人把互联网作为通信和交流的工具。随着互联网的商业化,其在通信、信息检索、客户服务等方面的巨大潜力被挖掘出来,这使互联网有了质的飞跃,并最终走向全球。网络的应用改变了信息的分配和接收方式,改变了人们的生活、工作和学习、合作与交流的环境,企业也搭上了网络新技术的快车,促进自身飞速发展。如何在如此潜力巨大的市场上开展网络营销、占领新兴市场,对企业既是机遇又是挑战。

2. 网络营销产生的观念基础:消费者价值观变革

满足消费者需求是企业经营永恒的核心。利用网络这一科技制高点为消费者提供各种类型的服务，是取得未来竞争优势的重要途径。市场经济发展到今天，多数产品无论是在数量还是在品种上都已极为丰富。消费者能够以个人心理愿望为基础挑选和购买商品和服务。他们的需求更多，需求的变化更快。消费者会主动通过各种可能的渠道获取与商品有关的信息并进行比较，以获得对商品的信任和心理上的满足感。

3．网络营销产生的现实基础：商业竞争日趋激烈

网络营销还产生于商业竞争。随着市场竞争日益激烈，为了在竞争中占有优势，各企业都使出了浑身解数，想方设法地吸引顾客，很难说还有什么新颖独特的方法出奇制胜。开展网络营销，可以节约大量店面租金，减少库存商品资金占用，使经营规模不受场地制约，便于采集客户信息等。这些都可以使企业经营的成本和费用降低，运作周期变短，从根本上增强企业的竞争优势，增加盈利。

1.1.2 网络营销的概念

传统市场营销反映了市场的有形性和可感知性，网络营销则是建立在互联网基础上的营销活动，因此，其内涵有了新的变化。

1．网络营销的内涵

网络营销是以现代营销理论为基础，以互联网为手段，对产品销售全过程进行跟踪服务，以最大限度地满足客户需求，从而实现以开拓市场、增加盈利为目的的经营过程。我们可以从四个关键词理解网络营销的内涵。

第一个关键词：基础——现代营销理论。

第二个关键词：手段——互联网。

第三个关键词：目的——最大限度地满足客户需求，从而实现开拓市场、增加盈利。

第四个关键词：过程——经营。

知识拓展

市场营销的定义

➢ 菲利普·科特勒认为，市场营销是个人和集体通过创造产品和价值，并同别人自由交换产品和价值，以获得其所需所欲之物的一种社会和管理过程。市场营销的最终目的是满足需求和欲望。该定义强调了市场营销的价值导向。

➢ 格隆罗斯认为，所谓市场营销，就是在变化的市场环境中，旨在满足消费需要、实现企业目标的商务活动过程，包括市场调研、选择目标市场、产品开发、产品促销等一系列与市场有关的企业业务经营活动。该定义强调了市场营销的目的。

➢ 整体而言，传统市场营销是指以有形交易市场为基础，为实现个人和组织的交易活动而规划和实施的创意、产品、服务观念、定价、促销和分销过程。可以从三个关键词理解市场营销的内涵。一是手段——有形交易市场；二是目的——实现个人和组织的交易活动；三是过程——规划和实施的创意、产品、服务观念、定价、促销和分销。

2．对网络营销内涵的理解

（1）网络营销不可以孤立存在。市场由传统线下市场和线上市场构成，那么网络营销就成为企业整体营销战略的一个必要组成部分，网络营销也是为实现企业最终经营目标进行的有计划的营销活动，以互联网为基本手段营造网上经营环境。在很多情况下，网络营销理论是传统营销理论在互联网环境中的应用和发展。对于不同企业，网络营销所处的地位是不同的。以提供网络服务产品为主的公司更加注重网络营销策略，而在传统的工商企业中，网络营销通常只处于辅助地位。由此可见，网络营销与传统营销并不冲突，只是由于网络营销依赖互联网环境，具有自身的特点，因而有相对独立的方法体系。

（2）网络营销的本质仍然是营销。企业经营的最终目的是盈利，要盈利必须有交易。网络营销活动的目的是通过满足消费者的各种需求，从而实现交易。网络营销具有市场营销的共性。一方面，网络营销以满足顾客需求为核心。市场的关键是使消费者满意，只有利用洞察力了解他们的需求，满足他们的需求，企业经营才能成功。另一方面，网络营销中，消费者对需求的变化规律和对事物的认识规律与市场营销是一致的，即使在网络营销中，分析消费者的行为规律时，也可以借鉴某些传统离线市场营销中的规律。因此网络营销的本质仍然是营销。

（3）网络营销不等于网上销售。网络营销的本质仍然是营销，营销的活动过程即交换过程，这个活动包括的内容不仅仅是销售。网络营销是为了最终实现产品销售，提升品牌形象而进行的活动，网上销售是网络营销发展到一定阶段的结果，但不是唯一的结果。这一点可以从三个方面分析：一是网络营销的目的不仅仅是促进网上销售；二是网络营销的效果是多方面的，如提供良好的售后服务、加强与客户之间的沟通；三是从网络营销包括的内容看，网上销售是网络营销的一个部分，但不是一个必须具备的部分。

（4）网络营销不等于电子商务。二者是一对既紧密相关又有区别的概念，很容易混淆。电子商务的内涵很广，核心是电子化交易。网络营销是为促成交易而提供的支持。电子商务从企业全局出发，对企业各类业务活动进行系统、规范的重新设计和建构，而网络营销则从顾客的需求出发，是营销部门围绕创造交换机会与实现交换开展的一系列商务活动。因此网络营销是电子商务的一个重要环节。

（5）网络营销不应该看成"虚拟营销"。1993 年，美国著名杂志《纽约客》上登载了一幅漫画，配有的解说是"在互联网上没人知道你是一条狗"，用以说明互联网的虚拟性。但是网络营销的手段、方法和技术是实实在在的，比传统营销更容易跟踪和了解消费者的需求。特别是今天的大数据时代，一切数据都是可跟踪、可追查的。企业在各大平台开展的营销活动都是通过技术实现的，通过技术可以溯源。

（6）网络营销是经营上的创新。网络技术的发展和网上市场的迅速扩展，为企业营销创新提供了广阔的空间。一方面是业务创新，网络创造了大量新型业务，如网上目录和搜索引擎；另一方面是手段创新，网络正在不断创造新的营销方式。

1.1.3　网络营销的特点

网络营销的实质是通过计算机网络传递市场营销信息，通过网络实施交换，为实现最终交易而进行的一系列活动。因为网络具有传统渠道和媒体不具备的某些特性，所以网络营销这种全新的营销方式在经营环境、范围、手段等方面有自己的特点，如图1-2所示。

（1）跨时空性。网络是没有时间和空间限制的，网络上的一切行为也脱离了时空限制。企业的营销活动通过程序自动完成，包括销售和基本信息服务，可以不间断地开展。网络营销也可以跨越地域，面向更广大的消费者提供产品和服务。

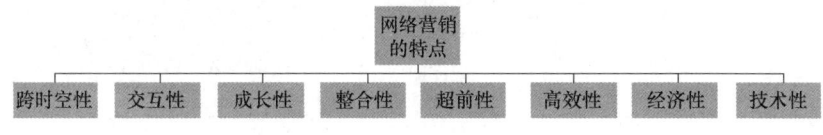

图 1-2　网络营销的特点

（2）交互性。网络作为信息传递媒体，可以全面、即时地传播信息。同时，网络作为信息传递渠道，连接企业和顾客，顾客可以利用网络上的各种程序随时和企业沟通、咨询，表达自己的意愿和需求。网络的交互性让企业注重满足顾客价值，挖掘顾客的潜在需求。

（3）成长性。成长性的本意是指某个行业或个人受经济、社会、环境、技术等因素的影响，行业市场规模或个人职业收获增加。从互联网产生开始，网民的数量就快速增加，网络市场容量也不断增加。随着移动网络、智能手机、移动电子商务的普及，网民的年龄结构扩展到老年和青少年，使网络虚拟市场的整体容量一直保持高速增长。

（4）整合性。网络营销的整合性体现在两个方面。一方面，网络营销活动不仅仅由企业的营销部门承担，更需要企业其他部门配合，才能保证活动顺利实施。另一方面，企业在网络营销过程中，不仅仅要尊重顾客，考虑顾客价值，还要考虑企业价值，需要整体协调顾客和企业的关系。

（5）超前性。技术始终是发展变化的，利用技术实现的网络营销活动也是发展变化的。每当出现新的技术，就意味着网络营销方法、形式、理念等要有变革。谁提前掌握了新理念，率先实现了变革，谁就领先市场。

（6）高效性。营销活动通过程序实现，速度快、覆盖面广、消费者群体广阔，都体现了网络营销的高效性。

（7）经济性。网络营销活动要实现与传统营销活动一样的效果，资源消耗远远少于传统营销活动，如人力资源成本、店面租金等。

（8）技术性。再好的营销思想都需要技术支撑和实现。网络营销建立在以先进技术为支撑的互联网基础上，因此企业实施网络营销必须有一定的技术投入和技术支持，改变传统营销形态，提升信息管理部分的功能，引进懂营销与计算机技术的复合型人才，才能具备市场竞争优势。

1.1.4　网络营销的职能

网络营销的职能不仅仅反映了网络营销的作用和网络营销工作的主要内容，而且说明了网络营销应该实现的效果。对网络营销职能的认识有助于全面理解网络营销的价值和内容体系。网络营销的职能可以分为六个方面：网络品牌、网站推广、信息发布、促进销售、改善顾客关系和网上调研，如图1-3所示。

（1）网络品牌。网络营销的职能之一就是在互联网上建立并推广企业品牌。知名企业可以通过适当的技术，将网下品牌在网上市场呈现给消费者；不知名企业不仅需要一定技术支持，还需要有计划的一系列网络营销活动，才能提升企业整体形象，树立网上品牌。网络品牌建设以企业网站建设为基础，通过一系列推广措施，实现顾客和公众对企业网站的认知，对企业网络品牌的认可。在一定程度上，网络品牌的价值甚至高于企业通过网络获得的直接收益。

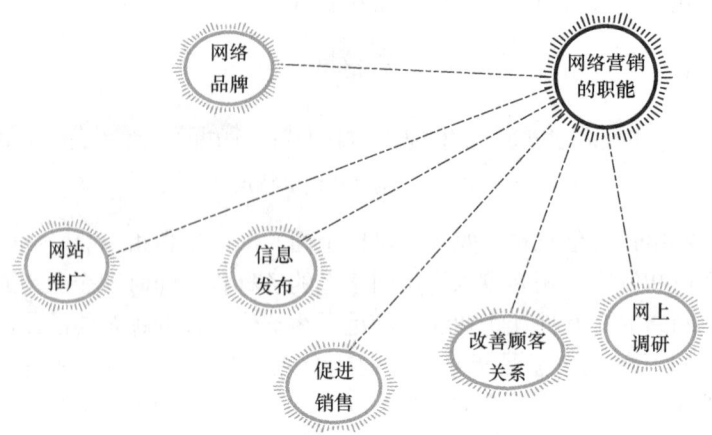

图1-3　网络营销的职能

（2）网站推广。网站推广是网络营销最基本的职能之一。相对于其他网络营销职能，网站推广显得更为迫切和重要。网站所有功能要发挥出应有的作用，都需要网站有一定的访问量，获得必要的访问量是网络营销取得成效的基础。所以，网站推广是网络营销的核心工作。尤其对于中小企业，由于经营资源的限制，发布新闻、投放广告、开展大规模促销活动等宣传机会比较少，因此通过互联网手段进行网站推广的意义更重大，这也是中小企业对网络营销更热衷的主要原因。

（3）信息发布。无论哪种营销活动，实质就是向企业经营的密切相关者传递信息。网站是互联网上信息的载体，通过网站发布信息是网络营销的职能之一。信息发布需要一定的渠道资源，可分为内部渠道资源和外部渠道资源。内部渠道资源包括企业自建网站、注册用户电子邮箱、注册会员、自建社区、自建公众号等；外部资源包括搜索引擎、供求信息发布平台、网络广告服务资源、合作伙伴的网络资源等。掌握尽可能多的网络营销渠道资源，了解各种渠道资源的特点，尽量充分利用这些渠道，最大限度地实现信息曝光，向潜在用户传递尽可能多的有价值信息，是网络营销取得良好效果的基础。

（4）促进销售。网络营销的本质仍然是营销，通过挖掘消费者的价值需求，满足需求，从而增加线上及线下的销售。目前，大部分网络营销方法都与直接或间接促进销售有关，但促进销售并不限于促进网上销售。为了促进销售，企业不仅要开展一系列销售促进活动，更要为消费者搭建便利的购买渠道。网上销售是企业销售渠道在网上的延伸，企业要完善自己网站的交易功能，还要尽可能地利用综合电子商务平台的交易功能，以及与其他电子商务网站广泛合作，扩宽网络销售渠道。

（5）改善顾客关系。培养良好的顾客关系以满足顾客价值需求为前提。顾客的价值需求有两个方面：一方面是购买产品或服务，满足生活需求的有形价值需求；另一方面是在购买过程中的无形价值需求，如信息咨询畅通、售后服务良好、购买过程愉悦等。改善顾客关系对于开发顾客的长期价值具有至关重要的作用，以顾客关系为核心的营销方式成为企业创造和保持竞争优势的重要策略。网络营销为建立顾客关系、提高顾客满意度、促进顾客忠诚提供了更有效的手段。由于网络营销的交互性，企业可以及时和顾客沟通，满足顾客的无形价值需求。这种服务成本低、效率高，在提高顾客服务水平方面具有重要作用。因此，在线顾客服务成为网络营销的基本组成内容，改善顾客关系是网络营销的职能之一。

（6）网上调研。通过在线调研表或电子邮件等方式，企业可以完成网上调研。相对于传统市场调研，网上调研具有调研周期短、效率高、成本低的特点。网上调研不仅为制定网络营销策略提供支持，也是整个市场研究活动的辅助手段之一。合理利用网上市场调研手段对于市场营销策略具有重要价值。

网络营销的职能是通过各种网络营销方法实现的。网络营销的各项职能并不是相互独立的，而是相互联系、相互促进的，网络营销的最终效果是各项职能共同作用的结果。网络营销的职能说明，开展网络营销需要以全面的观点，充分协调和发挥各项职能的作用，让网络营销的整体效益最大化。

1.2 企业网络营销的开展

企业开展网络营销不仅需要具备一定的环境条件和资源条件，还需要打造强大的网络营销团队，通过科学合理的步骤和方法实施。同时，在实施的过程中需要及时进行效果评价，以便及时调整网络营销策略。

1.2.1 企业开展网络营销需要具备的条件

无论什么样的营销活动，都有两个基本影响因素，即营销环境和营销资源。因此，开展网络营销需要具备的基本条件有企业的外部环境（环境条件）和企业的内部资源（资源条件）。

1. 企业的外部环境

企业的外部环境是指实施网络营销活动的外部环境，包括法律环境、政治环境、可利用的网络信息服务商资源、受众群体是不是网民，以及受众是否可能由非网民变成网民等。这些外部因素不是企业可以左右的，却影响着企业网络营销的实施结果。以我国目前互联网发展的现状来看，我国网络市场整体容量较大，随着移动商务的普及，网络市场容量持续增加。因此，企业开展网络营销的整体外部环境较成熟。

2. 企业的内部资源

企业的内部资源就是开展网络营销的资源，包括基本的上网条件、专业的技术人员、必要的营销预算，以及领导者的意识等。在此基础上，企业可以根据当前的整体营销战略需求，制订网络营销计划，包括企业网站建设、企业网站推广、网络营销服务方式、网络营销实施的步骤和方法等。

1.2.2 打造企业网络营销团队

企业在开展网络营销之前，一般都已经组建了固定的营销团队，所以打造网络营销团队只需要根据网络营销活动需求设定岗位即可。一般来说，企业网络营销团队主要包括六类人员，如图 1-4 所示。

（1）网络营销战略制定者。网络营销战略制定者负责管理团队，研究网络市场。他们要明白网络能做什么，不能做什么，了解网络市场发展趋势，具有敏锐的网络市场洞察力，能立足企业实际情况，预见性地制定网络营销战略。

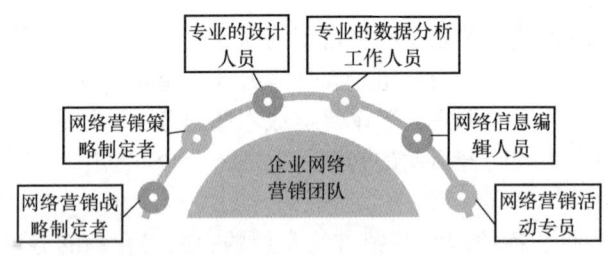

图 1-4　企业网络营销团队的构成

（2）网络营销策略制定者。网络营销策略制定者熟悉网络消费者消费习惯，了解网络市场发展现状，能综合运用各种网络营销管理理论和方法。他们能根据网络营销战略要求及市场数据，创造性地制定网络营销策略。

（3）专业的设计人员。设计人员分为前端和后端。无论是前端还是后端设计人员，不一定是技术"大咖"，但一定要工作经验丰富，设计的网络营销系统易于维护和扩展。前端设计人员能根据营销活动的要求，创造性地利用已有的网络资源，设计出具有创意的页面。后端设计人员能完成网络营销功能的设计与开发，构建执行效率较高的数据系统，搭建网络营销系统。

（4）专业的数据分析工作人员。专业的数据分析工作人员能熟练应用专业的市场数据分析软件，熟悉各种数据分析方法，对数据敏感。他们能够在海量的市场数据中提取具有商业价值的数据，并正确分析和解读数据背后的商业价值，为企业决策者提供完善的分析报告。

（5）网络信息编辑人员。根据网络营销实施的阶段性要求，网络信息编辑人员结合市场流行元素，撰写信息真实又能唤起消费者需求的相关营销活动文案。

（6）网络营销活动专员。根据各个部门的职责，网络营销活动专员协助部门主管完成本部门的活动规划、实施相关工作；辅助销售部门完成产品销售工作。

网络营销团队的构成并非一成不变，要根据实施过程中具体活动要求，选择符合需要的专业人员。好的网络营销团队也需要有凝聚力、人性化的团队文化，以及健全的管理制度和奖励机制。

1.2.3　企业开展网络营销的步骤与方法

1. 企业开展网络营销的步骤

越来越多的企业开始在互联网上开展营销活动，推广产品和服务。有一定规模的企业，或者已经实施了网络营销的企业，网络营销活动的重点是提高网络营销的应用层次；尚未开展网络营销的小微企业，则要注重了解消费者习惯，采取适当的方法逐步开展。一般来说，企业开展网络营销的步骤，如图 1-5 所示。

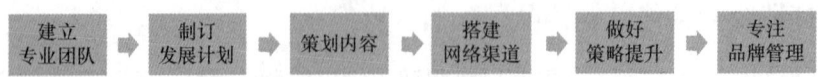

图 1-5　企业开展网络营销的步骤

（1）建立专业团队。网络营销的核心其实就是人。组建一个由专业人员组成的团队，是成功开展网络营销，得到良好效果的根本保证。没有一个专业、高效的团队进行策划、实施计划，一切美好的设想都无法实现。

（2）制订发展计划。根据企业的资源条件、经营理念及目标市场特点，制订符合企业文化的发展计划，确定长期发展战略目标和短期推广目标，然后逐步实现。

（3）策划内容。随着我国互联网的发展、普及和繁荣，网络用户的市场需求和行为特点也发生了很大改变。前几年，用户购买的关注点是买到比线下便宜的商品。而近几年，用户的需求发生了变化，在关注价格的同时更注重商品品质、特性，以及购买的便利性和购买过程中的情感共鸣。所以我们需要利用新技术改变推广的形式。渠道很重要，但是在自媒体时代，策划内容更重要，只有新颖、有趣、能唤起用户情感共鸣的内容才能赢取用户的关注，让用户选择自己的产品而非竞争者的产品。

（4）搭建网络渠道。再好的活动内容设计，也需要一个适合开展活动的场地。网上开展营销活动的场地就是自己独立拥有的网站。企业要注册申请与企业战略目标一致的域名，自建功能完备的网站，在网站上有计划、系统、连续地开展网络营销活动，满足目标市场多层次的需求。自建网站往往有点击率不高的缺点，为弥补自建网站的不足，企业可根据阶段性营销活动要求和第三方平台合作，开展临时推广促销活动，增加曝光率，提高自建网站的点击率。

（5）做好策略提升。很多企业开展网络营销活动一次性投入很多钱，但是效果并不理想，甚至最低的预期目标都达不到。根本原因是没有连续的营销活动，简单讲就是没有做好策略提升。当今的互联网技术和营销手段不断地升级和变化，行业竞争也非常激烈，一成不变的营销策略内容只能满足一时的顾客需求，无法锁定自己的顾客。企业要想锁定网络营销活动中的用户流量，必须及时提升策略，不断设计出更新颖的内容。

（6）专注品牌管理。随着网络广泛商务化，特别是自媒体时代到来，消费者有了更多选择。尤其是新生代消费者，他们的消费意愿变化很大，更注重品牌名气带来的心理满足感。所以，企业品牌建设、品牌传播应该始终贯穿网络营销活动。网络营销每个阶段的内容策划不仅要围绕产品销售，更要围绕品牌管理。

2．企业开展网络营销的方法

网络营销方法有很多，企业不需要同时使用所有营销方法，根据短期营销目标，采用适当的营销方法组合，就可以取得事半功倍的效果。目前企业开展网络营销的常用方法包括搜索引擎营销、威客营销、电子邮件营销、网络社区营销、博客营销等，如图1-6所示。

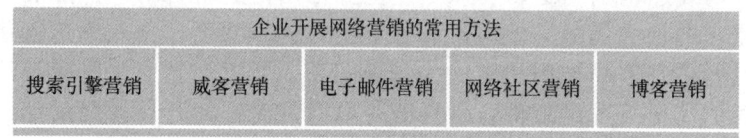

图1-6　企业开展网络营销的常用方法

（1）搜索引擎营销。搜索引擎营销是指根据用户使用搜索引擎的方式，利用用户检索信息的机会，尽可能将营销信息传递给目标用户。搜索引擎营销需要五个基本要素：信息源（网页）、搜索引擎信息索引数据库、用户的检索行为和检索结果、用户对检索结果的分析判断及用户对选中检索结果的点击。搜索引擎营销主要方法包括搜索引擎优化、付费排名、精准广告及付费收录等。其中，搜索引擎优化是通过对网站结构（包括内部链接结构、网站物理结构和网站逻辑结构），网站主题内容及网站的相关性外部链接进行优化，使网站对用户和搜索引擎更加友好，最终在搜索引擎上获得较好的排名，并实现网站的引流。搜索引擎营销是当下比较流行且有效的营销方法，能获取稳定的流量和转化率。

（2）威客营销。威客营销是指利用威客这种网络应用形式开展网络营销。比如，通过威客招标吸引悬赏型威客关注自己的网站、产品或服务，还可以进一步引导他们来自己的网站注册，真正了解自己的企业。同时，威客营销结合搜索引擎营销，更有利于企业各种信息的宣传。

威客营销特点明显，是人人都可以参与和互动的。威客营销成本低廉，效果好，投入的费用不多，但是可以吸引很多目标用户进入网站，当然前提是一定要定位好威客营销的内容。另外，威客营销还可以吸引威客（解决方）帮客户去做营销，如论坛营销、问答营销、博客营销等，从而实现整合式营销。

知识拓展

威客定义及分类

威客来自英文单词 Witkey，wit 指的是智慧，key 指的是钥匙、关键的。在网络时代，凭借自己的创造能力（智慧和创意）在互联网上帮助别人而获得报酬的人就是威客。通俗地讲，威客就是在网络上出卖自己无形资产（知识商品）的人，或者说在网络上做知识（商品）买卖的人。威客一般分为 A 型威客、B 型威客和 C 型威客。

- A 型威客（Answer Witkey）：通过自身的知识和技能或积累的经验，可以对一些问题进行解答或提供建议。A 型威客模式事实上也仅限于解答和建议层面。
- B 型威客（Bid Witkey）：通过对某个项目投标，并争取中标，从而获得项目开发机会，最终产生价值。
- C 型威客（C2C Witkey）：通过对自身能力进行展示、证实和良好的经营，将能力转化为能力产品，与需求者之间建立 C2C 的买卖交易关系。采用 C 型威客模式的网站平台是完全由威客自主经营的，有人称之为威客中的博客模式。

（3）电子邮件营销。电子邮件营销是指使用邮件群发技术把一些企业产品信息和网络营销促销活动内容发送给用户，感兴趣的用户就会查看甚至购买，最终达成营销目的。

电子邮件营销发送范围广泛，可以是全世界范围内的所有用户，开展电子邮件营销的成本较低，这是它的最大优势。但电子邮件营销目标不明确，很难确定哪些用户可以成为目标客户，并且邮件很容易被用户定义为垃圾邮件。所以，企业平时应该注重客户关系管理，在用户同意的情况下发送邮件。这样既可以有针对性地开展营销活动，又不会招致用户的反感。

（4）网络社区营销。网络社区是虚拟的网络社会中一种特有的存在。网络社区可以把有相同兴趣爱好的用户集中到一个空间，社区成员相互沟通，互惠互利。因此，网络社区也是用户常用的服务之一。网络社区营销是网络营销区别于传统营销的重要表现，是网络营销主要营销手段之一，意指企业参与网络社区，与社区成员交换意见，根据社区成员的意愿开展营销活动，管理营销信息。

（5）博客营销。博客的网络营销价值主要体现在八个方面：直接带来潜在用户；减少网站推广费用；为用户通过搜索引擎获取信息提供了机会；方便地增加企业网站的链接数量；以更低的成本对读者行为进行研究；是建立权威网站品牌效应的理想途径之一；减少了被竞争者超越的潜在损失；让营销人员从被动的媒体依赖转向自主发布信息。博客营销能够像网站一样进行关键词优化、外链和博客软文等操作。但对于评估博客的影响力及营销效果，还缺乏科学有效的方法。

网络营销方法还有通用网址营销、网络黄页营销、网上调研营销、论坛（BBS）营销、分类信息营销、呼叫广告营销、资源合作营销、网络体验营销、电子地图营销、电子杂志营销、网络视频营销、游戏置入式营销、RSS 营销、3D 虚拟社区营销、网络会员制营销、手机短信营销等。网络营销方式繁多，因篇幅所限，这里不再一一介绍。

1.2.4　企业网络营销效果评价

网络营销效果评价是指借助一定的定量和定性指标，对网络营销活动的各个方面（包括网站访问量、个人信息政策、顾客服务和产品价格等）进行评价，以达到总结和改善网络营销活动，提高企业网络营销水平的目的。企业应当在开展营销活动的各个阶段，对网络营销运行状况及效果进行全面的综合评价，为网络营销活动提供决策及优化依据。网络营销效果评价的主要步骤，如图 1-7 所示。

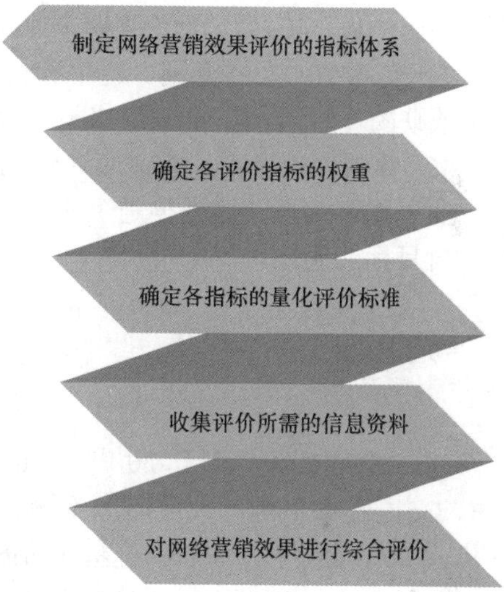

（1）制定网络营销效果评价的指标体系。根据网络营销效果的评价对象和评价内容，确定影响网络营销效果的因素，定义相应的评价指标。根据评价指标的类别及重要程度构建指标体系。

（2）确定各评价指标的权重。在整个评价指标体系中，各评价指标对整个网络营销效果评价的重要程度是不同的。因此，可根据网络营销效果评价目标，利用专家评判及对比分析等方法，从数量上确定各指标的权重。

图 1-7　网络营销效果评价的主要步骤

（3）确定各指标的量化评价标准。根据某指标的含义及评价内容，制定评判该指标优劣的标准，如可用百分制方法，将指标优劣程度和得分相对应。

（4）收集评价所需的信息资料。信息资料的主要获得途径有以下三种：一是利用企业内部的财务、管理、销售、服务等部门的统计信息和数据；二是由评价实施者通过咨询、访问、经验推断等方法获得；三是通过专项调研、专家评判、网络调研等活动获得。

（5）对网络营销效果进行综合评价。根据收集到的评价信息资料，对各项指标评分，再根据评价指标的权重，对整个网络营销活动效果进行综合评价。

1.3　网络营销理论基础

网络营销理论来源于传统的市场营销理论，是在传统营销理论基础上，结合现代信息技术及互联网技术特点发展出的新的理论体系。可以说网络营销理论是对传统市场营销理论的发展和创新。一般来说，网络营销的理论基础主要包括 4C 营销理论、整合营销理论和软营销理论。

1.3.1　4C 营销理论

随着市场竞争日趋激烈，媒介传播速度越来越快，4P 营销理论越来越受到挑战。1990

年，美国学者罗伯特·劳特朋教授在《4P 退休，4C 登场》一文中提出了与传统的 4P 营销相对应的 4C 营销理论。4C 营销理论以消费者需求为导向，重新设定了市场营销组合的四个基本要素，瞄准消费者的需求和期望。4C 分别指代 Customer（顾客）、Cost（成本）、Convenience（便利）和 Communication（沟通）。

其中，Customer（顾客）主要是顾客需求。企业必须首先了解和研究顾客，根据顾客的需求提供产品。同时，企业提供的不仅仅是产品和服务，更重要的是由此产生的顾客价值。Cost（成本）不仅仅是企业的生产成本，还包括顾客的购买成本，也意味着产品定价的理想情况应该是既低于顾客的心理价格，又能够让企业盈利。另外，顾客购买成本不仅包括货币支出，还包括为此耗费的时间、体力和精力，以及购买风险。Convenience（便利）主要是为顾客提供最大的购物和使用便利。4C 营销理论强调企业在制定营销策略时，要更多地考虑顾客的方便，而不是企业自己方便。要通过好的售前、售中和售后服务，让顾客在购物的同时享受便利。便利是顾客价值不可或缺的一部分。Communication（沟通）用来取代 4P 中对应的 Promotion（促销）。

4C 营销理论认为，企业应通过同顾客进行积极有效的双向沟通，建立基于共同利益的新型企业—顾客关系。这不再是企业单向地促销和劝导顾客，而是在双方的沟通中找到能同时实现各自目标的通途。

> **知识拓展**
>
> **4P 营销理论**
>
> 4P 营销理论产生于 20 世纪 60 年代的美国，随着营销组合理论的提出而出现。1960 年，美国密歇根州立大学的杰罗姆·麦卡锡教授在《基础营销》一书中将营销要素概括为四类，即产品（Product）、价格（Price）、渠道（Place）和促销（Promotion）。
>
> 1967 年，菲利普·科特勒在畅销书《营销管理：分析、计划和控制》中进一步确认了以 4P 为核心的营销组合方法。
>
> - 产品（Product）：注重开发的功能，要求产品有独特的卖点，把产品的功能诉求放在第一位。
> - 价格（Price）：根据不同的市场定位，制定不同的价格策略，产品的定价依据是企业的品牌战略，注重品牌的含金量。
> - 渠道（Place）：企业并不是直接面对消费者，而是注重经销商的培育和销售网络的建立，企业与消费者的联系是通过经销商进行的。
> - 促销（Promotion）：包括品牌宣传（广告）、公关、促销活动等一系列营销行为。

1.3.2 整合营销理论

整合营销理论产生和流行于 20 世纪 90 年代，是由美国西北大学市场营销学教授唐·舒尔茨提出的。整合营销就是"根据企业的目标设计战略，并支配企业各种资源以达到战略目标"。菲利普·科特勒在《营销管理：分析、计划和控制》一书中从实用主义角度揭示了整合营销实施的方式，即企业所有部门都为了顾客利益而共同工作。这样，整合营销就包括两个层次的内容：一是不同营销功能——销售、广告、产品管理、售后服务、市场调研等必须协调；二是营销部门与企业其他部门，如生产部门、研究开发部门等职能部门之间必须协同。

整合营销倡导更加明确的消费者导向理念。尽管对于整合营销的定义仍存在很大争议，但基本思想是一致的，即以顾客需求为中心，变单向诉求和灌输为双向沟通；树立产品品牌在消费者心目中的地位，建立长期关系，达到消费者和企业的双赢。

整合营销的核心思想是，营销活动必须整合企业的各种资源，优化营销策略，在满足企业利益需求的同时尊重消费者。整合营销理论指导下的营销活动是一个动态的、及时调整的过程，如图 1-8 所示。

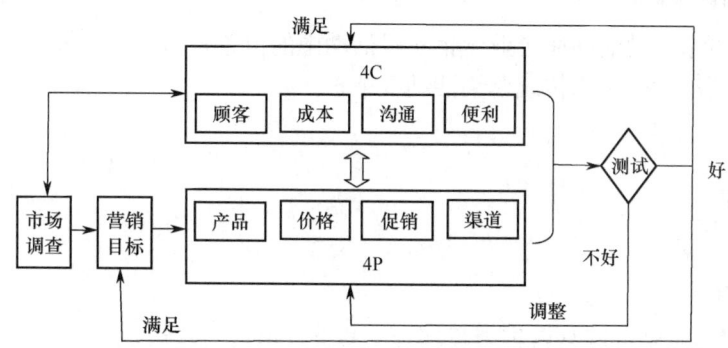

图 1-8　整合营销活动过程

1.3.3　软营销理论

软营销理论是针对工业经济时代的以大规模生产为主要特征的"强势营销"提出的新理论，强调企业进行市场营销活动时必须尊重消费者的感受和体验，让消费者能舒适地主动接收企业的营销信息。

传统营销活动中最能体现强势营销特征的是两种促销手段：传统广告和人员推销。在传统广告中，消费者常常被动接受广告信息的"轰炸"。广告的目标是通过持续的信息灌输在消费者心中留下深刻印象，不考虑消费者是否愿意接受。在人员推销中，推销员根本不考虑被推销对象是否愿意和需要，只根据自己的判断强行展开推销活动。

在互联网上，信息交流是自由、平等、开放和交互的，强调相互尊重和沟通，网民比较注重个人体验和隐私保护。因此，企业采用传统的强势营销手段在互联网上展开营销活动势必适得其反。比如，美国 AOL 公司曾经对其用户强行发送电子邮件广告，结果招致用户的一致反对，许多用户约定同时给 AOL 公司服务器发送电子邮件进行报复，使得 AOL 公司的电子邮件服务器瘫痪，最后 AOL 公司不得不道歉来平息众怒。网络软营销恰好从消费者的体验和需求出发，采取拉式策略吸引消费者关注企业，以此实现良好的营销效果。

 本章实训

一、实训目标

1. 了解网络营销活动有哪些。
2. 理解网络营销的内涵。

二、实训任务

◇实训任务一

1. 登录京东网站，浏览其主页，分析主页设置。

2. 分析京东作为平台型电子商务企业，采用了哪些网络营销方法。

◇ 实训任务二

1. 登录海尔、格力等企业的网站，浏览其主页，分析主页设置。
2. 分析海尔、格力等生产型企业在其网站上采用了哪些网络营销方法。

三、实训总结与思考

1. 如何确定网络营销活动在企业营销实践活动中的位置？
2. 网络营销活动为什么比传统营销活动复杂？

课后习题

一、名词解释

市场营销　网络营销　网络营销效果评价　整合营销　软营销

二、单项选择题

1. 企业开展网络营销的最终目的是（　　）。
   A．持续经营　　　B．降低成本　　　C．满足客户需求　　　D．开拓市场
2. 网络营销的本质是（　　）。
   A．电子商务　　　B．营销　　　C．盈利　　　D．降低成本
3. 下列（　　）是网络营销的特点。
   A．整合性　　　B．跨时空性　　　C．交互性　　　D．以上都是
4. 下列（　　）不是网络营销的职能。
   A．网站推广　　　B．信息发布　　　C．网上调研　　　D．网上支付

三、判断题

1. 互联网信息技术的快速发展是网络营销产生的技术基础。（　　）
2. 网络营销依赖于互联网开展，因此可以孤立存在。（　　）
3. 网络营销就是电子商务。（　　）
4. 网络营销是虚拟营销。（　　）
5. 企业的外部环境是指实施网络营销活动的外部环境，包括法律环境、政治环境、可利用的网络信息服务商资源、受众群体是不是网民，以及受众是否可能由非网民变成网民等。（　　）

四、简答题

1. 网络营销产生的基础有哪些？
2. 网络营销是否能替代传统营销活动？
3. 网络营销的主要职能有哪些？
4. 企业开展网络营销一般有哪些步骤？
5. 网络营销的主要理论基础有哪些？

第 2 章 网络营销信息收集与网络市场调研

市场研究是营销工作的关键环节,只有把握市场,才能更科学、更高效地开展营销活动。市场调研是市场研究的重要方法,是企业营销决策中一项经常性的工作,是企业正确制定营销战略与策略的基础。网络市场调研作为了解市场的手段,能帮助企业建立自己的调研数据库,以企业视角分析市场变化,更及时地提供市场信息,因而网络市场调研是现代企业必须了解的信息化手段。

思科公司的网络市场调研

思科公司是全球领先的互联网解决方案供应商,是美国最成功的公司之一,1984 年由斯坦福大学一对教师夫妇创办。作为互联网先锋,思科公司对网络调研十分重视,思科网站首页最引人注目的位置,就是邀请网站访问者参与问卷调研。

在问卷中,思科公司主要向访问者询问:①多长时间访问一次思科网站;②是从什么渠道得知思科的,如网络搜索引擎、思科合作伙伴、在线广告、报纸、社交网站(Facebook、Blogs、Twitter 等);③今天访问思科网站的主要目的是什么,如了解思科的产品或服务、购买思科的产品或服务、查找思科合作伙伴、寻求客户支持、了解培训或活动、管理个人资料等;④在思科网站上查找具体信息的体验如何;⑤思科网站的设计和外观如何,包括内容数量、内容质量、信息覆盖面、信息条理性、导航便利性、访问者支持、内容时效性等;⑥经常访问哪些网站,包括是否出于休闲或工作目的使用社交网站,访问它们的频率,经常访问的其他高科技网站,以及喜欢那些网站的原因。

思科公司通过网络调研问卷的方式收集信息,这是通过传统的纸质问卷几乎无法完成的。通过网络和问卷的结合,思科公司可以了解访问者的来源,访问者的需求和目的,访问者对网站(包括内容)的评价,访问者获取思科信息的途径,以及相关的社交网站和科技网站。

通过分析网站访问者回馈的问卷内容,思科公司能把握信息的传播途径,网站的被接受程度,网站内容是否有待升级或是否需要整理,社交网站的影响,以及访问者喜欢的其他网站。这些信息对于思科公司了解访问者信息,改善网站质量,提供客户需要而网站上又缺少的信息,寻求广告的最佳传播途径和建设网站的参考样板具有积极意义。

> **案例思考题**
> 1. 分析说明网络问卷调研与纸质问卷调研的区别及各自的优缺点。
> 2. 思科公司的网络市场调研反映出网络市场调研的哪些优点?

2.1 网络营销信息收集

商业社会必然产生大量市场营销信息,这些信息是对市场运营过程与状况的客观描述和记录。随着互联网的普及,商业活动融入整个社会的程度不断加深,企业获取市场营销活动必需的信息越来越方便,但同时要处理的信息量也越来越大。如何运用互联网进行营销信息收集已经成为企业网络营销成败的关键。

2.1.1 网络营销信息概述

1. 网络营销信息的定义

网络营销信息是指通过计算机网络传递的营销信息,即通过计算机网络传递的商业消息、情报、数据、密码、知识等,它的表现形式是文字、数据、表格、图形、影像、声音及能够被人或计算机识别的符号系统。

网络数据增加极快,对大多数消费者和企业来说,信息过载是个大问题。网络营销人员必须学会如何从海量的数据中提取有用信息,并消化这些信息,然后将这些信息与其他信息相联系,才能把这些信息转变为有用的知识,进而为营销活动服务。

2. 网络营销信息的特征

与传统市场营销信息相比,网络营销信息具有显著的特征。

(1)时效性强。传统市场营销信息传递速度慢,传递渠道不畅,经常出现信息获得时即失效的情况。网络营销信息可以有效避免这种情况。由于网络信息更新及时,传递速度快,只要信息收集者及时发现信息并收集,就可以保证信息的时效性。

(2)便于存储。现代经济生活产生的信息量巨大,如果采用传统的信息载体,存储难度相当大,且不易查找。网络营销信息可以方便地从互联网下载到计算机上,通过计算机进行信息管理。而且信息的原有网站也有相应的存储系统,如果资料遗失,还可以到原有信息源查找。

(3)检索难度大。虽然网络系统提供了许多检索方法,但互联网上存在海量信息,在众多信息中迅速找到需要的信息,难度非常大。同时,还需要加工、筛选和整理信息,才能将反映商务活动本质的、有用的、适合本企业情况的信息提炼出来,这个信息检索过程只有经验丰富的人员才能完成。

2.1.2 网络营销信息收集手段

互联网为我们收集各种市场营销信息提供了便利、快捷的手段。市场营销调研人员只要掌握使用搜索引擎的技巧和相关网络数据库及专业类网站资源分布,就可以在互联网上搜索到大量有价值的商业信息或市场信息。

1．利用搜索引擎

搜索引擎是网络搜索工具的统称。它根据一定的策略，运用特定的计算机程序，搜集互联网上的信息，在对信息进行组织和处理后，获取含有相关信息的大量网站，将其显示给用户，为用户提供检索服务。它提供了一种快速、准确地获取有价值信息的解决方案，成为互联网上使用最普遍的网络信息检索工具。利用搜索引擎进行信息挖掘包括主题分类检索和关键词检索两种。

（1）主题分类检索。主题分类检索即通过各搜索引擎的主题分类目录查找相关信息。由于搜索引擎中的主题分类目录是按照一定的主题分门别类并通过层级间的概念包含关系逐级进行目录建设的，所以在查询时，要首先确定调研目标涉及的主题范围，然后逐层查找相关信息，直到满意为止。

（2）关键词检索。关键词检索即利用运算进行关键词组合或对关键词进行缩小或限制以达到对所需信息的准确定位，可以用布尔运算、位置运算、截词符等组合关键词，或者设定检索的范围、语言、地区、数据类型和时间等。

搜索引擎很多，常用的中文搜索引擎有百度、搜狗、有道、360 搜索等。常用的外文搜索引擎有 Google、Bing、Wolfram Alpha、WebCrawler 等。企业可根据信息调研需求进行选择。

2．利用相关网络数据库

企业可以利用网络数据库，特别是一些大型的商情网络数据库系统，广泛进行相关资料查询。数据库的统计数据和调研结果是经过智力加工的，一般需要付出一定的费用才能获得。国际上较大且常用的联机检索数据库系统有 Dialog 系统、ORBIT 系统、DJN/RS 系统、STN 系统、ESA-IRS 系统和 DUN & BRADSTREET 系统等。我国的相关数据库也有长足发展，如 CNKI、万方数据库等。

3．利用专业类网站

相关的专业类网站也是搜集和获取网络信息的重要渠道。这类网站往往提供相关领域的综合性和专业性信息，可以为企业开展网络营销提供更加专业和全面的信息。

2.1.3　网络营销信息收集的各类网站

企业如果知道某一专题的信息主要集中在哪些网站，就可以直接访问这些网站，获得所需的资料。

1．综合性信息网站

这类网站信息量大、内容全面系统、数据准确、时效性强、使用价值高。有代表性的综合性信息网站如中国政府网、中国经济社会大数据研究平台、国务院发展研究中心信息网、中国宏观经济信息网、中华商务网等。

2．地区性信息网站

目前，各省市均建有体现本地区经济特点、经济数据和商务特色的经济信息网站。这类网站由地方信息服务机构创建和维护，网站数量更多，内容更丰富，如上海经济网、黑龙江经济网、广东经济网、北京经济信息网等。

3．专业性信息网站

这类网站由政府或一些业务范围相近的企业或某些网络服务机构组建，面向本专业技术领域，专业针对性强、内容翔实、信息面较窄、向精深方向发展。有代表性的专业性信息网站如中国价格信息网、中国制造网、电子信息产业网、中国金融网、中国能源网等。

专业性信息网站是开展商务活动的重要信息源，用户可以通过搜索引擎、商务类指南性网址大全网站、相关网站提供的友情链接、大学图书馆提供的网络导航等途径快速找到所需网站。

4．网上商业资源网站

互联网上大量的商业资源网站集中了海量信息，而且绝大部分是免费提供给网络用户使用的，企业通过它们可获得许多有价值的信息。

（1）商业门户网站。商业门户网站一般拥有完善的搜索功能，用户可查找产品、供求、服务等市场信息。比如，1999年创立的阿里巴巴网站连接了全球240个国家和地区的商业用户，为中小企业提供了海量的商业机会、产品信息和公司资讯。

（2）专业调研网站。在专业调研网站和相关调研频道，企业可查阅各个行业、各种产品的市场调研报告，了解专业调研机构的市场研究方法和服务项目，参与在线调研、学习，了解有关调研项目和问卷的设计思路，免费获得在线问卷调研表编辑、发布、实施、分析等支持。比如，企业登录市场调研网、51调研网、问卷星等专业调研网站，可免费搜索各种市场研究报告，并可随时参与市场调研、社会调研、满意度调研等各类线上问卷调研。

2.2　网络市场调研

互联网作为一种新的信息传播媒体，因其高效、快速与开放，为企业开展市场调研提供了一种便利途径。通过网络开展市场调研可以有效地提高调研效率，因此，目前市场调研中网络市场调研的比重越来越高。

2.2.1　网络市场调研概述

1．网络市场调研的概念

网络市场调研主要有两种不同含义。

一种是调研互联网使用情况的市场调研。这种市场调研的主要目的是统计网站的流量及调研网站使用者的数据、结构和行为。统计网站的流量主要包括统计网站数量、网页数量、网站访问量、唯一用户数、页面浏览数、浏览时数、到达率、忠诚度、购买率等；调查网站使用者的数据、结构和行为主要包括调研使用者的数量、结构和分布、上网目的、使用网络的基本情况、行为、态度等，有的还包括网络广告方面的监测，主要包括网络广告的发布、网络广告被点击情况等。本书所说的网络市场调研不包括这种针对网络自身使用情况的调研。

另一种是以互联网为数据收集工具进行的调研。这种调研与传统市场调研在目的上基本相同，主要区别在于使用互联网的各种工具和手段，研究调研对象的行为或心理特征等。本书采用这种网络市场调研的含义。

综上所述，网络市场调研是指企业通过互联网开展收集市场信息、了解竞争者情报及调研消费者对产品服务的意见等市场调研活动，以此为企业网络营销决策提供数据支持和分析依据。网络市场调研包含对信息的收集、记录、分析、研究、判断和传播等活动，工作对象是网络市场信息，并且直接为网络市场营销服务。

与传统市场调研相同，网络市场调研主要探索市场可行性，分析不同地区的销售机会和潜力，研究影响销售的各种因素，如产品竞争优势、目标消费者心态、市场变化趋势，以及广告监测、广告效果研究等方面的问题。

2．网络市场调研的类型

传统市场调研一般包括两种方式：一种是收集一手资料，如问卷调研、专家访谈和电话调研等；另一种是收集二手资料，如报纸、杂志、电台、调研报告等。同样，网络市场调研也有两种方式：一种是利用互联网直接对被调研对象进行问卷调研等收集一手资料，即网络直接调研；另一种是利用互联网的媒体功能，从互联网上收集二手资料，即网络间接调研。网络市场调研是一种全新的询问式市场调研方法，综合利用了互联网的各种特点和优势，搜集现有和潜在顾客的有关信息，为网络营销的实施提供决策依据。

3．网络市场调研的特点

网络市场调研具有速效性、经济性、互动性和不可掌控性四个特点，如图 2-1 所示。

（1）速效性。实施网络市场调研时，利用一些软件，线上问卷在调研回收的同时就可以自动进行数据的分析、汇总和统计；线上问卷发布和提交快捷，还可以根据问卷的回答情况即刻调整问卷的相关内容，使问卷本身具有速效性；网络信息容量大，信息传播速度快，可通过网络快速得到二手资料。

（2）经济性。实施网络市场调研，只需要一台能上网的计算机，通过网站发布线上调研问卷，无须印刷和邮寄问卷，网民自愿参与填写；

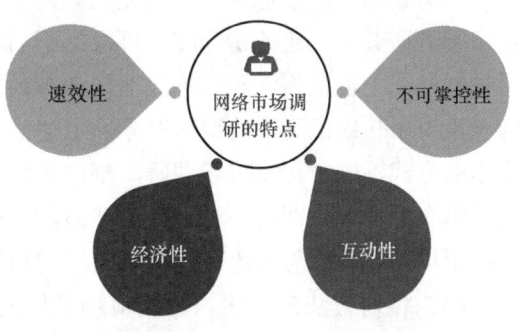

图 2-1　网络市场调研的特点

参与人员不受地域和时间的限制，大大节省了调研费用；调研过程中最繁重、最关键的信息采集和录入工作分别在众多线上用户终端上完成，可以不间断地接受调研问卷的填写；信息的检验和处理完全由计算机完成，无须配备专门的人员，在降低调研费用的同时，也提高了调研资料统计的准确性。

（3）互动性。传统市场调研只能提供固定的问卷，不能充分表达调研对象的意见。而网络市场调研的最大优势是互动性，即在线上调研时，调研对象可以及时就问卷相关问题提出更多的看法和建议，这样可降低因问卷设计不合理导致调研结论偏差的可能。

（4）不可掌控性。网络市场调研难以控制样本的代表性，也无法检验其真实性，许多时候往往无法知道网络后面的人的真实特征，甚至可能出现一个人多次填写同一张问卷的情况，这样会导致调研结果可信度降低。

4．网络市场调研与传统市场调研的比较

随着互联网的迅速普及，网络市场调研已呈现出相对于传统市场调研的独特优势与价值，越来越受到人们的青睐。它比传统方法更快、成本更低，而且有利于拓展传统的调研研究方法，发展新的调研研究方法。与传统市场调研相比，网络市场调研在以下几个方面表现出明显的不同，如表2-1所示。

表 2-1 网络市场调研与传统市场调研的比较

不 同 点	传统市场调研	网络市场调研
调研员、调研对象角色的变化	注重调研员本身的训练和培养	调研对象主动参与
调研样本及选择方式的变化	多种方式随机选择样本	网络方法选择样本
调研方法的变化	询问法、观察法、实验法居多	网络为主要媒介，询问法居多
调研区域的变化	有一定局限	没有区域限制
调研问卷形式的变化	纸质问卷，较简单	多媒体问卷，更复杂、多样化

（1）调研员、调研对象角色的变化。在传统市场调研中，不管采用什么方法，最后总要通过调研员对调研对象进行访问来实施。传统市场调研注重调研员本身的训练和培养，如基本素质、沟通技巧、专业训练等。而网络市场调研注重网站、网页和问卷的设计，只要这些内容能使网民感兴趣，网民就能主动参与网络市场调研。

（2）调研样本及选择方式的变化。传统市场调研有多种随机选择样本的方法，这样能够保证市场调研具有一定的精确度，可根据不同的调研项目采取简单随机抽样法、等距抽样法、分层抽样法、整群抽样法和多阶段抽样法等。网络市场调研面对的是隐藏在显示器后面的网民，由于没有了传统意义上的调研对象，上述抽样方法也就需要做出相应的调整和改变。虽然选择样本的方式不同于传统市场调研，整体代表性也会差一些，但是网络市场调研最终是对实实在在的潜在消费者的调研，对于特定产品，网络市场调研的样本仍然具有较高的代表性。这样，网络市场调研就有与传统市场调研同样的意义和作用。

（3）调研方法的变化。传统市场调研的具体实施方法有许多种，主要包括询问法、观察法、实验法，其中询问法还可以分为个别访谈法、深层访谈法、电话调研、邮寄调研等。网络市场调研以网络为主要调研媒介，调研手段与方法受到一定限制，目前主要采用询问法，而观察法和实验法应用较少。

（4）调研区域的变化。传统市场调研由于需要大量人力、财力和时间，调研范围一般局限在一座城市或一个地区。而在网络市场调研中，调研者只需在网络上发出自己的电子调研问卷即可，没有区域限制。网络技术有助于这种无区域调研的实施。

（5）调研问卷形式的变化。传统市场调研中使用的纸质问卷一般比较简单。但在网络上可以设计更复杂和多样化的多媒体调研问卷，以满足网络时代对市场调研的更高需求。

2.2.2 网络市场调研内容与过程

1．网络市场调研的内容

网络市场调研主要包括六个方面，即市场环境调研、市场需求调研、消费者和消费行为调

研、营销组合调研、市场供给调研和市场行情调研，如表2-2所示。

表2-2 网络市场调研的主要内容

主要方面	主要内容
市场环境调研	政治法律环境、经济环境、科技环境、社会环境
市场需求调研	产品需求量和销售量、潜在需求量、不同市场的需求情况、市场占有率等
消费者和消费行为调研	消费者的家庭、地区、经济、文化、教育等情况，风俗习惯，消费者的角色，购买方式和态度等
营销组合调研	对产品、价格、分销渠道、促销手段的调研
市场供给调研	市场供给总量、消费者要求、有无替代品、竞争对手状况等
市场行情调研	市场销售状况、商品供给充足程度、市场竞争程度、整体价格水平、新产品定价及价格变动等

（1）市场环境调研。市场环境调研包括政治法律环境调研、经济环境调研、科技环境调研和社会环境调研。具体内容如下。①政治法律环境调研主要是对政府的方针、政策和各种法令、条例，以及外国有关法规与政局变化、政府人事变动、战争、罢工、暴乱等可能影响本企业的诸多因素进行的调研。②经济环境调研主要是对国民生产总值增长、国民收入分配的地区和社会格局、储蓄与投资变化、私人消费构成、政府消费结构等宏观经济指标进行的调研。③科技环境调研主要是对国际国内新技术、新工艺、新材料的发展速度、变化趋势、应用和推广等情况进行的调研。④社会环境调研主要是对一个社会的文化、风气、时尚、爱好、习俗、宗教等进行的调研。

（2）市场需求调研。市场需求调研是指对某种产品或经营性服务项目进行市场需求信息的收集、分析和数据整理，以此作为产品开发和项目上马的决策依据，也用来指导企业的生产和销售。市场需求调研的目的在于掌握市场需求量、市场规模、市场占有率等，综合分析调研数据，预测市场前景。具体内容如下。①市场对某种产品的需求量和该产品在市场上的销售量。②市场的潜在需求量，即某种产品在市场上可能的最大需求量。③不同市场对某产品的需求情况，以及各个市场的饱和点及需求能力。④本企业的总体市场占有率及在不同细分市场的占有率。

（3）消费者和消费行为调研。消费者和消费行为调研主要了解购买本企业产品或服务的个人或团队的情况，如民族、年龄、性别、文化、职业、地区等，调研各阶层消费者的购买欲望、购买动机、习惯爱好、购买习惯、购买时间、购买地点、购买数量、品牌偏好等情况，以及消费者对本企业产品和其他企业提供的同类产品的欢迎程度。具体内容如下。①消费者的家庭、地区、经济、文化、教育等发展情况对需求产生的影响。②不同地区和不同民族的消费者生活习惯和方式有所不同。企业在进行网络市场调研的时候，务必了解当地人的风俗习惯。③具体分析谁是购买的决定者、商品的使用者、参与者及他们之间的关系。比如，一个家庭购买汽车，父亲可能是购买的决定者，而夫妻二人甚至孩子都有可能成为汽车的使用者。在购买的同时，汽车销售人员的意见也可能成为这个家庭在购车时的重要参考，此时销售人员就成为参与者。④消费者的购买方式和态度。了解消费者喜欢什么时、何地购买，以及他们的购买方式，如有的人喜欢刷卡购物，有的人却喜欢现金支付等。掌握消费者对某种产品的使用次数、每次购买的单位数量及对该产品的态度，也是网络市场调研的重要内容。

（4）营销组合调研。营销组合即企业的营销手段，包括产品、价格、渠道和促销。对营销组合的调研是指对企业的产品、价格、渠道和促销信息进行收集、分析和数据统计，从而更好地制定营销策略。具体内容如下。①对产品的调研。产品调研的内容主要包括调研企业现有产品处在产品生命周期的哪个阶段，以及应采取的产品策略；产品的包装和设计；产品的品牌形象；产品的市场定位是否合理；产品应采用的原材料、制造技巧及产品的保养和售后服务等。②对价格的调研。在营销组合中，价格是唯一的收入因素，其他均表现为成本因素。价格对产品的销售量和企业利润都有重要影响。价格调研的内容主要包括影响价格的因素分析；目前的价格策略是否合理；产品价格是否能被消费者接受；竞争对手的价格策略；价格弹性系数等。③对渠道的调研。分销渠道好比运送产品的血液，对营销活动的成败有重要影响。渠道调研的内容主要包括现有渠道是否合理；如何进一步扩大渠道、减少中间环节、提高经济效益等。④对促销的调研。促销就是营销者向消费者传递有关本企业及产品的各种信息，说服或吸引消费者购买其产品，以达到扩大销售的目的。促销调研的内容主要包括调研广告的接受率和推销效果；企业的促销对象；目前的促销策略是否合理；应采用哪几种组合促销手段推广企业的产品和服务；如何利用线上销售渠道和电子商务平台等。

（5）市场供给调研。市场供给调研具体内容如下。①产品或服务供给总量、供给变化趋势、市场占有率。②消费者对本企业产品或服务的质量、性能、价格、交货期、服务、包装的意识、评价和要求。③本企业产品或服务的市场寿命，消费者对本企业产品或服务更新的态度，现有产品或服务能持续多长时间，有无替代产品或服务。④生产资源、技术水平、生产布局与结构。⑤该产品或服务在当地生产和输入的发展趋势。⑥竞争对手的状况，即他们的产品或服务的质量、数量、成本、价格、交货期、技术水平、潜在能力等。

（6）市场行情调研。具体内容如下。①整个行业市场、地区市场、企业市场的销售状况和销售能力。②商品供给的充足程度、市场空隙、库存状况。③市场竞争程度，竞争对手的策略、手段和实力。④同类产品的生产、经营、成本、价格、利润比较。⑤有关地区、企业产品的差别和供求关系及发展趋势。⑥整个市场价格水平的现状和趋势，消费者最能接受的价格、性能与定价策略。⑦新产品定价及价格变动幅度等。

2．网络市场调研的过程

与传统市场调研一样，网络市场调研应遵循一定的程序与步骤，以保证调研过程的质量与调研结果的有效性。通常，网络市场调研的过程包括五个步骤，如图2-2所示。

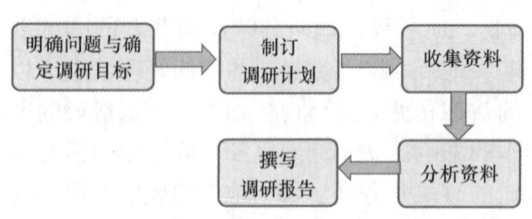

图2-2 网络市场调研的过程

（1）明确问题与确定调研目标。虽然网络市场调研的每步都很重要，但是调研问题的界定和调研目标的确定却是最重要的一步。在进行网络市场调研前，首先要明确调研的问题，希望通过调研得到什么样的结果。企业需要了解自身发展情况及竞争实力状况，调研问题应为有关企业知名度的问题和产品品牌、产品满意度及品牌形象方面的问题；企业在新产品开发及上市阶段，调研问题应为顾客的满意程度和市场潜力问题；企业需要进行营销策略调整，调研问题应为行业环境的变化问题。明确了调研问题后，企业应进一步明确调研目标，从而为调研问题的解决提供充分的数据支持。调研目标既不能宽泛，也不能狭窄，要明确界定调研目标并充分顾及网络调研成果的实效性。在确定调研目标时，企业应考虑消费者或潜在消费者是否上网，网络消费者群体规模是否足够大，网络消费者群体是否具有代表性等一系列问题，以保证网络市场调研结果有效。

（2）制订调研计划。制订可行的市场调研计划，包括确定资料来源、调研对象、调研方法、调研手段等。网络市场调研计划的制订者及相关管理者必须具有丰富的市场调研知识，以便全面、周密地制订与审批调研计划。具体来讲，网络调研计划应包含以下几个方面。①要考虑实现调研目标需要哪些类型的资料，是一手资料还是二手资料。②要确定合适的对象。网络市场调研的对象主要分为企业面向的消费者或潜在消费者、企业的竞争对手、企业的合作者和行业内的中立者四类，前两类是调研中经常选择的对象。③要选用恰当的调研方法。经常使用的方法有网络问卷调研法、网络讨论法、网络文献法等。还要选择相应的调研手段，经常使用的手段有网络问卷及网络调研软件系统等。④要确定抽样方案，包括抽样单位、样本规模及抽样程序等。抽样单位是抽样的目标总体。样本规模涉及调研结果的可靠性，因此样本数量需足够大，并包括目标总体范围内能发现的各类样本。在选择抽样程序时，应尽量采用随机抽样。⑤要规划好调研的进度并做好经费预算。调研者需事先对调研成本进行估算，将各项开支逐条列出，以避免产生额外的支出。

（3）收集资料。网络通信技术的迅速发展使资料收集变得非常简单。在传统的调研过程中，调研者需整理纸质问卷，手工录入数据；而在网络市场调研中，调研者只需将访问者反馈的信息下载、归类，或直接从网上下载相关数据。

（4）分析资料。在网络市场调研中，信息分析非常重要，直接关系到信息的使用和企业的决策。调研者如何从数据中提炼与调研目标相关的信息，会直接影响最终的调研结果。这一阶段，调研者需要具有耐心、细致的工作态度，善于归纳、总结，去粗取精，去伪存真。同时，分析资料时还需要掌握相应的数据分析技术，借助先进的统计分析工具。常用的数据分析技术包括交叉列表分析、概括分析、综合指标分析和动态分析等，目前国际通用的统计分析工具有 SPSS、SAS 等。另外，调研者还应对调研结果进行事后追踪与调研，以进一步确保网络市场调研准确、完善。

（5）撰写调研报告。撰写调研报告是整个调研活动中最后也最重要的阶段。通过各种调研方式获得的市场信息，必须经过科学的加工整理，并在此基础上形成规范的调研报告。调研报告将市场调研的分析结果进行汇总并呈报给营销部门。报告最好图文并茂，数据、文字相结合，能直观反映市场动态。调研报告绝不能是数据和资料的简单堆砌。要认真分析掌握的资料，对调研问题做出结论，提出建设性的意见，供企业营销活动决策参考。

2.2.3 网络市场调研方法与策略

1. 网络市场调研的方法

网络市场调研的方法是基于网络，针对特定营销环境进行的调研设计、收集资料和初步分析，并为达成交易目所采取的途径、步骤和手段。网络市场调研的方法目前呈多元化趋势，不同的方法具有不同的特点和适用条件，一般分为两类：第一类是直接收集资料的方法，即由调研人员直接在网络上搜索一手资料的方法；第二类是间接收集资料的方法，即在网络上收集他人编辑与整理的二手资料的方法。企业在进行网络市场调研时，应根据调研目的和内容选择合适的调研方法。下面主要介绍直接方法，即网络直接市场调研。

网络直接市场调研是指企业利用互联网以问卷调研等方式直接收集一手资料。网络直接市场调研按不同的标准可划分为不同的类型。根据调研方法不同，网络直接市场调研可分为在线问卷调研法、网络观察法和网络讨论法。调研过程中具体采用哪种方法，要根据调研目的和需要而定。

（1）在线问卷调研法。在线问卷调研法是将问卷在网上发布，调研对象通过网络完成问卷调研。在线问卷调研一般有两种途径。一种是将问卷放置在企业网站或专业的问卷调研平台上，等待访问者访问时填写问卷。这种方式的优点是填写者一般是自愿的，缺点是无法核对填写者的真实情况。专业的问卷调研平台功能强大，能够为用户提供全面的问卷调研解决方案，提供的服务包括问卷设计、问卷发布、数据采集、统计分析、生成报表和报告等。比如，问卷网提供多种精品调研问卷模板，支持微信、微博、QQ 等多种发布模式，能自动生成专业的分析报告。问卷网的市场调研模板如图 2-3 所示。另一种是通过电子邮件方式将问卷发送给调研对象，调研对象完成后将结果通过电子邮件返回。这种方式的优点是可以选择性地控制调研对象，缺点是容易引起调研对象的反感，有侵犯个人隐私之嫌。因此，采用后一种方式时，首先应争取调研对象的同意，或者估计调研对象不会反感，并向调研对象提供一定的补偿，如有奖回答或赠送小礼品，以降低调研对象的敌意。

图 2-3 问卷网的市场调研模板

> **知识拓展**
>
> **在线问卷调研法的缺点**
>
> 第一，在线调研样本的代表性和计量的有效性是最大的缺点。因为在线调研时主要采取方便抽样，所以没有办法获取总体的抽样框，无法实现随机抽样，研究人员也不能把结果应用到总体中去。因此分析调研结果时要格外谨慎。
>
> 第二，在线问卷调研得益于网络技术，但也受制于网络浏览器、计算机配置等技术问题，如网页打不开，显示器的色彩和比例不够准确等。反垃圾邮件的技术也可能使调研问卷被误认为垃圾邮件，因而被删除。
>
> 第三，在线问卷的回复率不高，回复质量低。
>
> 第四，在线和离线调研的最大差异是人口统计学特征不同。但是随着互联网普及率的提高，这个问题的重要性将逐渐降低。回复者的真实性问题和重复提交问题也可以从技术上逐渐解决。

（2）网络观察法。网络观察法即实地调研法在互联网上的应用，是一种对网站的访问情况和用户的网络行为进行观察和监测的调研方法。采用该方法的代表性企业是法国的 NetValue 公司，该公司因"基于互联网用户的全景测量"而知名。一般的网络观察是通过网站的计数器来了解访问量和停留时间等信息的，而 NetValue 公司的测量则不同，它先通过大量的计算机辅助电话访问获得用户的基本人口统计资料，然后在其中抽样，在用户自愿的情况下将软件下载至用户的计算机上，由此记录用户的全部上网行为。

（3）网络讨论法。网络讨论法是互联网上的小组讨论法，通常通过新闻组、电子公告牌、邮件列表讨论组或网络实时交谈、网络会议等进行讨论，从而获得资料和信息。网络讨论法实施的一般步骤如下。① 确定要调研的目标市场。② 识别目标市场中要调研的讨论组。③ 确定可以讨论或准备讨论的具体话题。④ 登录相应的讨论组，通过过滤系统发现有用的信息，或者创建新的话题让大家讨论，从而获得有用的信息。

具体地说，目标市场的确定可根据新闻组、讨论组或邮件列表讨论组的分层话题选择，也可向讨论组的参与者查询其他相关名录，还应注意查阅讨论组上的 FAQ（常见问题解答），以便确定能否根据名录进行市场调研。

2．网络市场调研的抽样方法

网络市场调研常用的抽样方法有以下几种，如图 2-4 所示。

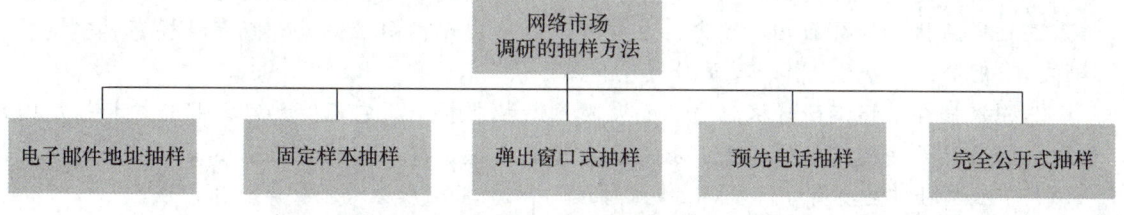

图 2-4　网络市场调研的抽样方法

（1）电子邮件地址抽样。在拥有大量电子邮件地址的情况下，可以在电子邮件地址中进行简单概率抽样或等距抽样，并通过电子邮件发放问卷。如果拥有每个电子邮件地址的相关背景信息，还可以通过信息对总体进行分层或分群，采用配额抽样或整群抽样的方式，按一定配额条件或分群情况进行随机抽样。这种方法与按地址或电话号码随机抽样的传统方法达到的效果一样。

（2）固定样本抽样。固定样本抽样是指把已经同意参加各类调研的调研对象放入固定样本库，再在固定样本库中抽取样本，并给予参与调研的成员一定回报的抽样方法。每个成员在自愿的基础上同意接受调研邀请，并提供背景信息和电子邮件地址等联系方式，成员有选择加入样本库和退出样本库的权利。具体可以按一定的甄别条件，如性别、年龄、所在地区和收入的要求，在成员中进行随机抽样。如果固定样本库样本的招募是随机的，如通过电话随机访问招募，则抽样具备完全的随机性；如果固定样本库样本的招募是非随机的，则抽样不具备完全的随机性。

（3）弹出窗口式抽样。弹出窗口式抽样是指通过软件技术，采用弹出窗口的方式对网站访问者进行抽样的方法。如果要对网站的访问者进行计数，可按预先设定好的间隔（如每隔 100 个访问者）弹出一个窗口，邀请访问者参加调研。这种方法类似于传统的街头拦截，但由于通过软件自动控制，因而比街头拦截更具随机性。

（4）预先电话抽样。预先电话抽样一般是指预先使用电话号码进行随机抽样，然后通过电话直接邀请或通过电子邮件邀请调研对象登录指定的网站参加调研。这种方式通过密码进行控制，只有获得邀请的调研对象才能参加调研。这样既实现了完全的随机性，又充分发挥了网络调研的优势。

（5）完全公开式抽样。完全公开式抽样是指在企业网站、问卷调研平台或其他网站公开调研问卷，并广泛发布链接，使调研对象主动参加调研的方法。这种方法几乎无法控制调研对象，因而随机性较差，且难以保障调研对象身份的真实性及其填写问卷行为的恰当性，更无法对调研内容保密。

每种抽样方法都各有优缺点。企业在制订抽样方案时，应根据市场调研的问题性质、调研目的、条件、调研对象特征、统计要求及各种抽样方法的特点选择适当的抽样方法。

> **知识拓展**
>
> **市场调研抽样方法分类**
>
> 市场调研抽样方法可以分为概率抽样和非概率抽样两类。
>
> 概率抽样是指按照随机原则对总体任意抽取样本。每个个体被抽到的机会相对均等，样本在抽样总体中的分布相对均匀，这样可以避免出现倾向性偏差。概率抽样有简单概率抽样、等距抽样、分层抽样和整群抽样等具体方法。
>
> 非概率抽样是指调研者根据自己的主观判断抽取样本。它不是严格按照随机抽样原则抽取样本的，无法确定抽样误差，从而无法正确地说明样本的统计值在多大程度上适用于总体。非概率抽样主要有方便抽样、判断抽样、配额抽样和参考抽样等具体方法。
>
> 在实际的市场调研中，由于受到客观条件的限制，很多情况下并不能保证按照随机原则进行均等机会的抽样，所以往往根据实际情况采取概率抽样和非概率抽样相结合的方式抽样。

3. 网络市场调研的策略

（1）识别网站访问者并获取访问者信息。传统市场调研中，调研人员对调研对象的分布情况往往有一定的预期和控制，如样本的区域、职业、民族、年龄分布等。网络市场调研则没有空间和地域的限制，一切都是不确定的，调研人员无法准确预期谁是网站的访问者，也无法确定调研对象的具体情况，即使那些在网上购买企业产品的消费者，要想确定其身份、职业、性别、年龄等信息也是很难的。因此，网络市场调研的关键之一是如何识别访问者，并获取访问者信息。

电子邮件和来客登记簿是互联网上企业与访问者交流的重要工具与手段。电子邮件可以附有 HTML 表单，访问者可在表单界面上点击相关主题并填写附有收件人电子邮件地址的有关信息，然后发回企业。来客登记簿是让访问者填写并发回企业的表单。通过电子邮件和来客登记簿，不仅所有访问者均可以读到并了解企业的情况，而且调研人员也可获得相关的市场信息。比如，在确定访问者的邮编后，调研人员就可以知道访问者所在的国家、地区、省市等地域分布范围；对访问者的回复信息进行分类统计，就可以进一步细分市场。

（2）充分发挥网络调研的技术优势。①调整调研问卷内容组合以吸引访问者，检测问卷完成情况。与传统的市场调研问卷相比，网络调研的最大优势是可以极方便地随时调整、修改调研问卷上的内容，可以实现不同调研内容的组合，如产品的性能、款式、价格及网络订购程序、如何付款、如何配送产品等。调研人员应通过各种因素组合的测试，分析判断何种因素组合对访问者是最重要、最关键的，进而调整调研问卷的内容，使调研问卷对访问者更具吸引力。②跟踪监控访问者在线行为。企业网站的访问者能利用互联网上的一些软件程序跟踪在线服务。因此，调研人员可以通过监控在线服务来观察访问者主要浏览了哪类企业、哪类产品的主页，挑选和购买了何种产品，以及他们在每个产品主页上耗费的时间长短等。调研人员通过研究这些数据，分析得出访问者的地域分布、产品偏好、购买时间、购买习惯及行业内产品竞争状况等信息，为决策提供一定的依据。③可通过软件自动检测访问者是否完成调研问卷。

（3）奖励访问者以激发其参与调研的积极性。如果企业能够提供一些奖品、免费商品或给访问者购买商品一定的折扣优惠，会很容易从访问者那里得到更多信息，包括姓名、联系方式和电子邮件地址等。这种策略被证明是有效的，因为它不仅能吸引更多的访问者，还能减少访问者因担心个人隐私被侵犯而发出不准确信息的行为，从而使企业得到更真实的信息，提高调研的准确率。调研内容可包括访问者对企业的了解途径、购物体验、产品认可程度、支付和配送选择、促销的接受程度、售后服务、其他意见和建议等。

（4）在网络上建立情感纽带。企业网站不仅要展示产品的图片、文字等，而且要有针对性地提供公众感兴趣的内容，如时装、音乐、电影、家庭乃至幽默等有关话题。以大量有价值的与企业产品相辅相成的信息和免费软件吸引访问者，促使访问者乐于告诉企业个人的真实情况。这样，调研人员可以较方便地进入访问者的个人主页，逐步在网上与访问者建立友谊、加深感情，达到网络市场调研的目的。

（5）公布保护个人信息声明。在电子商务活动中，为了研究访问者的上网、购买习惯或提供个性化服务，企业网站往往需要访问者注册，并要求其填写姓名、电话、电子邮件等联系信息，甚至要求访问者提供个人兴趣、性别、职业、收入、爱好等详细内容。但是无论哪个国家，访问者对个人信息都有不同程度的自我保护意识，所以调研人员想获得这些信息，一定要让访问者了解调研目的，并确信个人信息不会被公开或用于其他任何场合。如果以市场调研为名收集访问者个人信息，展开所谓的数据库营销或个性化营销，不仅会严重损害企业在消费者心目中的形象和信誉，也会影响合理的市场调研。

（6）与访问量大的网站合作以吸引更多访问者。为了吸引更多的人访问企业网站，企业可以采取与其他网站合作的方式。除了流行的友情链接这一最简单的合作方式，还有其他方式，如栏目内容合作，创作一些很多网站都需要的有价值的内容，主动与可能感兴趣的网站联系。在与访问量非常大的网站打交道时，也不要产生畏惧心理，事实上这些网站也不断地吸收好的内容，如果从你的网站能拿到好素材，他们不会介意链接你的网站。

（7）与传统市场调研相结合。网络市场调研具有一定的优越性，但也应看到，网络调研并不是万能的，调研结果有时会出现较大误差，网络调研也不可能满足所有市场调研的要求。应根据调研的目的和要求，采取线上调研与线下调研相结合的调研方式。比如，调研人员可以在各种媒体，如报纸、电视或有关杂志上刊登相关的调研问卷，并公告企业的电子邮箱和网址，让消费者通过电子邮件回答要调研的问题，以收集市场信息。

2.2.4 设计、投放与回收网络市场调研问卷

问卷也叫调研表，是一种以书面形式了解调研对象的反应和看法，并获得资料和信息的工具。在市场调研中，问卷作为一种最常见的调研工具，发挥着重要的作用，有利于全面、准确地收集各种资料，有利于方便、迅速地进行统计分析，还有利于节省调研时间，提高工作效

率。一份设计良好和规范的问卷，不仅可以提高调研的质量和结果的准确性，还可以提高调研工作的效率和效益。

1．市场调研问卷的结构

一份规范、完整的市场调研问卷通常由三部分组成：开头、正文和结尾。

（1）开头。市场调研问卷的开头包括标题、说明词、填表说明和问卷编号。①标题是对调研主题的概括说明，要求开门见山，调研对象看过标题后可以大致了解调研问卷的内容。②说明词用以说明调研的目的、问题和调研结果的用途。与此同时，说明词还要介绍此次调研的主办单位，并对调研对象表示感谢。说明词可以使调研对象重视调研，积极参与。③填表说明向调研对象说明如何填写调研问卷，包括填表要求和说明。有时填表说明仅仅针对个别问题，则被设置在这个问题的后面；有时填表说明针对整个问卷，则被设置成独立的部分。④问卷编号主要用于问卷、调研人员与调研对象的识别。

图 2-5 是问卷网免费模板中一份市场调研问卷的开头。

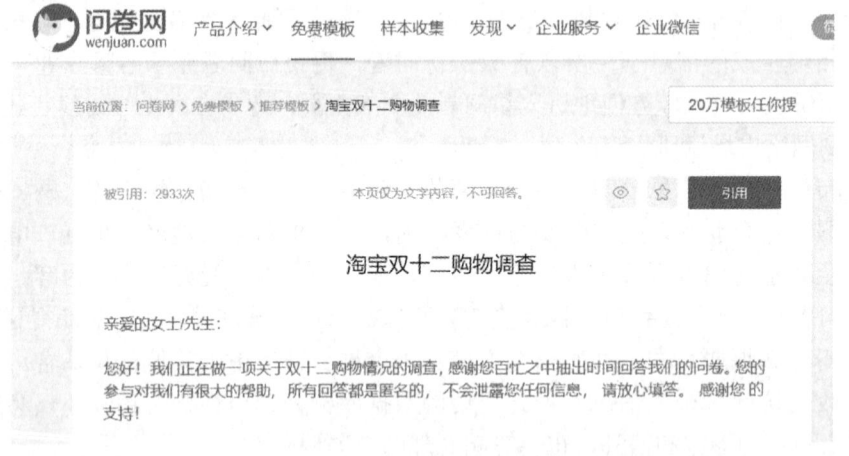

图 2-5　一份市场调研问卷的开头

（2）正文。市场调研问卷的正文包括问题和选项、调研对象基本情况和编码。①问题和选项是整个调研问卷的核心、主体。调研问卷涉及的内容可以分为两部分：行为资料和态度资料。行为资料是指有关调研对象社会经济行为的资料，主要反映调研对象是否做过某些事情及做某些事情的次数和频率，如"您上个月是否去商场买东西了？"态度资料是指调研对象对他人（或事件）的能力、兴趣、感受、认知、看法和评估，如"你认为现在健身中心的价格是：很高（　）；较高（　）；适中（　）；较低（　）；很低（　）"。②调研对象基本情况是指调研对象的背景信息，用于说明调研对象的基本特征。如果调研对象是个人，这部分内容应包括个人的性别、年龄、职业、受教育程度、收入、婚姻情况、居住地址、联系电话等。如果调研对象是社会群体或组织，则应包括组织名称、属性、规模、结构等。由于调研对象的背景不同，他们的行为和态度也有所不同，所以调研对象基本情况在调研问卷中具有重要作用。③问卷中每个问题和答案都应该有一个数字作为编码。编码就是将调研问卷中的项目转化为具体的数字，有助于后期的数据整理与分析。另外，每份调研问卷也应该有自己的编码。

图 2-6 是问卷网免费模板中一份市场调研问卷的正文，其中包括调研对象基本情况及问题编码。

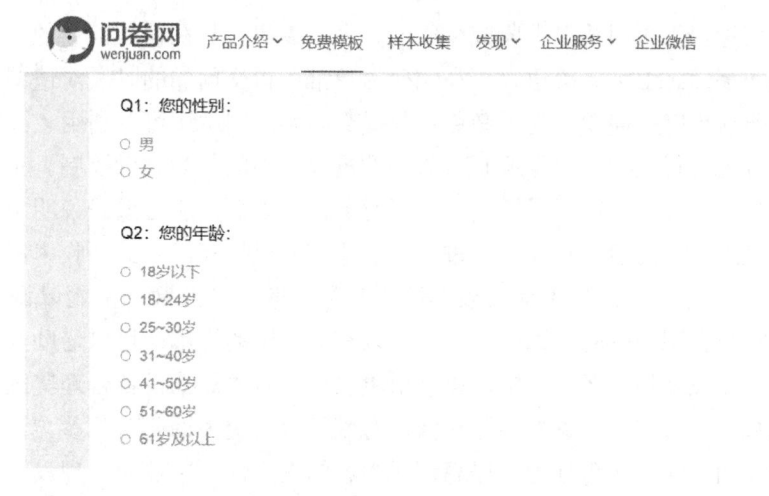

图 2-6　一份市场调研问卷的正文

（3）结尾。市场调研问卷的结尾可以对调研对象表示感谢，也可以设置开放式问题询问调研对象的意见和建议。图 2-7 是问卷网免费模板中一份市场调研问卷的结尾，采用了开放式问题作为结尾。

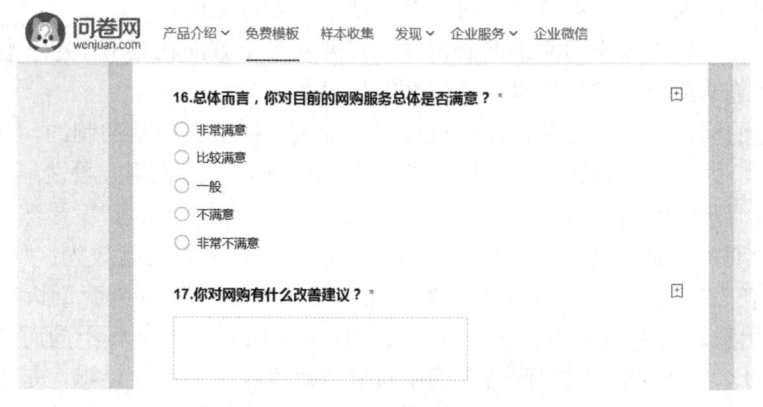

图 2-7　一份市场调研问卷的结尾

2．网络市场调研问卷的设计

网络市场调研问卷的设计是一项相对精细的工作，要求调研人员兼顾从问卷设计、问卷投放到问卷回收整个调研过程中各个环节的要求，尽可能多地挖掘有价值的信息。

（1）注意事项。企业能否在网络市场调研中高效地收集消费者需求及购买行为、产品性能、品牌影响力等相关信息，关键在于问卷质量。提高问卷质量应注意以下几个方面。①认真分析影响问卷质量的因素并采取相应措施。问卷质量主要取决于问题类型划分是否清晰，问题数量是否合适，问题含义是否简明而便于理解，问卷设计技巧是否恰当。问卷设计还应方便调研人员统计分析。应认真分析这些影响问卷质量的因素，并在设计问卷时采取相应措施。②声明保护调研对象的个人信息。企业在进行网站推广、电子商务交易或市场调研时，应充分重视调研对象的个人隐私，用各种措施保护调研对象的个人信息安全。企业在进行网络问卷调研时一定要注意这一点，在调研说明中必须明确告知调研对象调研的目的，并明确声明其个人信息不会被用作其他用途。③采用技术手段减少问卷冗余。调研人员在设计问卷的提交环节时，一般使用如 ASP. net 或 JavaScript 等语言，在调研对象准备提交问卷的时候对遗漏问题等情况进行提醒，促使调研对象完善问卷。为了避免重复提交问卷，网站还可以利用 Cookies 等插件对调研对象的提交行为进行限制，但是调研对象恶意重复参与的行为难以控制。④吸引更多调研对象并充分利用外网资源。企业要吸引更多调研对象，一方面，应在调研说明中体现调研对象参与的意义，如采用"您的参与对我们很重要"等语句，以提高问卷的回收率；另一方面，尽管网络调研一般出于自愿，企业还是应该对调研对象采取适当的激励措施以调动其参与积极性。如果企业依靠自身网站或问卷调研平台不足以获取足够的样本，可以借助其他知名度相对较高的网站或社会化媒体扩大调研范围，以吸引更多调研对象。⑤设置合理奖励。企业设置适当的奖励，可以直接刺激调研对象的参与热情，有利于吸引更多调研对象参与调研。但是为了减少调研对象参与调研的不文明行为，提高调研内容的真实性，企业应合理设置奖励措施。由于网络调研环境是虚拟的，调研对象为获取更多奖励，可能多次提交问卷；也有些调研对象为了得到奖品而作弊，这些都将影响调研结果的质量。企业必须注意奖励的激励力度，也应采取技术措施合理地设置奖励程序。⑥网络调研问卷的测试和修正。企业在正式发布调研问卷前应预调研，或在某一范围内进行调研，认真对调研各项的实际反应进行细致总结，及时修正不完全或不合理的问题，为正式问卷调研及时、有效地展开做好工作。

由此可见，设计一份优秀的网络调研问卷，需要从各个方面在细节上把工作落实到位，需要调研人员不断总结经验，增强调研设计方面的技术实力。

（2）应避免的问题。调研问卷在设计过程中会受到一些语言因素的制约，从而影响调研对象对问题的理解。因此，在设计问题时应注意以下几个方面。①避免一般性问题。比如，一家饭店在进行顾客调研时设置了这样的问题："您对我们的饭店是否满意？"显然这个问题过于笼统，很难达到预期的效果，因此应将问题拆分，分项提问。可将问题改为："您认为我们饭店的菜色是否丰富？""您认为我们饭店的就餐环境是否优雅？""您认为我们饭店的饭菜是否可口？"②避免使用意思模糊的词语。这类词语往往因为调研对象的理解不同而产生歧义，应该尽量避免使用。比如："您经常旅行吗？"调研对象会对"经常"产生疑惑，是指一周还是一个月？因此，调研人员应该为问题设定明确的范围："去年您旅行了几次？"③避免引导性问题。问题要避免向调研对象做任何暗示和误导。比如："许多消费者都认为某某饭店饭菜可口，您的印象如何？"这个问题带有强烈的暗示，引导调研对象的想法，影响调研效果。可将问题改为："您认为某某饭店的饭菜味道如何？"④避免遗忘性问题。在调研问卷中，有的问题时间间隔太久，调研对象已经遗忘或记不清楚，这就容易引起他们对调研的反感和不满，最终造成调研结果质量下降。比如："去年你购买了哪些图书？"应该将时间段选定在调研对象比较容易回忆的范围之内："上个月你购买了哪些图书？"⑤避免隐私问题。在对调研对象的基本资料进行调研时，有的问题涉及调研对象的个人隐私，如年龄、收入、受教育程度等。这部分不应该直接提问，否则容易让调研对象反感与不满。一般可采取分层次列表提问的方法，或询问调研对象对该事物的看法等方法。比如："你的受教育程度属于哪一栏？A、高中或以下；B、大专；C、本科；D、硕士；E、博士及以上。"⑥避免断定性问题。问卷中的某些问题断定调研对象已经拥有了这项商品或发生过这种行为，但事实上调研对象根本没有。比如："你丈夫喜欢喝红酒还是白酒？"调研对象可能未婚，也可能丈夫不喝酒。这些都会引起调研对象的不满，造成调研结果不准确。可以对问题进行拆分，分项提问："你是否已婚？""你的丈夫是否饮酒？"

"他喜欢红酒还是白酒?"⑦避免假设性问题。调研人员将个别问题设置在一种假设性的环境中,然后询问调研对象会怎么做。比如:"如果别墅降价50%,你是否会购买?"这样设置问题是不科学的,在假设的环境下,调研对象并不知道自己会有何种行为,因此填写答案的价值不高,不能真正反映问题的本质,影响调研结果。

3. 网络调研问卷的投放与回收

网络调研问卷的投放与回收尽管比较简单,但仍然需要注意相关要求。

(1) 企业网站应具备完善的网络调研功能。企业网站要保证具有从设计、调整、定稿到发送问卷、提交问卷、统计分析和结果输出整个操作流程所需的功能,使整个调研系统操作方便、快捷,尤其后台管理应具有对问卷的自动回收处理功能,并能随时得出动态的统计分析结果。

(2) 及时做好问卷调研的预热工作。因为信息不对称,调研问卷在企业网站或问卷调研平台发出后,一般不会马上引起人们的关注,因此企业需要对调研活动进行宣传,以便在短时间内获得较多调研对象。一般来说,企业可以通过以下方式进行宣传:借助传统媒体,如报纸、电视等进行宣传;借助企业网站预先发布通告或直接向目标群体发送电子邮件;借助大型门户网站、知名论坛、博客、微博发布网络广告。同时应设计适当的调研奖励,如有奖回答或免费提供服务等。

(3) 全面跟踪、监督调研过程。应对网络市场调研全过程进行全方位的跟踪和监督,对出现的问题应及时处理。比如,对统计分析内容做好测量和记录;及时处理可能的问卷冗余问题,如多交、重复提交等,或与系统稳定性相关的无法提交等,以保证调研高效、有序地进行。另外,调研往往在一定时期内进行,有时候还会延长,所以调研人员应及时备份回收的问卷数据,以防数据意外丢失,并根据实际情况设定备份周期。

2.2.5 撰写网络市场调研报告

网络市场调研报告是指阐述网络市场调研结果并根据调研得出适当结论的正式的演示或书面陈述。撰写网络市场调研报告就是对网络市场调研的结果进行陈述,并得出适当结论的过程。

网络市场调研报告的形式有描述性报告、解释性报告、建议性报告或描述与对象相结合的综合性报告。报告没有特别的固定格式,一般由标题、目录、内容摘要、正文、结论与建议、附录几部分组成。各部分内容及撰写方法如下。

1. 标题

标题一般放在报告的首页。有的报告还采用正、副标题的形式,一般正标题表达调研的主题,副标题则具体表明调研的单位和问题。报告首页除标题外,还可有报告日期、委托方、调研方等信息。

2. 目录

如果调研报告的内容较多,为了方便读者阅读,应当使用目录或索引列出主要章节和附录,并注明标题、有关章节号码及页码。一般来讲,目录的篇幅不宜超过一页。

3. 内容摘要

内容摘要部分主要概括介绍调研的主要情况与结论。内容摘要是报告的关键部分。研究表明,几乎所有管理者都会阅读报告的内容摘要,而只有少数管理者会阅读报告的其他部分。内容摘要包括四个要素。①说明报告目的,包括最重要的背景信息和报告的具体目的。②给出方法论和重要发现。③得出结论。结论是建立在调研发现的基础上的,并对发现做出解释。④根据结论提出行动建议或意见。很多情况下,管理者不希望内容摘要中包括建议。

4. 正文

正文是调研报告的主体部分,包括调研目的,调研对象和调研内容,调研方法(如样本的抽取、资料的收集、整理、分析技术等),可供市场活动的决策者进行独立思考的全部调研结果和必要市场信息,以及对这些情况和内容的分析评价。阐述调研结果时应当按照一定的逻辑顺序说明与目标有关的调研结果。结果应当以连续的方式叙述,具有说服力,但不要过度吹嘘。可以利用总结性的图表辅助讨论。

5. 结论与建议

结论与建议包括总结正文部分提出的主要内容,提出有效的措施,以及解决某一具体问题可供选择的方案与建议。

6. 附录

任何在调研报告正文中显得技术性过强或过于详细的材料都应列在附录中,包括只有部分读者感兴趣的材料或与目标并不直接相关的附属材料,如数据表格、详细计算过程、技术问题的讨论、有关结果的详细或综合性表格及参考书目等。

撰写调研报告不应简单堆砌数据和资料,而应在科学分析数据后,整理得出相应的有价值的结果,为企业制定营销策略提供依据。在撰写调研报告前,要先了解报告读者希望看到的报告形式及期望获得的信息。调研报告要清晰明了、图文并茂。在写作的过程中还要注意语言规范,不能太过口语化,以免读者对调研报告的准确性产生怀疑。

本章实训

一、实训目标

1. 掌握网络市场调研的主要方法,理解网络市场调研的重要性。
2. 掌握撰写网络市场调研报告的主要方法。
3. 提升运用多种工具进行网络市场调研的能力。

二、实训任务

◇ 实训任务一:理解网络市场调研的重要性

1. 以小组为单位,自行查找有关网站,分析讨论企业开展网络市场调研的重要性。
2. 整理资料,撰写500~1000字的小论文,发布在自己的博客或微博上。
3. 将小论文压缩成100字左右的摘要,发布在自己的微信朋友圈中。

◇ 实训任务二:设计网络市场调研问卷

1. 设计一份网络市场调研问卷,调研当代大学生对电子产品的喜好和消费情况。
2. 通过问卷星网站和小程序发放问卷。
3. 回收问卷并整理分析。

◇实训任务三：掌握网络市场调研过程

1．利用本章学习的网络市场调研方法和技巧，收集"三只松鼠"开展网络市场调研的相关资料。

2．分析"三只松鼠"开展网络市场调研的核心主线和步骤有哪些。

三、实训总结与思考

1．总结分析网络市场调研的主要方法有哪些。

2．分析网络市场调研问卷的设计与投放应注意的问题。

3．思考如何激发消费者参与网络市场调研的积极性。

课后习题

一、名词解释

网络市场调研　网络直接市场调研　在线问卷调研法　网络观察法

二、单项选择题

1．以下关于网络市场调研的说法，不正确的是（　　）。

　　A．网络市场调研包含对信息的收集、记录、分析、研究、判断和传播等活动，其工作对象是网络市场信息，并且直接为网络市场营销服务

　　B．网络市场调研可借助多媒体、超文本格式文件，让调研对象深度体验产品与服务

　　C．网络市场调研费用较高，主要是设计费和数据处理费，支付的费用远超实地调研

　　D．网络市场调研受网上受众特征的限制，其调研结果一般只反映网民中对特定问题有兴趣的人群的意见，它所能代表的群体可能是有限的

2．网络市场调研的首要过程是（　　）。

　　A．制订调研计划　　　　　　　　B．收集资料

　　C．明确问题与确定调研目标　　　D．撰写调研报告

3．以下说法正确的是（　　）。

　　A．网络市场调研要看具体的调研项目和调研对象群体的定位，如果网络上调研对象的规模不够大，或者不具有代表性，就意味着该项目不适合在网络上进行调研

　　B．网络市场调研全过程不用进行全方位的系统跟踪和监督

　　C．网络市场调研与传统市场调研相比具有很多优越性，企业应尽量采取网络市场调研方法

　　D．网络直接调研法是调研人员通过互联网直接收集二手资料的方法

4．利用一些软件，线上问卷在调研回收的同时就可以自动进行数据的分析、汇总和统计，这反映出网络市场调研的（　　）。

　　A．速效性　　　　B．经济性　　　　C．互动性　　　　D．吸引性

5．企业利用其他网络平台收集调研资料，则该企业获取的信息属于（　　）。

　　A．二手资料　　　B．一手资料　　　C．直接资料　　　D．过时资料

三、多项选择题

1. 利用互联网进行市场调研有（　　）两种方式。
   A．网络直接调研　　　B．网络间接调研　C．定性调研　　　　D．定量调研
2. 网络直接调研的方法主要包括（　　）。
   A．在线问卷调研法　　B．网络讨论法　　C．网络观察法　　　D．搜索引擎检索法
3. 网络间接调研的方法有（　　）。
   A．利用搜索引擎直接查找　　　　　　B．访问相关的专业类网站收集资料
   C．利用相关的网络数据库查找资料　　D．以上都对

四、简答题

1. 网络市场调研有哪些特点？
2. 与传统市场调研相比，网络市场调研的不同点体现在哪些方面？
3. 网络市场调研的步骤有哪些？
4. 网络市场调研的抽样方法主要有哪几种？
5. 设计网络市场调研问卷需要注意哪些方面？
6. 网络市场调研问卷提问应避免哪些问题？

第3章 网络消费者与网络市场

章节引言

在网络消费市场中,网络消费者是最主要的组成部分,也是推动网络营销发展的主要动力。网络消费者的现状决定了网络营销的发展路径和趋势。因此,要做好网络营销工作,就必须深入分析网络消费者的群体特点及需求特点,以便在此基础上进行市场细分、选择目标市场和市场定位。

引导案例

解密拼多多:定位低端消费市场

拼多多的市场定位就是"服务中国广大人群的消费升级"。调研显示,中国 90% 的家庭年收入低于 20 万元,性价比仍是人们消费时的首要考虑因素。

拼多多的一个基本市场逻辑是"价格优势",用其创始人黄峥的话来说,就是"优惠",有些产品的价格甚至是同行的一半。这点和初期的京东有些类似,以低价快速扩大用户规模。目前,拼多多已经成为国内第三大电商。

另外,拼多多瞄准的主要是中国三四线城市、乡镇和农村的电子商务市场,成功绕过了京东和阿里巴巴的主战场——一二线城市。黄峥曾笑称:"我们的核心就是五环内的人理解不了"。拼多多的客户群画像是这样的:年龄偏大、文化程度不高、主要通过智能手机接触电商。相信很多人都在自己的微信朋友圈里看过老家的父母、亲戚等长辈分享的拼多多商品链接。精准的客户群定位加上惊人的低价,就是拼多多的优势,因此企业发展势如破竹,三年走完了其他电商公司十年走的路。

拼多多对准的正是几乎被遗忘的价格敏感用户,也是京东、淘宝、唯品会等不怎么重视的用户。不难发现,拼多多的竞争对手似乎不是淘宝,而是街边两元店,能用、实惠已经能满足拼多多用户的需求。这种错位竞争,使拼多多拿到了市场的通行证。

案例思考题

1. 从网络市场定位角度分析拼多多为什么能在短时间内取得成功。
2. 分析网络消费者需求对开展网络营销活动有何意义?

3.1 网络消费者

20世纪90年代以来,信息技术的发展造就了一个基于互联网环境的消费社会,生活在这个社会中的人要花相当多的时间从事消费活动,并形成了一种新的消费形态——网络消费,从事网络消费的人成了网络消费者。互联网的无时空限制、快捷、高效等特点也显著地影响了网络消费者的购物行为,同时,网络消费者购买决策过程也产生了较大变化。

3.1.1 网络消费者概述

1. 网络消费者的概念

消费是指人们在生活或生产活动中为满足某种需要而消耗物质产品和非物质产品的活动。狭义的消费者是指购买、使用各种产品或服务的个人,广义的消费者还包括机构或组织。网络消费者也有狭义和广义两种理解:狭义的网络消费者是指通过互联网在网络交易市场中进行购物和消费活动的消费者人群,广义的网络消费者是指所有互联网用户。下面主要从狭义角度介绍网络消费者。

2. 网络消费者的类型

根据消费习惯和自身特征不同,网络消费者可以分为简单型、冲浪型、接触型、议价型、商务型及娱乐型,如图3-1所示。

图3-1 网络消费者的类型

(1)简单型。简单型网络消费者需要的是方便、直接地进行网上购物。他们通常只花少量时间上网,但在网上的交易量却很大,大约占了总体网络交易量的一半。为了满足这类消费者的网络购物需求,提供操作简单、搜索分类合理并设有购买建议的购买页面非常重要,也必须保证订货、付款系统的安全。因此,企业网络营销活动的核心就是必须为这类消费者提供真正的便利,让他们有充分的理由觉得在你的网站上购买产品将节约更多时间。

(2)冲浪型。冲浪型网络消费者约占总体网络消费者人数的8%。他们贡献的网络流量约占总体网络流量的32%,访问的网页量是其他网民的4倍。但是这类消费者的网络消费意愿不高,因此其网络交易量不大。这类消费者更注重视觉冲击力,常常更加关注更新快、创意新的网站，因此企业网络营销推广的重点就是不断提高网络营销模式的视觉创新，用来刺激这类消费者消费。

（3）接触型。接触型网络消费者是刚接触网络的新手，约占总体网络消费者人数的36%。他们喜欢网上聊天，关注新产品的发布，但是网上交易行为并不活跃。因为这类消费者的上网经验不太丰富，他们一般对于网页中的简介、常见问题的解答、名词解释、网站结构之类的链接更感兴趣，更愿意相信生活中他们熟悉的品牌。所以企业应根据这类消费者的消费习惯，更加重视他们熟悉的品牌在网络上的营销推广。

（4）议价型。议价型网络消费者约占总体网络消费者人数的 8%，淘宝网等多数主流购物网站有一半以上的顾客都属于这种类型。这类消费者的网络消费行为活跃，喜欢讨价还价，并有在交易中获胜的强烈愿望。价格便宜的商品更能引起他们的兴趣，因此，企业需常常针对这类消费者做相应的特价、打折、赠送礼品等促销活动，如在自己的网站上打出"大减价""清仓处理""限时抢购"之类的广告，就能够很容易地吸引这类消费者。

（5）商务型。商务型网络消费者以学历高、素质高的一线城市中青年人为主。他们很有主见，非常清楚哪类商品适合自己，哪类商品不适合自己，一般不被产品广告左右，不轻易进行网络交易。他们常常访问的是新闻和商务网站。所以企业应该考虑商品的独特性和高品位，以满足这类网络消费者的需求。

（6）娱乐型。娱乐型网络消费者以好奇心强的年轻人为主，他们购买意愿强，但交易量较低，更倾向于访问运动和娱乐网站。这类网络消费者比较缺乏耐心，在进行网络活动时，通常比较在意上网速度，如果网速较慢，他们会经常性地转换网站。当下，这批活跃的网民是非常重要的网络消费者潜在客源。对于这类网络消费者，企业需要增加自己网站的娱乐新闻点和视觉兴趣点，用不断更新和紧扣时尚生活的信息锁住他们对自己网站的关注度，从而尽量争取销售产品的机会。

3．网络消费者的特点

与传统的消费方式相比，网络消费者呈现出如下特点。

（1）网络消费者的需求具有明显的差异性。消费需求的差异是始终存在的，但当前网络消费者之间的需求差异比任何一个时期都要明显。这是因为网络营销没有地域上的界线，消费者可能来自本国市场，也可能来自地球另一端的某个国家或地区。地域、民族、宗教信仰、收入水平及生活习俗上的差异造就了网络消费者较大的需求差异。因此，从事网络营销的企业要想取得成功，就必须认真思考这种差异性，应该针对不同消费者的需求差异，采取有针对性的方法和措施。

（2）网络消费者的需求具有交叉性。在网络消费中，各个层次的消费不是相互排斥的，而是紧密联系的，交叉的需求广泛存在。比如，在同一张订购单上，消费者可以同时购买最普通的生活用品和昂贵的饰品，以满足生理需求和尊重需求。这种情况的出现是因为网上商店可以囊括几乎所有商品，人们可以在较短的时间里浏览多种商品，因此产生交叉性的购买需求。

（3）网络消费者的需求具有超前性和可诱导性。电子商务构造了一个全球化的虚拟大市场，在这个市场中，最先进和最时尚的商品会以最快的速度与消费者见面。以具有超前意识的年轻人为主体的网络消费者比较喜欢超前和新奇的商品，他们也容易被新的消费动向和商品介绍吸引，从而带动其周围消费层的新一轮消费热潮。企业应当充分发挥自身优势，采用多种促销方法，启发、刺激网络消费者的新需求，唤起他们的购买兴趣，引导他们将潜在的需求转变为现实的需求。

（4）网络消费者消费的参与性和体验性特征更显著。传统的商业流通渠道由生产者、商业机构和消费者组成，其中商业机构起着重要作用，因为生产者不能直接了解市场，消费者也不能直接向生产者表达自己的消费需求。而在网络环境下，消费者能直接参与到生产和流通中来，与生产者直接沟通，更注重购买过程的参与和体验。网络消费者主动表达自己的需求，不仅为生产者进行产品设计提供了灵感，买卖双方在消费过程中的互动和沟通也降低了市场的不确定性和信息的不对称性。

（5）网络消费者对购买便利性和趣味性的追求并存。网上购物的便利性会使消费者节省大量的时间、精力和开支。另外，在网上购物，除了能够满足实际的购物需求，消费者还能够收集和比较许多信息，并得到各种在传统商店没有的乐趣，找到在门店里看不到的品牌或种类等。如今，人们的网络消费需求出现了两种趋势：一部分工作压力较大、时间紧张的消费者以便利性购买为目标，他们追求的是节省时间和劳动成本；而由于劳动生产率的提高，另一部分消费者自由支配时间增多，他们希望消费是趣味性的。今后，这两种相反的消费需求将在较长的时间内并存。

3.1.2 影响网络消费者购买行为的主要因素

除了文化、社会、个人和心理等因素，影响网络消费者购买行为的主要因素还有商品的价格、商品的选择范围、商品的时尚性与新颖性、购物的便捷性、购物的安全可靠性，如图 3-2 所示。

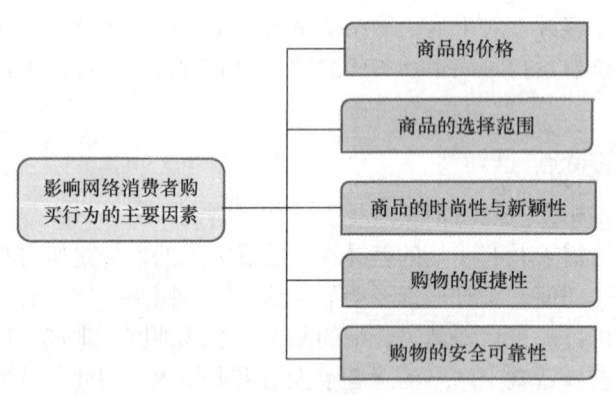

图 3-2 影响网络消费者购物行为的主要因素

1．商品的价格

一般来说，价格是影响消费者购买行为的最主要因素，即使在消费者收入普遍提高的时代，价格的影响仍然不可忽视。一般来说，价格与需求量经常表现为反比关系：同样的商品，价格越低，销售量越大。网络的开放性和共享性使消费者可以方便地获得众多不同商家的最新报价信息，因而在同类商品中价格占优势的商家更能得到网络消费者的青睐。

另外，消费者对于互联网有一个"免费"的价格心理预期，认为即使网上购买商品也是要花钱的，价格也应该比传统渠道低。一方面，互联网的起步和发展都依托免费策略，因此互联网的"免费"形象深入人心，而且免费策略也得到了成功的商业运作。另一方面，互联网作为新兴市场，可以减少传统营销的中间费用和一些额外的信息费用，大大削减了产品的成本和销售费用，这也是互联网商业应用的巨大增长潜力所在。

2．商品的选择范围

商品的选择范围也是影响消费者购物的重要因素。在互联网这个全球化的市场中，消费者挑选商品的范围大大拓展。一方面，网络为消费者提供了多种检索途径，消费者可以通过网络，方便、快速地搜寻全国乃至全世界相关的商品信息，挑选满意的厂商和产品，获得最佳的商品性能和价格。另一方面，消费者也可通过新闻组、电子公告牌等，告诉千万个厂商自己需求的产品，吸引众多厂商与自己联系，从中筛选符合自己要求的商品或服务，轻而易举地实现了货比多家，并且成本很低。

3．商品的时尚性与新颖性

根据网络消费者的特征，网上销售的商品一般要考虑新颖性，即新商品或时尚类商品比较容易吸引人们的注意。追求商品的时尚和新颖是许多消费者，特别是青年消费者重要的购买动机。这类消费者一般经济条件比较好，特别重视商品的款式、格调和流行趋势，而不太在意商品使用价值和价格的高低。他们是时髦服装、新潮家具和新式高档消费品的主要消费者。网络商店由于载体的特点，总是跟踪最新的消费潮流，适时为消费者提供最直接的购买渠道，加上最新产品的全方位网络广告，因此对这类消费者产生的吸引力越来越大。同时，网络商店要营造一种购物的氛围，以刺激消费者产生购买欲望。通常用不断弹出的广告窗口、美观的产品图片等手段强化消费者的购买欲望。

4．购物的便捷性

购物的便捷性是消费者选择网上购物的首要考虑因素之一。这里的便捷性是指消费者在购物过程中能够节省更多的时间成本、精力成本和体力成本。网络购物模式下，消费者可以坐在家中与卖家达成交易，足不出户即可获得所需的商品或服务。网络购物顺应了现代社会消费者对便捷性的追求，因而被越来越多的消费者接受。

5．购物的安全可靠性

传统的购买一般是一手交钱、一手交货，即"钱花出去了，商品在自己手里"。网上购物一般需要先付款、后送货，改变了传统交易模式，这种购买的安全性、可靠性总让网络消费者担心与不安。网络消费者担心商品质量与宣传不符或差异过大，担心售后服务得不到保障，担心网络商店的信用与信誉，担心交易划账时信用卡的安全与个人信息的外泄，以及网络商店的订单处理速度、质量、送货费用和各项售后服务等问题。因此，网络商店必须在网络购物的各个环节加强安全和控制措施，保护消费者购物过程的信息传输安全和个人隐私，增强网络消费者的购物信心，从加强与优化安全性和顾客服务着手，培育网络消费者对网络购物的信心。

3.1.3　网络消费者的购买过程

与线下购买行为类似，网络消费者的购买过程在实际购买之前就已经开始，并且延续到购买后的一段时间，有时甚至是一个较长的时期。具体的购买过程大致可分为产生需求、收集信息、比较选择、购买决策和购后评价几个阶段，如图 3-3 所示。

产生需求 → 收集信息 → 比较选择 → 购买决策 → 购后评价

图 3-3　网络消费者的购买过程

1. 产生需求

网络消费者购买过程的起点是产生需求。当消费者认为已有的物品不能满足需求时，便开始对市场中待售的某种商品或服务产生兴趣，从而可能产生购买欲望。在传统的购物过程中，消费者的需求是在内外因素的刺激下产生的。对于网络营销来说，诱发需求的动因只能局限于视觉和听觉，消费者无法亲身体验。在电子商务中，企业往往通过网页文字的表述、图片的设计和声音的配置诱发消费者的购买冲动。这要求从事网络营销的企业或中间商注意了解与自己产品有关的实际需求和潜在需求，了解这些需求在不同时间的不同程度，以及这些需求是由哪些刺激因素诱发的，进而巧妙地设计促销手段吸引更多消费者浏览网页，引导他们产生需求。

2. 收集信息

当需求被唤起后，每个消费者都希望自己的需求能得到满足，所以收集信息、了解行情成为消费者购买的第二个环节。收集信息的渠道主要有两种：内部渠道和外部渠道。消费者首先在自己的记忆中搜寻可能与所需商品相关的知识和经验，如果没有足够的信息用于决策，消费者则要到外部环境中寻找与此相关的信息。当然，不是所有的购买决策活动都要求同样程度的信息和信息搜寻。

> **知识拓展**
>
> **消费者收集信息的模式**
>
> 根据消费者对信息的需求范围和收集努力程度不同，消费者收集信息的模式可分为三种。
>
> （1）广泛问题的解决模式。处于广泛问题解决模式的消费者尚未建立评判特定商品或品牌的标准，也不存在对特定商品或品牌的购买倾向，很广泛地收集某类商品的信息。处于这个模式的消费者可能因为好奇、消遣或其他原因而关注自己感兴趣的商品。
>
> （2）有限问题的解决模式。处于有限问题解决模式的消费者已建立了对特定商品的评判标准，但尚未建立对特定品牌的选择倾向，这时消费者有针对性地收集信息。这种模式的信息收集，才能真正而直接地影响消费者的购买决策。
>
> （3）常规问题的解决模式。处于常规问题解决模式的消费者对将来购买的商品或品牌已有足够的经验和特定的购买倾向，这种模式下消费者的购买决策需要的信息较少。

3. 比较选择

比较选择是购买过程中必不可少的阶段。消费者对通过各种渠道收集的资料进行比较、分析、研究，从而了解各种商品的特点及性能，从中选择最满意的一种。一般来说，消费者的综合评价主要考虑商品的功能、质量、可靠性、样式、价格和售后服务等。通常，消费者对一般消费品和低值易耗品较易选择，而对耐用消费品的选择比较慎重。

网络购物不直接接触实物，因此网络消费者对商品的比较主要依赖企业对商品的描述，包括文字表述、图片展示和视频介绍等。企业对自己的商品描述得不充分，就不能吸引众多消费者。如果过分夸张地描述，甚至带有虚假成分，则可能永久失去消费者。对这种分寸的把握，是每家从事网络营销的企业都必须认真考虑的。

4．购买决策

网络消费者在完成对商品的比较选择后，便进入购买决策阶段。购买决策是指网络消费者在购买动机的支配下，从两件或两件以上的商品中选择一件满意商品的过程。

购买决策是网络消费者购买活动中最主要的组成部分，基本上反映了网络消费者的购买行为。与传统购买方式相比，网络消费者的购买决策有其独特之处。一方面，网络消费者理智动机比重较大，而感情动机比重较小，这是因为消费者在网上寻找商品的过程本身就是一个思考的过程。网络消费者有足够的时间仔细分析商品的性能、质量、价格和外观，从而从容地做出选择。另一方面，网上购买受外界影响较小。消费者通常独自上网浏览、选择，受身边人的影响较小。因此，网络购买决策比传统购买决策快得多。

5．购后评价

消费者购买商品后，往往根据产品的实际使用体验对自己的购买选择进行检查和反省，以判断这种购买决策的准确性。购后评价往往能够决定消费者以后的购买动向，满意的顾客是企业最好的广告。

3.2 网络市场

网络消费者的购买行为发生在网络市场中，同时网络市场中还存在生产商、中间商及其他服务商等众多主体。不同于传统的市场，网络市场不受时空的限制，具有成本低、覆盖面广的特点，其面对的消费群体数量庞大，可以划分不同的细分市场。因此，要做好网络营销与推广，必须了解网络市场。

3.2.1 网络市场概述

1．网络市场的内涵

网络市场是以现代信息技术为支撑，以互联网为媒介，以信息瞬间形成、即时传播、实时互动、高度共享为特征的交易组织形式。传统意义上的市场是指商品买卖交易的场所，是把货物的买主和卖主正式组织在一起进行交易的实体场所。网络市场则是由生产者、中间商、消费者三类市场主体汇聚在互联网上形成的商业沟通及交易的虚拟市场空间。

从网络市场交易的方式和范围看，网络市场经历了三个发展阶段，如图3-4所示。

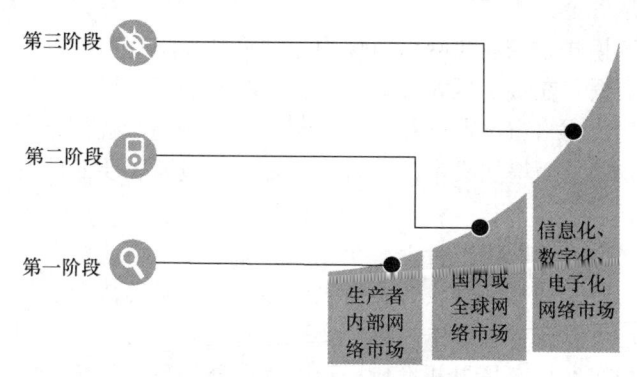

图3-4 网络市场的发展阶段

第一阶段是生产者内部网络市场，基本特征是工业界内部为缩短业务流程和降低交易成本采用电子数据交换系统所形成的网络市场。

第二阶段是国内或全球网络市场，包括生产者网络市场和消费者网络市场。其基本特征是企业在互联网上建立一个网站，将企业的产品信息发布在网站上，供所有顾客浏览，或销售数字化产品，或通过网上产品信息的发布推动实体化商品的销售。如果从市场交易方式的角度讲，这一阶段也可称为"在线浏览、离线交易"的网络市场阶段。

第三阶段是信息化、数字化、电子化网络市场。这是网络市场发展的最高阶段，其基本特征是，虽然网络市场的范围没有发生实质性的变化，但网络市场交易方式却发生了根本性的变化，即由"在线浏览、离线交易"演变成了"在线浏览、在线交易"。这一阶段的最终到来取决于电子货币及电子货币支付系统的开发、应用、标准化及其安全性、可靠性。

2. 网络市场的特点

互联网已经成为销售商品或提供服务的重要渠道，从市场运作的机制来看，网络市场具有如下基本特点。

（1）经营范围不受空间制约。传统市场的经营范围难以避免地受到很多限制。然而，网络创造了一个即时社区，它消除了不同国家和地区企业的交易时间与地域障碍，市场的地理区隔变得模糊甚至消失。互联网上的任何企业都是一个真正意义上的"跨国"企业。网络营销为企业开辟了面对全球的营销橱窗，在全球范围内，只要有网络存在的区域和地方，企业就可以直接与消费者进行各种商务互动，增加了营销机会。网络市场的这一特点为中小型企业参与国际贸易创造了良好的条件。

（2）经营时间不受限制。任何传统市场都有经营时间限制，即便个别企业 24 小时营业，可是其带来的附加成本十分巨大，而且往往收效甚微。而企业从事网络营销活动，时间的概念被赋予新的含义，不再有白天黑夜的区别，企业可以每天 24 小时进行各种营销活动，发布信息、签订合同、进行交易和提供服务，可以为企业带来更多收入。消费者也可以随时在网上寻找自己需要的信息及服务，自助咨询、下订单和采购，无须人工干预，只需利用计算机自动完成，极大地满足了消费者购物时间的多样性需求。

（3）无实体商铺成本。传统经营方式依靠优越的地理位置和别具一格的装潢来吸引顾客，网络营销则不需要店面和装潢，不需要服务人员和货品的陈列，在网络上便能完成从商品信息发布到交易完成甚至售后服务的过程。网络市场上的虚拟商店，成本主要涉及自设网站成本、软硬件费用、网络使用费用及以后的维持费用。它通常比普通商店日常运营成本低得多，这无疑可为商家节约大量资金。

（4）无库存经营模式。企业在网络市场中无须将商品陈列出来供顾客选择，只需在网页展示货物图片和相关数据，在接到顾客订单后，再向制造的厂家订货。特别是随着社会的发展，消费需求日益个性化，网络市场上一对一的定制服务更普遍，就更无须进行商品的存储。这样一来，商家不会因为存货而增加成本，其售价一定比一般商店要低，有利于增加网络商家在网络市场上的竞争力。

（5）营销环节精简。在网络平台上，企业及产品资讯可迅速发布、及时更新，并向目标传递，而顾客也可以由原来的被动接收转变为主动参与，不必等待企业的帮助，就可以自行查询所需产品的信息，还可以自行下订单，有效实现即时交易。另外，营销人员还能借助网络固有的互动功能，鼓励顾客参与产品更新换代，让顾客选择颜色、装运方式，在定制、销售产品的过程中满足顾客的特殊要求。顾客参与越多，企业售出产品的概率就越大。

总之，对现代企业而言，网络市场具有传统的实体市场不具备的特点，这些特点正是网络市场的优势。利用网络市场实现企业的目标价值是企业现在和未来的选择。

3.2.2 网络市场细分

网络市场细分是企业开展网络营销非常重要的战略步骤，是企业认识网络市场、研究网络市场，进而选择网络目标市场的基础和前提。

1．网络市场细分的含义

网络市场细分是指企业在调研研究的基础上，依据网络消费者的购买欲望、购买动机与习惯爱好的差异，同时结合网络市场虚拟环境的特点，把网络营销市场划分成若干个具有需求差别的群体的过程。其中每个消费群体都构成企业的一个细分市场。网络市场细分的目的是更好地进行网络营销。

网络市场细分的结果是把整体市场通过一个或多个细分条件划分成若干个子市场，每个子市场都由需求和愿望大体相同的消费者组成。在同一细分市场内部，消费者需求大致相同；不同细分市场则存在明显的差异。需要注意的是，市场细分是根据消费者需求的差异进行分类的，而不是根据企业的特点和产品本身的特点进行分类的。

> **知识拓展**
>
> **传统市场细分的概念**
>
> 传统市场细分的概念是由美国著名的市场学家温德尔·史密斯在 20 世纪 50 年代中期首先提出的。市场细分是指营销者通过市场调研，依据消费者的需要和欲望、购买行为和购买习惯等方面的差异，把整体市场划分为若干消费者群体市场的分类过程。每个消费者群体就是一个细分市场，每个细分市场都是具有类似需求倾向的消费者构成的群体。

2．网络市场细分的标准

网络市场细分一般有四个标准，如表 3-1 所示。

表 3-1 网络市场细分的标准

主要标准	具体内容
地理因素	消费者所处的地理位置和自然环境
人口因素	消费者的年龄、性别、家庭规模、家庭生命周期、收入、职业、教育程度、宗教、种族和国籍等
心理因素	消费者所处的社会阶层、生活方式和个性特点等
行为因素	消费者对产品的了解程度、态度、使用情况及反应等

（1）地理因素。根据消费者所处的地理位置和自然环境细分市场。地理因素之所以作为市场细分的标准，是因为处在不同地理环境下的消费者对于同一类产品往往有不同的需求与偏好，他们对企业采取的营销策略和措施有不同的反应。在传统营销模式下，按地理因素把市场分为不同的地理区域，具体变量包括国家、地区、省市、乡村、城市规模和不同的气候带等。

在网络市场中，产品种类相对集中在科技含量较高或标准化程度较高的产品上，并且其适用性相当广泛，需求差异不明显。但是这并不能排除市场细分的地理因素。这是因为虽然在互联网上，企业可以跨越时空的界限进行沟通、交易，但是在交易实体货物时，仍然需要考虑空间距离带给配送方面的费用。

（2）人口因素。根据不同的人口统计变量细分市场，具体的人口因素有年龄、性别、家庭规模、家庭生命周期、收入、职业、教育程度、宗教、种族和国籍等。人口因素在传统营销中一直是细分市场的重要因素，在网络市场细分中也是一个重要标准。

（3）心理因素。根据消费者所处的社会阶层、生活方式和个性特点等心理因素细分市场。心理因素十分复杂，包括生活方式、生活态度、个性、购买动机和价值取向等。这些与市场需求有密切关系，尤其在经济发展水平较高的社会中，心理因素对消费者行为的影响更加突出。在网络市场中，企业必须根据消费者不同的消费心理细分市场，并提供与之相应的个性化产品和服务。在传统市场中，心理因素比较复杂，没有特别有效的衡量标准，在实际操作中也很难给出明确的细分界限。而在网络市场中，企业可以利用客户关系管理系统中的数据库对客户进行有效的市场细分。比如，宝洁公司根据客户对商品需求档次的不同，将自己的产品分为高、中、低档，并为不同档次的产品建立不同风格的网站，实行不同的网络营销策略。

（4）行为因素。根据消费者对产品的了解程度、态度、使用情况及反应等细分市场。比如，IBM 公司根据行为因素，将消费者分为四种类型，每种类型即一个细分市场：企业、开发人员、家庭/家庭办公和小企业。根据四个市场的不同特征，IBM 公司为每个细分市场设计了不同的网页，并实施不同的服务策略。

3．网络市场细分的原则

实现网络市场细分，并不是简单地以消费者的需求为标准就行。因为网络细分在企业市场营销活动中处于战略地位，直接影响企业各种营销策略的组合，所以网络市场细分必须遵循一定的原则，或者具备一定的条件，这些原则主要有可衡量性、实效性、可接近性和反应差异性，如图3-5所示。

（1）可衡量性。可衡量性是指表明消费者特征的有关资料的存在或获取这些资料的难易程度，即通过这些资料细分出来的市场不仅范围比较明晰，而且能够大致判定大小。比如，以地理因素、人口因素进行市场细分时，这些消费者的特征就很容易衡量，其资料获得也比较容易；而以消费者心理因素和行为因素进行市场细分时，其特征就很难衡量。

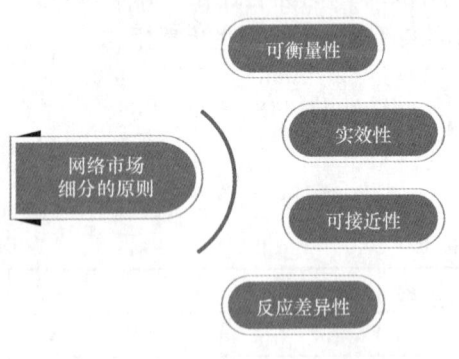

图 3-5　网络市场细分的原则

（2）实效性。实效性是指网络市场细分后各细分市场的需求规模及获得性值得企业进行开发的程度。也就是说，细分出来的各子市场必须大到足以使企业实现利润目标。一个细分市场是否大到足以实现具有经济效益的营销目标，取决于这个市场的人数和购买力。在进行市场细分时，企业必须考虑细分市场上消费者的数量、购买能力和购买数量。一个细分市场应是适合设计一套独立营销计划的最小单位。因此，市场细分并非分得越细越好，而应该科学归类，保持足够容量，使企业有利可图。

（3）可接近性。可接近性是指企业能有效地集中力量接近网络目标市场并有效地为之服务的程度。企业对选中的网络目标市场，能有效地集中营销能力，开展营销活动。可接近性一方面指企业能够通过一定的媒体把产品信息传递到细分市场的消费者；另一方面指产品经过一定的渠道能够到达细分市场。对于企业难以接近的网络市场，进行细分就毫无意义。

（4）反应差异性。反应差异性是指不同的细分市场对企业采用相同营销策略组合的不同反应程度。如果网络市场细分后，各细分市场对相同的营销组合策略做出类似的反应，就不需要为每个细分市场制定一个单独的营销组合策略了，细分市场也就失去了意义。比如，所有的细分市场对价格变动做出相似的反应，也就无须为每个市场制定不同的价格策略了。

3.2.3 网络目标市场选择

1．网络目标市场选择的含义

网络目标市场是指企业在网络市场细分的基础上，结合自身优势，对外部环境做出判断，在细分后的市场中进行识别、挑选、评价，选择的符合企业经营目标的特定市场。目标市场选择是指企业在划分了不同的细分市场后，决定选择哪些和多少细分市场作为目标市场。在这里，目标市场是企业要进入并从事营销活动的子市场。

2．网络目标市场选择的标准

（1）具备一定的规模和发展潜力。企业进入某一市场的目的是获得满意的利润，如果市场规模狭小或趋于萎缩，企业进入后难以获得发展，应该审慎考虑，不宜进入。当然，企业也不宜以市场吸引力作为目标市场取舍的唯一标准，特别应力求避免"多数谬误"，即与竞争企业遵循同一思维逻辑，将规模最大、吸引力最大的市场作为目标市场。大家共同争夺一个市场的结果是过度竞争和社会资源的无端浪费，同时使消费者一些本应得到满足的需求遭受冷落和忽视。

（2）具备一定的吸引力。每个细分市场都需要具备一定的吸引力才能够真正有助于网络营销的开展。迈克尔·波特认为，有五种力量决定整个市场或其中任何一个细分市场的长期的内在吸引力。这五种力量是同行业竞争者、潜在新参加的竞争者、替代产品、购买者和供应商。它们具有如下五种威胁性。①细分市场内激烈竞争的威胁。如果某个细分市场已经有了众多的、强大的或竞争激烈的竞争者，该细分市场就会失去吸引力。②新竞争者的威胁。如果某个细分市场可能吸引新的竞争者，这些新的竞争者会投入生产能力和大量资源并争夺市场份额，该细分市场就会失去吸引力。③替代产品的威胁。如果某个细分市场存在替代产品或有潜在替代产品，该细分市场就会失去吸引力。替代产品会限制细分市场内价格和利润的增加，如果这些替代产品所在行业中的技术有所发展，或者竞争日趋激烈，这个细分市场的价格和利润就可能下降。④购买者讨价还价能力加强的威胁。如果某个细分市场中购买者的讨价还价能力很强或正在加强，该细分市场就会失去吸引力。购买者会设法压低价格，对产品质量和服务提出更高的要求，并且使竞争者互相斗争，所有这些都会使销售商的利润受到损失。较好的防御方法是提供购买者无法拒绝的优质产品。⑤供应商讨价还价能力加强的威胁。如果企业的供应商能够提价或降低产品和服务的质量，或者减少供应数量，该细分市场就会失去吸引力。因此，与供应商建立良好关系和开拓多种供应渠道才是防御上策。

3．网络目标市场选择的策略

网络目标市场选择策略是企业根据自身产品的特点，针对不同的消费者群体采取的不同营销组合的总称。一般来说，网络目标市场选择策略有三种：无差异性目标市场策略、差异性目标市场策略和集中性目标市场策略，其重点、优点和缺点如表3-2所示。

表 3-2　网络目标市场选择的策略

主要策略	重点	优点	缺点
无差异性目标市场策略	强调市场需求共性，忽视细分市场差异性	产品品种单一，可以降低企业成本和费用	很难及时调整，适应性差；对市场依赖性强，风险大
差异性目标市场策略	针对不同细分市场，制订不同计划	产品具有较强的针对性；经营风险较低	成本费用高；企业内部可能出现争夺资源现象
集中性目标市场策略	集中于一个或几个细分市场，实行专业化生产和经营	可以集中有限资源开展营销活动，特定市场占有率高、投资收益率高	对某一市场的依赖程度高，风险大

以下是对三种策略的详细说明。

（1）无差异性目标市场策略。把整个市场作为一个无差异的整体开展营销，强调市场需求的共性，忽视细分市场的差异性特征。也就是说，企业只生产单一化的产品，通过运用相同的市场营销组合策略，力求在一定程度上尽可能多地满足各个子市场上顾客的需求。

无差异性目标市场策略采用全面进入的模式选择和占领市场，它的理论基础是成本的经济性。采用这一策略的一般都是进行大规模生产、有广泛而可靠的分销渠道、采取统一的广告宣传方式和内容的实力强大的企业。比如，可口可乐公司在进入中国市场之初就采用了这种策略，它以单一的口味和品种、统一的价格和包装、相同的广告主题将其产品面向所有顾客销售。

无差异性目标市场策略的优点是产品品种单一，可以降低企业的各种成本和费用，成本领先的优势有助于企业在市场上获得竞争优势。缺点是不能对市场需求的改变做出弹性的应对，一旦消费者需求发生改变，企业很难及时调整，适应性差；同时由于该策略使得企业对市场的依赖性很强，所以企业面临的风险也相对较大。

（2）差异性目标市场策略。把整体市场划分为若干细分市场，并选择两个或两个以上细分市场作为目标市场。针对不同细分目标市场的需求特点，企业分别制订不同的市场营销计划为之服务，按计划生产目标市场需要的不同商品，并在渠道和价格等方面做出相应调整，有针对性地满足不同细分市场顾客的需求。比如，各种服装企业针对不同年龄、不同职业和不同教育水平的消费者宣传不同款式和不同品牌的服装产品。

差异性目标市场策略的优点是以小批量、多品种生产方式生产的产品具有较强的针对性，可以满足消费者的需求，进而扩大销售；同时由于企业不过度依赖某一子市场，企业的经营风险也相对较低。缺点是由于这种策略需要做市场细分，所以企业的各项成本费用较高；同时企业内部很可能出现争夺资源的现象。

（3）集中性目标市场策略。集中性目标市场策略也称密集性目标市场策略，企业集中力量于某一个或几个细分市场，实行专业化生产和经营，以获取较高的市场占有率。实施这种策略的企业考虑的是与其在整个市场拥有较低的市场占有率，不如在部分细分市场拥有很高的市场占有率。这种策略主要适用于资源有限的中小企业。

集中性目标市场策略的优点是企业可以集中有限的资源开展营销活动，因为采用该策略时企业能够精准把握顾客的需求，所以企业很容易在某一特定市场上取得成功；同时企业的投资收益率也比较高，在一个市场上取得成功后可以向更大的市场发展。缺点是企业对某一市场的依赖程度高，一旦市场需求改变，企业很难有回旋的余地，所以采用该策略的企业经营风险较高。

这三种目标市场选择策略各有利弊。实施何种策略，企业要根据市场环境、企业自身能力、产品特点和竞争者的营销策略等多种因素而定。

3.2.4 网络市场定位

1．网络市场定位的含义

网络市场定位是指根据市场上竞争对手产品所处的位置，经过多方面比较，结合本企业自身条件，为自己的产品创造一定的特色，塑造并树立一定的市场形象，以求目标消费者通过网络平台在心目中形成对自己产品的特殊偏爱。其实质在于取得目标市场的竞争优势，确定产品在消费者心目中独特、有价值的位置，并使消费者留下值得购买的印象，以便吸引更多消费者。

2．网络市场定位的依据

企业进行市场定位，在市场上树立鲜明的形象，以求与竞争对手有所区别。从某种意义上讲，定位是差异化的继续，是差异化的目标。网络市场定位的依据可以根据差异化来确定。

（1）产品实体差异化。产品实体差异化是指企业生产的产品在质量、性能上明显优于同类产品，从而形成独自的市场。对同一行业的竞争对手来说，产品的核心价值是基本相同的，不同的是性能和质量。在满足顾客基本需要的基础上，为顾客提供独特的产品是差异化战略追求的目标。比如，海尔集团为适应国内小面积住房的情况，生产出了小巧玲珑的小王子冰箱；美菱集团为满足一些顾客讲究食品卫生的要求，生产出了美菱保鲜冰箱。这就使两家企业的产品具有鲜明的差异，从而吸引了不同的顾客群。

（2）服务差异化。服务是一种无形的产品，是维系品牌与顾客关系的纽带。随着产品同质化程度不断加深，缔造优质的品牌服务体系，为顾客提供满意的服务成为企业差异化品牌战略的重要武器。在当今的经济形势下，未来的企业竞争就是服务竞争，服务体系的完善程度、服务质量的优劣程度，以及由此带来的顾客对品牌的综合满意程度，将成为评价企业未来竞争力强弱的重要标准。比如，戴尔公司的直接业务模式并未局限于提供的产品，而是扩展到服务解决方案。

（3）形象差异化。形象差异化是指企业实施品牌战略和企业识别系统战略而产生的差异。企业通过强烈的品牌意识、成功的企业识别系统战略，借助媒体的宣传，在消费者心目中树立良好的形象，从而使消费者对该企业的产品产生偏好。比如，海尔集团的"真诚到永远"，加上过硬的产品质量，自然就会产生真诚可信的形象；雀巢公司虽然是国际著名的大公司，却始终以平易近人的姿态宣传自己的"味道好极了"，让人感到像小鸟入巢般温馨。如果说企业的产品是以内在的气质服务于顾客，那么企业的形象差异化策略就是用自己的外在形象取悦消费者，形成独树一帜的自身特征。

3．网络市场定位的角色选择

（1）革新者。选择超前的革新者角色定位难度较大，因为要想成为革新者，意味着与竞争对手比，要具有规模更大、花费更高、更惊人的网络形象。作为革新者，企业在网络市场上进行的一些耗资巨大的尝试可能失败，只有部分尝试也许能够成功，但这会使革新者在所处的行业和传统市场范围之外声名远扬。企业也要在网络之外为网络形象做宣传，而且力图与其他领先者合作。

（2）追随者。选择追随者定位是比较容易的。积极的追随者只需随时观察革新者在网络市场所做的尝试，然后吸取他们好的观点及做法，规避他们的不足之处，并提供与他们类似但略有不同，甚至比他们还好的网络产品与服务。这样定位耗资少、失误小，特别是在供小于求的服务项目和领域，很快就能打开市场，并且树立良好的网络市场形象。

（3）竞争者。一般竞争者定位是最常见的网络市场定位角色选择。这种角色定位要做到树立新颖的网络形象，努力创新，但在大多数领域内，要等到有确凿的证据表明创新尝试是成功的，是绝对能超过同行或同类企业的，再运用到网络营销新举措中。这种角色定位是最容易走向成功的。

（4）保守者。选择保守者定位的做法是只维护最低限度的网络形象，把钱投资在其他领域。如果企业文化和营销工作一贯是保守的，那么企业的网络营销也不宜过火。采用一致的整体设计，保持企业网站上的有用内容及特色处于领先地位，而非采用高级的互联网技术或花哨的设计方式。选择保守者定位的风险最小。

本章实训

一、实训目标

1. 分析并理解网络消费者的特点。
2. 认识并理解网络市场的特点。
3. 加深对企业网络营销战略设计的认知，学习优秀企业成功经验，做到学以致用。

二、实训任务

◇实训任务一：网络市场特点分析

请登录中国互联网络信息中心网站，下载相隔 5 年的两份中国网络市场购物报告（如 2015 年和 2020 年），比较两个年度网络市场的异同点。

◇实训任务二：网络消费者的特点和企业网络营销战略分析

1. 通过网上二手资料调研，收集坚果产业发展资料，结合"三只松鼠"的产品系列和用户评价，运用市场细分方法，判断其采用了哪种市场细分标准，分析市场细分是如何进行的。

2. 在分析细分市场的基础上，结合网络消费者特点和"三只松鼠"的消费者购买时间、购买频率、人群分布等信息，分析其目标顾客群体，并重点分析目标顾客的个性特点和购买行为特点。

3. 结合上述两项内容，分析"三只松鼠"如何寻找目标顾客；结合其站内、站外推广手段，分析其采用何种方式接触目标顾客，并在此基础上明确"三只松鼠"在消费者心目中的形象，即市场定位。

三、实训总结与思考

1. 总结"三只松鼠"的目标市场选择策略。
2. 总结分析坚果产业网络消费者的特点有哪些。

课后习题

一、名词解释

网络市场　网络市场细分　网络目标市场选择　网络市场定位

二、单项选择题

1. 根据市场上竞争对手产品所处的位置，经过多方面比较，结合本企业自身条件，为自己的产品创造一定的特色，塑造并树立一定的市场形象，以求目标消费者通过网络平台在心目中形成对自己产品的特殊偏爱的过程是（　　）。
    A．网络市场细分　　　　　　　B．网络目标市场选择
    C．网络市场定位　　　　　　　D．网络市场调研

2. 根据网络消费者的消费习惯和自身特征的不同对网络消费者进行分类时，习惯购买便宜商品，喜欢讨价还价的网络消费者属于（　　）。
    A．冲浪型　　　　　　　　　　B．议价型
    C．简单型　　　　　　　　　　D．接触型

3. 以下（　　）不属于网络消费者的特点。
    A．网络消费者的需求具有交叉性
    B．对购买便利性的需求与对购物趣味性的追求并存
    C．消费需求的差异化明显
    D．消费者需求逐渐趋同

4. 企业集中力量于某一个或几个细分市场，实行专业化生产和经营，以获取较高的市场占有率的一种策略是（　　）。
    A．无差异性目标市场策略　　　B．差异性目标市场策略
    C．集中性目标市场策略　　　　D．产品差异性营销策略

三、多项选择题

1. 以下属于网络市场特点的有（　　）。
    A．经营范围不受空间制约　　　B．经营时间不受限制
    C．无库存经营模式　　　　　　D．营销环节精简

2. 网络市场细分必须遵循的原则有（　　）。
    A．可衡量性　　B．实效性　　C．可接近性　　D．多样性

3. 网络市场定位的依据有（　　）。
    A．产品实体差异化　　　　　　B．消费者差异化
    C．服务差异化　　　　　　　　D．形象差异化

4. 能够影响网络消费者购买行为的因素有（　　）。
    A．商品的价格　　　　　　　　B．购物的便捷性
    C．商品的时尚性与新颖性　　　D．购物的安全可靠性

四、判断题

1. 在网络市场中，企业必须根据客户不同的消费心理细分市场，并提供与之相应的个性

化产品和服务。（ ）

2．相对于网络商店，传统商店中消费者更不受购物时间的限制。（ ）

3．通常，在网络环境下，消费者能够更理性地选择商品。（ ）

4．网络为消费者提供了便利的交易平台，也使消费者对便利性有了更高的追求。（ ）

5．随着网络消费者个性的回归，价格已经不再是消费者主要考虑的因素了。（ ）

6．网络购买决策是指网络消费者在购买动机的支配下，从两件或两件以上的商品中选择一件满意商品的过程。（ ）

五、简答题

1．网络消费者有哪些特点？

2．影响网络消费者购买行为的主要因素有哪些？

3．网络消费者的购买过程有哪几个阶段？

4．网络市场同传统市场相比有何特点？

5．网络市场细分遵循的原则有哪些？

第 4 章　网络广告策划与推广

章节引言

进入 21 世纪，互联网迅速成为继广播、报纸、杂志、电视四大传统媒体之后的第五大传播媒体，网络广告也成了企业开展网络营销的重要手段之一。互联网的各种技术及覆盖面，使网络广告在时空观念、传播模式、顾客参与程度等方面都发生了很大变化。在买方市场的环境下，商家必须对网络广告给予极大关注并大力投入，才能在激烈的市场竞争中立于不败之地。本章主要介绍网络广告的概念与特点、网络广告营销策划、网络广告发布与推广及软文广告营销等内容。

引导案例

传统广告的新方向

2019 年 1 月 25 日，苹果公司发布了贾樟柯导演用 iPhone Xs 手机拍摄的一部春节后离乡主题的短片《一个桶》（见图 4-1），唤起了每个人心中的"家乡情结"。发布后仅仅一个上午，这部短片在苹果公司微信公众号的点击次数就超过了 10 万人次，也在微信朋友圈中引起了广泛反响，算是给 iPhone Xs 手机做了一次推广。

图 4-1　贾樟柯用 iPhone Xs 手机拍摄的《一个桶》

《一个桶》讲述了春节假期结束后母子分别的故事。住在乡下的母亲密封了一个桶，让儿子带上回到工作的城市。儿子带上这个桶，在家乡的山川河流之间，踏上了颠簸的离乡之旅。儿子最终回到城市的家中，打开桶发现，原来母亲将一年积攒的鸡蛋都放入了桶中。每个鸡蛋上都写好了日期，画了一个笑脸。

其实这已经不是苹果公司第一次发布类似的短片了。2018年春运期间，苹果公司就发布过一部陈可辛导演用 iPhone X 手机拍摄的短片《三分钟》。这部短片在当时引起了极大的轰动和广泛的讨论。这两部短片和传统广告不同，没有着墨对手机的推销，而是表达了一种情绪，同时也传达了苹果公司的企业文化和观念。

案例思考题
短视频广告相对于传统广告有哪些优势？

4.1 网络广告概述

相比传统媒体广告，网络广告有自身的特点，同时呈现出多样化的形式。不同形式的网络广告适用于不同的内容和情景，能够为企业带来不一样的营销效果。

4.1.1 网络广告的概念与特点

1．网络广告的概念

网络广告是指以数字化信息为载体，以互联网为传播媒介，以文字、图片、音频、视频等形式发布的广告。通俗地讲，网络广告是指广告主为了实现促进商品交换的目的，通过网络媒体发布的广告。

网络广告诞生于美国。1994年10月14日，美国著名的《连线》杂志推出了网络版，其主页上有 AT&T 等14个客户的横幅广告。继《连线》之后，许多传媒，如美国有线电视新闻网、《华尔街日报》等，无论是电视、广播还是报纸、杂志，都纷纷设立自己的网站，将自己的资料搬上网络，在刊登信息的同时，也在网络媒体上经营广告业务。从此以后，网络广告作为一种新型的营销手段，逐渐成为网络媒体与广告界关注的热点。

2．网络广告的特点

与传统广告相比，网络广告具有以下特点。

（1）广泛性和开放性。网络广告可以把广告信息24小时不间断地传播到世界各地，其效果是传统广告无法达到的。另外，报纸、杂志、电视、广播、路牌等传统媒体展示的广告都具有一定强迫性，即都要千方百计地刺激受众的视觉和听觉，将有关信息强行灌输给受众。而网络广告则具有开放性，网络广告接受与否的选择权掌握在受众手里，受众可根据自己的意愿选择点击进入浏览或关闭。

（2）实时性和可控性。网络广告可以根据受众的需求快速制作并投放，也可以根据受众的后续需求及时调整和变更，而传统媒体广告的制作成本高、投放周期固定，且后续难以更改。

（3）直接性和针对性。通过传统媒体广告，受众只能间接地接触其宣传的商品，无法直接感受商品或了解企业的具体运作及提供的服务。而通过网络广告，受众只要看到自己感兴趣的商品，直接点击即可进入该企业网站，搜寻商品或企业的具体信息。网络广告可以实现精准投放，即根据不同受众的特点，灵活地进行时间定向、地域定向、频道定向，完成对受众的清晰归类，从而在一定程度上保证了广告的到达率与有效率。

（4）双向性和交互性。网络广告突破了传统媒体广告单向传播这一局限，实现了供求双方信息流的交互。通过点击网络广告中的链接，受众可以从企业的相关网站中得到更多信息。同时，受众还可以通过广告位直接填写并提交在线表单，进而使企业快速得到反馈。另外，网络广告还可以提供进一步查询商品的服务，以便企业与受众进行互动与沟通。

（5）易统计性和可评估性。一个网络广告的相关信息，如点击次数、点击者浏览的时间和 IP 地址等，都可以详细地统计与分析。可供发布网络广告的网站一般都能建立用户数据库，可记录用户的地域、年龄、性别、收入、职业、婚姻状况、爱好等信息。这些统计资料可帮助广告主统计与分析自己的市场和受众，根据其特点，有针对性地定点投放广告，并进行跟踪分析，最后对广告效果做出客观、准确的评估。

4.1.2 网络广告形式

最初的网络广告就是网页本身。随着网络信息技术的发展，网络广告的形式也越来越多。常见的网络广告形式有以下几种。

1．旗帜广告

旗帜广告（Banner）是以 GIF、JPG 等格式建立的图像文件，是常见的网络广告形式，也称横幅广告。网络媒体通常在自己网站的页面中分割出 2 厘米×3 厘米、3 厘米×16 厘米或 2 厘米×20 厘米的版面（视各媒体的版面规划而定）发布广告，因其像面旗帜，所以称为旗帜广告。旗帜广告可以定位在网页中的不同位置，允许广告主用简练的语言、独特的图片介绍企业的产品或宣传企业形象。例子如图 4-2 所示。

图 4-2　旗帜广告

2．按钮广告

按钮广告（Button）是从旗帜广告演变而来的一种网络广告形式，通常是一个链接公司主页或网站的公司标志（Logo），一般面积较小，且有不同的大小与版面位置可以选择。目前，广泛使用的是动态 GIF 或 FLASH 按钮广告，费用少，效果佳。按钮广告的不足在于其被动性和有限性，用户需要主动点击才能了解有关企业或产品的更为详尽的信息。例子如图 4-3 所示。

3．文字链接广告

文字链接广告（Text Link Ads）以一个词组或一行文字作为一个广告，用户点击后可以进入相应的广告页面。文字链接广告可以灵活安排位置，可以出现在页面的任何位置，也可以竖排或横排。这是一种对用户干扰最少的网络广告形式，但对于那些有潜在需求的用户，其广告效果还是不错的。例子如图 4-4 所示。

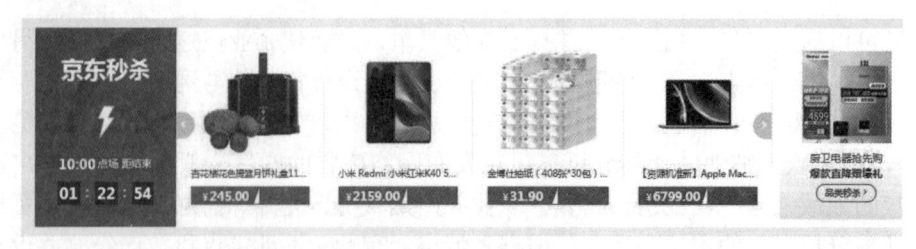

图 4-3 按钮广告

图 4-4 文字链接广告

4. 浮动式广告

浮动式广告（Floating Ads）可大可小，会在屏幕上自行移动，甚至会随着鼠标的移动而移动，用户点击即可打开广告链接。虽然这种广告的吸引力较强，但它会干扰用户正常浏览页面，从而招致用户不满。很多浏览器或反病毒软件都具有屏蔽这类广告的功能，所以企业在投放这类广告时要充分考虑这一点。

5. 插播式广告和弹出式广告

插播式广告（Interstitial Ads）是在两个网页内容显示切换的间隙显示的广告，也称过渡页广告。插播式广告有各种尺寸，有全屏的，也有小窗口的，有静态的，也有动态的，互动的程度也不同。

弹出式广告（Pop-up Ads）是在已经显示内容的网页上出现的、具有独立广告内容的窗口，一般在网页内容下载完成后弹出广告窗口，直接影响用户浏览网页内容，从而引起注意。弹出式广告的另一种形式是隐藏式弹出广告（Pop-under Ads），即广告信息是隐藏在网页内容下面的，网页刚打开时不会立即弹出，当关闭网页窗口或对窗口进行操作（如移动、改变窗口大小、最小化）时，广告窗口才会弹出。

插播式广告和弹出式广告共同的缺点是可能引起用户的反感。为此，许多网站都限制了弹出式广告窗口的规格（一般只有屏幕大小的 1/8），以免影响用户的正常浏览。

6. 网络视频广告

网络视频广告（Internet Video Ads）是目前较流行的一种广告形式，可分为传统的视频广告和用户自发制作的视频广告。传统的视频广告是指直接将广告客户提供的网络视频在线播放，相当于将电视广告放到网上。而用户自发制作的视频广告是指用户自制的原创广告，通过网络平台尤其是移动端网络平台进行展示，以传播广告信息。网络视频广告主要有页面嵌入式、浮动式、弹出式等形式。

7．主页广告

主页广告（Homepage）是指企业将要发布的信息内容分门别类地制作成主页，放置在网络服务商的网站或企业自己建立的网站上。主页广告可以详细地介绍企业的相关信息，如发展规划、主要产品与技术、产品订单、售后服务、战略联盟、年度经营报告、主要经营业绩、联系方式等，从而让用户全面地了解企业及企业的产品和服务。图4-5展示了海尔的主页广告。

图4-5　海尔主页广告

8．电子邮件广告

电子邮件（E-mail）广告以订阅的方式将广告信息通过电子邮件发送给所需的用户。这是一种精准投放的广告，目的性很强，但需注意必须得到用户的许可，否则会被用户视为骚扰。

9．分类广告

分类广告（Classified Ads）也称主动广告，它不同于我们日常在电视、报刊上看到的广告，不主动将广告信息强推给受众。比如，58同城网站上有众多分类广告，大多与老百姓的生活密切相关，如出租、出售、家政、搬迁、招聘、二手货买卖等广告，如图4-6所示。

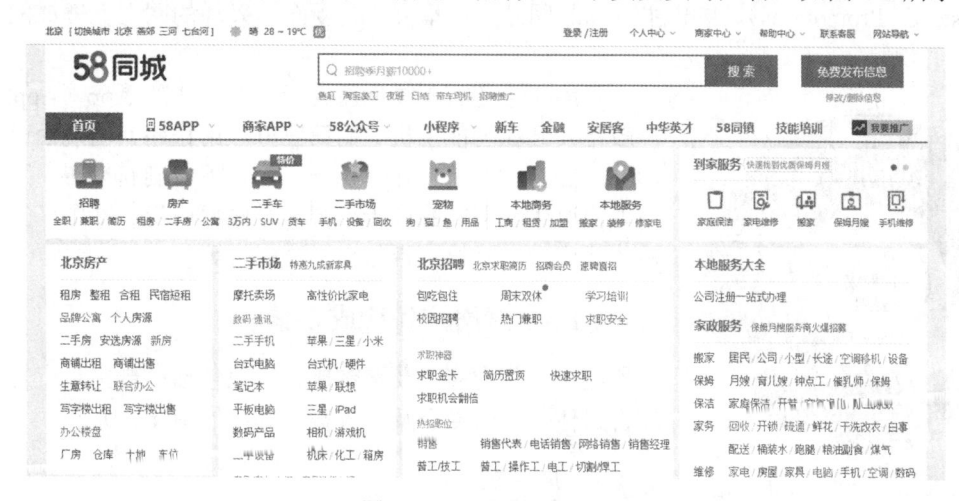

图4-6　58同城分类广告

10．定向广告

定向广告（Targeted Ads）是指网络服务商利用网络追踪技术（如 Cookies）收集整理用户信息，按年龄、性别、职业、爱好、收入、地域等分类储存用户的 IP 地址，然后利用网络广告发布技术，向不同类别的用户发送不同内容的广告，从而达到精准投放的目的。

11．关键词广告

关键词广告（Keyword Ads）是充分利用搜索引擎资源开展网络营销的一种手段，属于按点击次数收费的网络广告类型。关键词广告有两种基本形式。一种是关键词搜索结果页面上方的广告横幅可以由客户买断。这种广告针对性强，品牌效应好，点击率高。另一种是在关键词搜索结果的网站中，客户根据需要购买相应的排名，以提高自己的网站被访问的概率。图 4-7 展示了百度搜索"教育"关键词后显示的广告。

图 4-7 关键词广告

另外，网络广告的形式还有很多。第一，墙纸广告（Wallpaper）。其把广告主要表现的广告内容体现在墙纸上，并将墙纸放在具有墙纸内容的网站上，供感兴趣的人下载。第二，赞助式广告（Sponsorships）。其分为三种赞助形式：内容赞助、节目赞助、节日赞助。赞助式广告形式多样，广告主可对自己感兴趣的网站内容或网站节目进行赞助。第三，竞赛和推广广告（Contests & Promotions）。广告主可以与网站一起举办广告受众感兴趣的网上竞赛或网上推广活动。

网络广告还有不少创新的形式，如伴随 App（Application，一般指安装在智能手机上的第三方应用程序）出现而诞生的启动页广告、信息流广告、积分广告、下拉刷新广告，随着微信出现而诞生的朋友圈广告、公众号底部广告、文中广告、视频贴片式广告、互选广告与小程序广告等。

4.1.3 网络广告构成要素

网络广告由多个要素构成，一般包括广告主、广告信息、广告媒体、广告受众及广告费用等，如图 4-8 所示。

1．广告主

广告主是指为推销商品或提供服务，自行或委托他人设

图 4-8 网络广告构成要素

计、制作、发布广告的法人、其他经济组织或个人。可以说，任何人只要在法律、法规许可的范围内，都可以自行上网或通过他人发布各类网络广告，因此网络广告主的范围十分广泛，包括发布网络广告的企业、单位或个人。

和传统广告不一样，网络广告的广告主可能身兼广告发布者、广告经营者等若干身份。他们可能既是广告主，又是广告发布者或广告经营者。这里的广告发布者是指为广告主或广告主委托的广告经营者发布广告的法人或其他经济组织。广告经营者是指受委托提供广告设计、制作、代理服务的法人、其他经济组织或个人。

2．广告信息

广告信息是指网络广告要传达的主要内容，主要有商品信息（包括劳务信息）、观念信息、企业信息等，它们分别构成了商品广告、观念广告及企业广告。

基于多媒体技术，网络广告信息的表现形式是多种多样的，可以是旗帜广告，也可以是按钮广告；可以是一句短句，也可以是点击进入可见的长篇大论。网络广告图文声像并茂，而且信息量大，非传统广告可以相比。

3．广告媒体

广告媒体是指传播信息的中介物。传统广告媒体有报纸、广播、杂志、电视等，而网络广告媒体指的就是互联网。

4．广告受众

广告受众是指广告信息的接受者，网络广告的受众就是网民。随着互联网的发展，网民人数逐年增加，这为网络广告的发展奠定了基础。

5．广告费用

广告费用是指从事网络广告活动付出的费用，包括媒体使用费、广告制作费和其他一些杂费。就媒体使用费而言，除了购买其他网站网络空间的费用，企业上网还须交纳服务商的网络服务费和电信运营商的电话费。

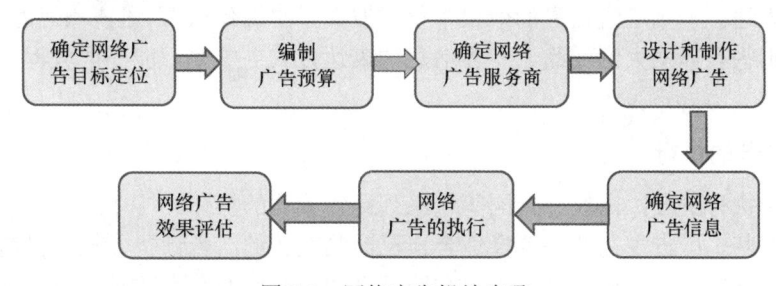

4.1.4 网络广告投放步骤

网络广告投放步骤如图 4-9 所示。

图 4-9 网络广告投放步骤

1．确定网络广告目标定位

网络广告目标定位包括明确网络广告要达成的目标和对网络广告目标受众进行需求特点分析。明确网络广告目标是为了指导网络广告投放的方向和进程，为广告评估提供标准和依据，如销售额、网站 IP 数、会员注册量、传播量等。明确网络广告目标应该遵循以下两个原则：第一，目标是可以达成的。比如，一个新上线的网站，在没有任何资源和优势的情况下，仅投五六千元的广告费用，就想达到日 IP 几十万元是肯定不可能的。第二，目标是可以量化的。目标具体要达到什么量级，是 100 万元还是 1000 万元？目标周期是多久，是 3 个月还是 5 个月？如果周期过长，还应制定详细的阶段目标。总之，目标分解得越细越好，最好细到每周、每天。目标越细，就意味着考虑得越周全，目标就更容易达成。

2．编制广告预算

目标确定后，企业即可编制广告预算。网络广告预算的正确编制是网络广告正常运作的保证。在编制网络广告预算时应根据网络广告要达到的目标、企业的产品市场、竞争者的情况及网络广告收费标准等综合考虑。

3．确定网络广告服务商

网络广告的策划、制作和投放都需要专业的技术人员来操作，当企业不具备这方面的人才条件时，可以委托网络广告服务商。

4．设计和制作网络广告

（1）设计要求。设计要求主要是广告信息内容要突出企业的价值观和形象要素。首先，内容应真实可信，符合目标受众的信息量需求，且能不断更新。其次，结构要合理，信息展示时要做到层次清晰，要充分考虑目标受众查询和保存的方便性。最后，表现形式要鲜明、漂亮，根据广告信息设计和目标受众的特点确定运用的表现形式；网页界面要友好，易于导航。

（2）制作要求。制作要求主要是在内容设计要求的基础上，注意制作技术不要复杂到影响下载速度；注意浏览器、安全、版权信誉、定向功能等与制作技术有关的问题。

5．确定网络广告信息

（1）信息创作。信息创作即广告内容的创作，可采取多种不同方法。比如，许多创作人员通过与顾客、中间商、营销专家或竞争对手交谈，搜集素材，产生灵感。

（2）信息评估与选择。要想在许多可能的信息中选出最好的，就必须先对这些信息进行评估。评估可以有多种标准。比如，美国一位专家建议用三个标准评估信息，即讨人喜欢、独具特色和令人信服。

（3）信息表达。一则广告信息的效果不仅仅取决于"说什么"，还依赖"怎么说"，即信息表达。特别是那些差异不大的产品，广告信息的表达方式更重要，能在很大程度上决定广告的效果。

6．网络广告的执行

在网络广告执行阶段，需要签合同等一系列比较具体的操作。

（1）价格谈判。广告主需要先选择适合自己产品宣传的广告计费方式。目前国内还没有价格方面的规范，价格的谈判通常是广告主与网站之间友好协商，必要时还可以参照外国和亚太地区的价格标准。

（2）合同签订。签订详尽的合同对于广告主和网站双方都有利无害，特别是现在国内的网络广告市场还不规范，详尽的合同是双方利益的保证。在合同中，广告的位置、期间、数量（最好以周计）、尺寸及是否有动画等都是必不可少的条款。

（3）广告监测。由于国内还没有第三方的监测机构，广告主或其代理商应有自己的监测方法。一般每天要监测广告是否正常出现，广告版本是否正确及是否有动画等。勤监测，及时更正错误是取得良好广告效果的保障。

7．网络广告效果评估

网络广告效果评估是网络广告投放的最后一个步骤。它可以衡量网络广告是否达到了公司预期，更好地把握今后的运作方向。网络广告效果评估可以从网络广告的传播效果、实际产生的经济效果及社会效果三个方面进行。

知识拓展

网络广告制作应避免的问题

（1）设计主题不明确。网络广告的效果主要表现在品牌推广和销售促进方面，网络广告的期望反应是用户浏览和点击。如果广告创作人员对此没有明确认识，在有限的广告区域中表现的要素太多，就会显得主题不够明确，用户也难以对广告留下深刻印象。

（2）广告信息内容差异的影响。用户对网络广告的不同诉求，会影响其对内容的接受程度，过于直白的产品促销信息并不一定能让用户产生浏览和点击的兴趣，而一些公益性、有奖竞赛和优惠券等信息更能引起用户关注。因此，合理利用类似的用户感兴趣的信息，才能减少内容差异对网络广告效果的影响。

（3）广告设计缺乏吸引力。尽管网络广告的创意难以用统一的标准衡量，但缺乏吸引力的网络广告具有相似的特征，如颜色和图案没有视觉冲击力、广告文案表达过于直白等，使用户没有兴趣浏览和点击。

（4）广告字节数过大。字节数太大的网络广告降低了网页下载速度，这样可能使用户没等到广告完全下载就点击了停止按钮，这样广告甚至没有出现的机会。因此，一般服务商对于各种规格网络广告的字节数都有一定的标准要求，超过标准的广告将不被接受。

4.2 网络广告营销策划

网络广告营销是配合企业整体营销战略，发挥网络互动性、及时性、多媒体、跨时空等特征优势，吸引客户参与的网络广告形式，是企业营销战略的重要组成部分。因此，需要制订严格的预算计划，撰写合适的策划书，以保证网络广告投放的效果。

4.2.1 网络广告预算

发布广告是一项商业活动。对广告活动费用开支计划的设计、安排及分配就是广告预算，它规定了计划期内广告活动所需的金额及在各项工作上的分配。对广告主来说，广告预算的目标就是力求以最低的成本获得最佳的广告效果。

1．网络广告预算编制的方法

目前，常用的网络广告预算编制方法有以下几种。

（1）期望行动制。这种原则或预算方法以购买者的实际购买行动为参照确定广告费用。一一般的做法是，先预估一个可能的购买量的范围，再乘以每单位购买行动的广告费，取其平均值，就得到广告预算结果。可能的购买量一般参照同类商品往年的统计数字，每单位广告费可根据商品及企业的目标来定。这种做法尤其适合农产品、大众消费品、家用电器等有较稳定购买量的商品，它的预期购买量较容易接近实际购买量。

（2）产品跟踪制。这种预算方法通常只确定每单位商品用多少广告费，再根据实际成交量确定预算费用，常用以往的数据，具有时滞性。但好处是便于操作，具有一定的客观性。

（3）阶段费用制。这是广告预算中最常用的方法之一，根据企业营销计划要达到的阶段性目标制定广告预算。这种方法能够根据市场环境的变化和产品生命周期的广告要求及时调整广告费用投入，因而普遍采用。

（4）参照对手制。这种预算方法主要参照竞争对手的广告投入情况制定广告预算，具有较强的针对性，也较为灵活。

（5）市场风向制。这种预算方法依据商业环境的变化制订预算计划，在商业环境恶化时，一般加大广告力度，并增加预算，这有助于扩大市场。但选择此时打开市场往往要有较大的成本投入，并且效果要在商业环境改善后才能有所体现。在市场繁荣、商品销售好时，广告预算则可以适当减少。

（6）比例提成制。这种预算方法根据销售比例或盈利比例制定广告预算。按销售额计算的方法是先确定一定的销售额基数，然后根据一定的广告投入比率计算出广告预算。这种方法简便易行，制定预算的过程也不复杂，有一定的科学性。

2．网络广告的计费方式

网络广告有多种不同的计费方式，如表 4-1 所示。

表 4-1 网络广告的计费方式

计费方式	主 要 含 义
CPC（Cost Per Click）	按广告点击计费
CPD（Cost Per Day）	按天计费
CPM（Cost Per Mille）	按千人印象成本计费
CPA（Cost Per Action）	按每行动成本计费
CPS（Cost Per Sale）	基于广告引入用户产生的成功销售而收取一定比例的佣金
ROI（Return On Investment）	按投资收益率或投资回报率计费
CPT（Cost Per Time）	按时间长度计费
CPK（Cost Per Keyword）	按搜索引擎广告的关键词定价

（1）CPC（Cost Per Click，每点击成本），即按广告点击计费，是网络广告最早采用的一种计费方式，1994 年出现的第一则网络广告就采用了这种计费方式。由于广告点击非常容易作弊，因此采用 CPC 计费方式造成的后果就是媒体大量生成虚假点击欺骗广告主。由于广告主更熟悉、更易接受电视广告的宣传模式，因此出现了 CPD 计费方式，类似于电视广告宣传方式。如果抛开作弊这一缺点，单从效果角度考量，CPC 计费方式比 CPD 计费方式更加有利。比如，百度竞价及 Google 竞价均采用 CPC 计费方式。

（2）CPD（Cost Per Day，每日成本），即按天计费，完全参考了电视广告的计费方式。采用 CPD 计费方式的平台有很多，如微博、爱奇艺等很多平台的开屏广告采用的都是这种计费方式。采用这种方式，广告主选择投放日期，确定好广告创意素材及投放平台以后，在广告投放期间，只要用户打开 App 或登录平台网站就能看到广告。

（3）CPM（Cost Per Mille，每千次展现成本），即按千人印象成本计费，指广告主为其广告显示 1000 次支付的费用。这里需要说明的是，CPM 中的 M 指的是 Mille，在希腊文中是"千"的意思。互联网行业是长尾法则发挥力量的行业，除了少数大广告主可以接受 CPD 的计费方式，大量的中小广告主往往因为价格放弃投放网络广告。在这种情况下，CPM 计费方式产生了。CPM 计费方式与 CPD 计费方式的核心区别在于按量投放、按量计费，即广告主只需为自己需要采购的播放量付费，帮助中小广告主走出价格困境，因此受到市场的欢迎。CPM 是目前垂直类媒体及网络广告的主流计费方式。

（4）CPA（Cost Per Action，每行动成本），即按每行动成本计费，指根据每个访问者对网络广告采取的行动收费。它对用户行动有特别的定义，包括形成一次交易、获得一个注册用户、产生一次下载行为等。这种计费方式直指游戏、电商广告主最核心的需求——产生注册及订单。从定义来看，行动是投放前由广告主和媒体协商制定的，因此它可以是注册、下单、单击某个特定按钮及提交问卷等多种形式，只要获得双方认可，且可供双方监测到相应数据就行。

（5）CPS（Cost Per Sale，每销售成本），即基于广告引入用户产生的成功销售而收取一定比例佣金的计费方式，是 CPA 的一种特定形式，常用于电商行业，当投放广告且因此获得订单时才会计费。CPS 有两种收益计算方法：一是按照订单额的比例计算；二是不区分订单额，每个订单都有其固定价值，订单的固定价值乘以订单量即为广告费用。

（6）ROI（Return On Investment，投资回报率），即按投资收益率或投资回报率计费，现在这种计费方式多作为电商、游戏类企业考核广告效果的标准。ROI 是 CPS 的另一种表现形式，其一般计算方法是由广告产生的收益额除以投资额。当和电商网站合作时，会用 CPS 结算，一般比例在 10%；当和门户网站及有一定品牌价值的媒体合作时，会用 ROI 结算，一般为 1∶2 或 1∶1，甚至 1∶0.8。比如，一个媒体的合作 ROI 是 1∶2，则意味着广告主愿意支出其订单额的 50%（1/2）付给媒体。由此可以看出广告主让利比例非常大，因为其中包括品牌宣传费用。

（7）CPT（Cost Per Time，时长成本），即按时间长度计费，是指针对大品牌广告主开展特定的广告活动，将某个广告位以独占方式交给某广告主，并按独占的时间段计费的方式。严格来说，这是一种销售方式而非计费方式，因为价格是双方事先约定的，无须计算。这种方式主要适用于一些具有强曝光属性及定制性的广告位。这种方式在欧美市场不经常采用，但在我国的门户网站广告中仍然是一种主流模式。CPT 这种独占式的售卖虽然会产生一些额外的品牌效果和橱窗效应，但是不利于受众定向和程序交易的发展。因而长期来看，这种计费方式有下降的趋势。

（8）CPK（Cost Per Keyword，关键词成本），即按搜索引擎广告的关键词定价，通常也称关键词成本，是指搜索引擎广告当中媒体机构和广告主对每个关键词确定的销售和购买价格。

4.2.2　撰写网络广告策划书

网络广告策划，顾名思义，就是对网络广告进行的运筹与谋划，是在符合企业总体广告战略的前提下，以充分的市场调研和信息研究分析为基础，经过广告主和网络广告经营单位的共同努力，科学、合理地制定网络广告总体策略，控制广告的实施，以达到广告宣传效果最大化而进行的创造性谋划过程。网络广告策划与传统广告策划一样，具有事前性、全局性和指导性的特点。

对于网络广告策划书的撰写模式，不同的人有不同的看法。以下所述网络广告策划书的一般撰写模式是按照广告策划的一般规律确立的，在具体项目的网络广告策划文本写作中，应依据产品和客户的不同，调整策划书的内容和撰写模式。另外，在撰写具体的策划书时，不必严格按照下述条目面面俱到，应依据实际情况选择相关环节展开分析。

1．封面

封面是读者阅读网络广告策划书时第一眼注意到的元素，一个版式讲究、要素完备的封面往往能给读者带来良好的第一印象。具体来说，封面要提供以下信息。①网络广告策划书全称（可直接反映策划书的主要内容）。②广告主名称（最好使用客户的标准名称）。③策划书提交者（机构）名称。④广告策划书项目编号。⑤广告策划书提交日期。

2．广告策划小组介绍

广告策划小组介绍一般放在封面之后或封底之前，主要包括广告策划小组的人员、职责、业绩及所属部门介绍等。这些内容一方面可以显示广告公司专业、负责的态度，另一方面有可能影响到合作双方的下一步进展。

3．目录

目录通常放在封面或策划小组名单之后。它列举了广告策划书各个部分的标题，有时也会把各部分之间的联系用图表显示出来，是策划书的提纲。

4．执行摘要

执行摘要是网络广告策划书内容要点的简明概括，主要目的是通过对网络广告策划基本要点的概述，使广告主决策层能快速阅读和了解。因此，在执行摘要部分，应简要说明网络广告活动的时限、任务和目标，并指出策划中的最关键之处，如网络广告目标、基本策略、运作周期、预算等。广告主决策层或执行人员如需对某部分进行详细了解，可具体审阅该部分细节。执行摘要内容不宜过长，以数百字为佳。

5．正文

正文是网络广告策划书的主体，也是策划内容与细节最集中显示的部分。因网络广告策划书涉及的领域多种多样，依据客户的不同，策划内容与编制格式也应有所变化。这里我们根据广告策划的一般规律，将网络广告策划书的正文分为四大部分：市场分析部分、网络广告策略部分、广告计划部分及广告活动的效果测试和监控部分。

（1）市场分析。市场分析是网络广告策划的基础，主要包括与产品相关的营销环境分析、反映人们消费观念与行为的网上消费者行为分析、产品分析及主要竞争对手分析四个方面。因此，这部分的关键在于"分析"，通过对上述四个方面的分析，为后续的网络广告策略提供依据。

（2）网络广告策略。经过第一部分的市场分析，企业和产品的 SWOT（优势与劣势、机会与威胁）均已明确。这部分在前述分析的基础上进一步挖掘问题所在，并提出相应的解决策略，因此，网络广告策略部分可以说是网络广告策划书的精髓。具体来说，主要包括网络广告目标的设定、目标受众的确定、产品定位策略、广告诉求策略、广告表现策略、网络媒介策略及其他活动策略等。

（3）广告计划。这部分是网络广告策略的具体操作方案，规定了网络广告运作的时间、地点和内容，并制订出详细的媒体计划及合理的广告预算。

（4）广告活动的效果测试和监控。效果测试主要包括广告主题测试、广告创意测试和广告文案测试。效果监控主要包括广告媒体发布的监控和广告效果的测定。

6．附录

为避免主体策划书内容过于庞大而不利于把握整体，可以将查阅的相关资料和应用性文本编入附录，如市场调研问卷、市场调研报告、媒体执行方案等。

4.3 网络广告发布与推广

网络广告制作完成后，选择不同的发布渠道和发布平台，产生的效果有巨大差异。因此，根据企业的实际情况及网络广告需要达到的效果，选择合适的发布渠道进行推广，并开展网络广告的效果评估，及时调整发布渠道和策略，对于网络广告取得更好的效果至关重要。

4.3.1 选择网络广告发布渠道

企业发布网络广告的途径有多种，因此企业可根据自身的需求，本着广告效应最大化的原则，从中选择一种或几种。

1．企业主页

主页不仅是企业树立良好形象的平台，也是企业进行产品宣传的绝佳窗口。在互联网上发布的网络广告，无论是旗帜广告还是按钮广告，都提供了快速链接至企业主页的功能。所以，企业建立自己的主页是非常有必要的。主页是企业在互联网上进行广告宣传的主要形式。企业的主页地址像企业的地址、名称、标志、电话、传真一样，成了企业独有的标识，并转化为企业的无形资产。

2．博客、微博、微信等自媒体平台

随着微博、微信等自媒体平台的兴起，网络广告拥有了新的发布途径。企业通过自建的博客、微博和微信推送广告，目标定位准确，针对性很强，受关注程度较高。

3．搜索引擎网站或门户网站

搜索引擎是仅次于即时通信的第二大网络应用。百度、搜狗、360、神马等搜索引擎是我国网民检索信息的主要工具，每天网络用户访问量巨大。在搜索引擎网站上投放广告，覆盖面广、针对性强、目标精准，而且按效果收费，性价比高。

另外，企业也可以选择与门户网站合作，如搜狐、网易、新浪、凤凰网等，它们提供了大量的互联网用户感兴趣并需要的免费信息服务，包括新闻、评论、生活、财经等内容。因此，这些网站的访问量非常大，是十分引人注目的网站。目前，门户网站是网络广告发布的主要渠道，并且广告发布形式多种多样。

4．专类销售网

专类销售网是指专门在互联网上销售某类产品的网站。以汽车之家网站为例，只要消费者在网站页面上填写自己所需汽车的类型、价位、制造者、型号等信息，然后单击搜索按钮，屏幕上马上就会出现匹配的汽车，当然还包括何处可以购买到此种汽车等信息。另外，消费者在考虑购买汽车时，很有可能首先通过此类网站进行查询。所以，对于汽车代理商和销售商来说，这是一种很有效的网络广告投放方式。汽车代理商只要在网站注册，其销售的汽车的信息就进入了网站的数据库，也就有可能被消费者查询到。与汽车销售网站类似，其他类别产品的代理商和销售商也可以连入相应的销售网络，从而无须付出太大代价，就可以将产品及时呈现在世界各地的消费者面前。

5．友情链接

利用友情链接，企业间可以相互传递广告。建立友情链接要本着平等的原则。这里所谓的平等有广泛的含义，网站的访问量、在搜索引擎中的排名、相互之间信息的补充程度、链接的位置、链接的具体形式等都是必须考虑的因素。

6．虚拟社区和公告栏

虚拟社区和公告栏是网上比较流行的交流沟通渠道，任何用户只要注册，就可以在公告栏或虚拟社区中浏览、发布信息。企业在其中发布与产品相关的评论和建议，可以起到非常好的口碑宣传作用。

7．网上报纸或杂志

一些世界著名的报纸和杂志，如美国的《华尔街日报》《商业周刊》，我国的《人民日报》《文汇报》《中国日报》等，早已在互联网上建立了自己的网站。更有一些新兴的报纸与杂志，干脆脱离了传统的纸质载体，完完全全地成为一种"网上报纸或杂志"。一般而言，这类网站的受众比较明确，是重要的网络广告发布渠道。

8．新闻组

新闻组也是一种常见的网络服务，人人都可以订阅它，并可成为新闻组的一员。成员可以在新闻组上阅读大量公告，也可以发表自己的公告或回复他人的公告。新闻组是一种很好的讨论与分享信息的方式。在与本企业产品相关的新闻组上发表自己的公告是一种非常有效的传播渠道。

9．网络黄页

网络黄页是指互联网上专门用于查询检索服务的网站，代表性的网络黄页如黄页网。这类网站就如同电话黄页一样，按类别划分信息，便于用户查询网站。采用这种渠道的好处，一是针对性强，查询过程都以关键词区分；二是醒目，信息处于页面的明显处，便于查询者注意。

10．短视频平台

相对于文字和图片，短视频表现方式更直观，对受众的刺激更强烈，而且在内容上也更有趣。随着移动互联网技术的发展，网速越来越快，视频播放也越来越流畅。同时，手机流量资费的大幅下降，使得资费因素对用户的限制越来越小，这为短视频的爆发奠定了坚实的基础。

短视频已成为时下互联网最热门的应用之一,抖音、快手等短视频平台拥有数以亿计的用户,因此成为商家投放网络广告的重要平台。

4.3.2 网络广告效果评估

网络广告效果评估,不仅能客观评价企业前期的广告,而且能有效指导企业今后的广告活动,对取得更好的广告效果意义重大。而网络广告效果不仅表现为销售效果,还表现为传播效果、经济效果及社会效果,因此网络广告效果评估应对上述内容进行综合考量,并按照网络广告活动过程分阶段进行。

1. 网络广告传播效果评估的内容及指标

对于广告主来说,广告的最终目的是促进商品的销售,但是这个目的不可能一步实现,势必经过几个阶段。网络广告可以利用 AIDA 模式检验广告效果。AIDA 模式可以理解为潜在客户从接触广告开始,直到完成某种消费行为的几个阶段:A(Attention,注意),I(Interest,兴趣),D(Desire,欲望),A(Action,行动)。AIDA 的每个阶段都可以作为网络广告传播效果评估的内容,其与评估指标的对应关系如表 4-2 所示。

表 4-2 网络广告传播效果 AIDA 评估内容与评估指标的对应关系

AIDA(评估内容)	评 估 指 标
Attention,注意	广告曝光次数
Interest,兴趣	点击次数与点击率
Desire,欲望	网页阅读次数
Action,行动	转化次数与转化率

(1)广告曝光次数。广告曝光次数是指网络广告所在的网页被访问的次数,通常用计数器统计。在运用广告曝光次数这项指标时,应该注意以下问题。首先,广告曝光次数并不等于实际浏览广告的人数。其次,广告刊登的位置不同,广告曝光次数的实际价值也不同。最后,通常情况下,一个网页中不可能只刊登一则广告,而是刊登几则广告。在这种情形下,当用户浏览该网页时,就会将注意力分散到几则广告中。这样一来,广告主无从知道自身广告曝光的实际价值到底有多大。因此,得到一个广告曝光次数并不等于得到一次受众的注意,这项指标只是粗略的反映。

(2)点击次数与点击率。点击次数是指用户点击网络广告的次数,它可以客观、准确地反映广告效果。而点击次数除以广告曝光次数,就可得到点击率。这项指标也可以用来评估网络广告效果,是衡量广告吸引力的一个指标。如果刊登这则广告的网页曝光次数是 5 000,而网页上广告的点击次数是 500,那么点击率就是 10%。点击率是网络广告最基本的评价指标,也是反映网络广告最直接、最有说服力的量化指标,一旦浏览者点击了某个网络广告,就说明他已经对广告中的商品产生了兴趣。与曝光次数相比,点击率对广告主的意义更大。

(3)网页阅读次数。浏览者点击网络广告之后,即进入介绍商品信息的主页或广告主的网站。一个浏览者对该页面的一次浏览阅读称为一次网页阅读,而所有浏览者对该页面的总阅读次数就称为网页阅读次数。这项指标也可以用来衡量网络广告效果,它从侧面反映了网络广告的吸引力。广告主的网页阅读次数与网络广告的点击次数实际上是存在差异的,这种差异是由

65

浏览者点击了网络广告而没有浏览点击这则广告打开的网页造成的。目前,受到技术的限制,很难精确地对网页阅读次数进行统计。很多时候都假定浏览者打开广告主的网站后进行了浏览,因而网页阅读次数可以用点击次数来估算。

(4)转化次数与转化率。转化是指受网络广告影响而形成的购买、注册等行为或信息需求。转化次数即受网络广告影响而产生的购买、注册或信息需求行为的次数。转化率则是转化次数除以广告曝光次数得到的结果。网络广告的转化次数包括两部分:一部分是浏览并点击了网络广告产生的转化行为的次数,另一部分是仅仅浏览而没有点击网络广告产生的转化行为的次数。通过转化次数与转化率,可以得知仅仅浏览而没有点击网络广告产生的效果。点击率与转化率不存在明显的线性关系,所以出现转化率高于点击率的情况不足为奇。但是,究竟如何监测转化次数与转化率,目前在实际操作中还有一定难度。通常情况下,可将受网络广告影响而产生的购买行为的次数视为转化次数。

2. 网络广告经济效果评估的内容及指标

(1)网络广告收入。网络广告收入是指消费者受网络广告的影响产生购买行为,从而给广告主带来的销售收入。其计算公式为:网络广告收入=$P \cdot \sum N_i$,其中,P 表示网络广告宣传的商品的价格,N_i 表示消费者 i 在网络广告的影响下购买该商品的数量。这一计算方式看似很简单,但是要想得到准确的统计数字具有相当大的难度,主要原因如下。第一,商品销售因素的复杂性。商品销售是诸多因素共同作用的结果,网络广告只是影响商品销售的其中一个因素,其他因素还包括商品的质量、价格,很多难以统计计算的消费者消费习惯,以及其他广告形式的促销的影响。因此,很难界定多少销售收入的变化是由网络广告引起的。第二,网络广告效果的长期性。网络广告对商品销售的影响是长期的,有些网络广告的影响要经过一段时间才能体现出来。如果不考虑网络广告的这个特点,只通过商品销售的数据评估网络广告的效果,则是不科学、不准确的。

(2)网络广告成本。目前,有以下几种网络广告成本的计算方式。

① 每千次展现成本(Cost Per Mille,CPM)。其计算公式为:

CPM=总成本/广告曝光次数×1000

② 每点击成本(Cost Per Click,CPC)。其计算公式为:

CPC=总成本/广告点击次数

③ 每行动成本(Cost Per Action,CPA)。其计算公式为:

CPA=总成本/转化次数

3. 网络广告社会效果评估的内容及标准

网络广告的社会效果主要是指在社会文化、教育等方面产生的作用。无论是广告构思、广告语言,还是广告表现,都要受到社会伦理道德的约束。网络广告的社会效果评估也会受到一定的社会意识形态下政治观点、法律规范、伦理道德及文化艺术标准的约束。意识形态不同,约束标准也不同,甚至完全相反。对网络广告的社会效果进行评估,很难像对网络广告的传播效果和经济效果进行评估那样用几项指标来衡量。因为网络广告的社会效果涉及整个社会的政治、法律、艺术、道德伦理等上层建筑和社会意识形态,所以只能用法律规范标准、伦理道德标准和文化艺术标准来评估。

4.4 软文广告营销

软文广告是相对于硬性广告而言的一种广告形式，一般是由企业的市场策划人员或广告公司的文案人员负责撰写的文字广告。依托网络巨大的关注度和流量，软文广告营销已经成为企业推广、产品推广及品牌形象建立的重要途径。

4.4.1 软文广告营销概述

1. 软文广告营销的概念

软文广告营销是指通过特定的概念诉求，以摆事实、讲道理的方式使消费者走进企业设定的"思维圈"，以强有力的针对性心理攻击迅速实现产品销售的文字模式和口头传播，如新闻、第三方评论、访谈、采访、口碑。软文是基于特定产品的概念诉求与问题分析，对消费者进行针对性心理引导的一种文字模式。从本质上说，它是企业软性渗透的商业策略在广告形式上的体现，通常借助文字表达与舆论传播使消费者认同某种概念、观点和分析思路，从而达到企业宣传品牌、销售产品的目的。

2. 软文广告营销的特点

软文广告营销具有不同于其他网络广告营销的特点，但其本质仍然是广告，如图4-10所示。

图4-10 软文广告营销的特点

（1）本质是广告。软文的本质是广告，这是其不可回避的商业性。不管软文营销如何策划和实施，最终一定要能够达到相应的效果，否则就是失败的。

（2）伪装形式是文字。软文关键点一是"软"，二是"文"。也就是说，软文的内容一定是以文字为主的，形式包括新闻资讯、经验心得、技巧分享、观点评论、思想表达等。使用这样的文字，目的是使用户"眼软"，吸引注意力；只有让用户的眼光停留了、徘徊了，才有机会影响他们。特别是语言文字，要照顾目标用户的阅读能力与理解能力，要浅显易懂、形象生动、贴近生活，让用户读起来有共鸣。

（3）写作的宗旨是增加信任。软文的内容不是随心所欲写的，而是带有某种具体目的的。因此不管什么形式的软文，终极目标一定是相同的，就是通过这些文字，在用户心中增加信任；通过这些文字打动用户，使用户"心软"。什么形式的文章最容易打动用户，能使用户产生信任感？这类文章能够对用户起到帮助作用，如通过文章，用户解决了问题、学到了新知识等。软文内容一定要真实、真诚，经得起推敲，要能够帮助用户解决问题。

（4）关键是把产品卖点说透彻。只让用户相信还不够，还需要在文章中把产品卖点讲得明明白白、清楚透彻，否则用户搞不清楚状况，还是达不到最终目的。这就需要深入了解产品的卖点，并将这些卖点通过文字完美地演绎出来，使用户在了解到这些卖点后"脑软"。这里有个重要的技巧，就是将产品功能形象化。有位广告大师曾经说过："不要卖牛排，要卖滋滋声。"只有赋予产品生动的形象化描述，让用户看完文章后有身临其境的感觉，才能达到出其不意的效果。

（5）着力点是兴趣和利益。用户对什么样的内容最感兴趣？不同的行业和用户群体，具体的答案不尽相同，但是本质的规律是一样的，就是不管什么行业、什么样的用户，一定对与自身喜好和利益相关的内容感兴趣。因此，深入研究用户需求，是每位营销推广人员都必须做足的功课。

知识拓展

软文的营销价值

软文的类型多样，从最开始的新闻软文发展到故事软文、微小说、博客、购买心得、论坛软文等。软文已经成为企业最有力的营销方法之一。软文的营销价值主要体现在下面几点。

（1）缩减广告成本。传统硬广费用一直居高不下，很多企业难以承受。相对而言，软文有绝对的优势，一篇原创软文的价格比硬广费用低很多；而且一篇质量优秀的软文常会被读者免费转载，从而扩大了宣传范围，提升了企业和产品的形象及口碑，从而让用户更愿意信任企业和产品。

（2）辅助搜索引擎优化。一篇优秀的软文需要具备两个要点：网址链接和关键词。有了这两个元素，就可以大大提高软文的点击率和曝光率，从而提升企业和产品形象；如果再把承接链接页面做好，就可以直接激发用户的购买欲望。

（3）提高品牌知名度。要想提高品牌知名度，仅靠传统硬广是远远不够的，传统硬广费用高且效果难以持久；而在网上有针对性地发布软文，传播范围广且时间长，有利于提高品牌知名度。

（4）增加网站流量。撰写一篇能抓住用户心理的优秀软文，可以给网站带来直接的流量及转化，不仅可以间接增加产品销售，而且可以提升相关产品的受关注度。

4.4.2 软文广告营销策略

1. 新闻策略

新闻性软文非常容易受到人们的关注，能够满足人们对新事物和新知识的好奇心。写作时要注意，新闻性软文一定要突出一个"新"字，文章中的内容一定是人们不知道的、不了解的、不熟悉的，如新鲜的事物、观点、知识、话题等。文章形式要符合新闻写作规范，发布的媒体及具体的版面也应是正规新闻栏目，千万不要发到广告版。

2. 概念策略

概念策略与新闻策略相同，都针对人们的好奇心。对于有用的新生事物，人们总会尽最大可能去了解、学习和尝试，而这也是概念策略的精要之处。比如，脑白金软文，其成功因素中的关键一条就是打造了"脑白金体"和"脑白金"的概念，并且让大家对其产生无限向往。而实际上，与"脑白金体"和"脑白金"对应的就是平常说的"松果体"及其分泌物"褪黑素"。如果脑白金上市之初直接通过后两者进行宣传，肯定不会有这么神奇的效果，因为人们对它们已经非常熟悉和了解了。在打造概念时需要注意，这个概念一定是与目标用户息息相关的，要高度符合用户需求，能够引起用户强烈的关注与足够的重视，否则不管概念包装得多么漂亮，都在做无用功。

3．经验策略

经验分享型软文是最容易打动用户和影响用户的软文类型。这种策略主要利用了心理学中的"互惠原理"，软文通过免费向受众分享经验，免费给予帮助，以达到感动用户的目的。由于此类文章的形式都是个人经验分享，用户在观看时没有任何心理负担，而且是抱着主动学习的态度阅读的。所以软文中的信息更容易被用户接受和认同，甚至用户在看完文章后，还会主动帮助进行口碑传播。在运用这种策略时需要注意，这些经验不是人人皆知的内容，而是具有很强的实用价值，能够对用户有所帮助的内容。

4．技术策略

技术策略更容易获得用户认可，满足人们对于专业、高品质、精湛等特质的期望。特别是一些创新型技术，还会受到媒体的热捧。在软件行业，特别是杀毒软件领域，最喜欢用技术策略。杀毒软件厂商经常发布一些技术型文章来衬托其产品的先进性与优越性，如分析杀毒软件的杀毒原理是最常用的"套路"。技术策略的关键是通过技术层面的内容打动用户，因此其中提到的技术，在描述时不要过于高深，不要用一些难懂的专业术语，而要用一些浅显易懂的语言和例子，让用户明白大概原理，了解其能够为自己带来实质利益。

5．话题策略

话题策略最容易在用户中引起口碑效应，这是因为只有足够热的话题，用户之间才会自发地谈论与传播。想获得足够热的话题，比较好的方式有两种：一是围绕社会热点制造话题；二是针对用户的喜好与需求引发争议。在制造话题时，要注意话题的可控性，特别是制造争议话题时，不能引发用户对产品的负面情绪，一定要对产品形象做正面宣传。图 4-11 展示了企业借中秋节和国庆节话题做的软文营销例子。

图 4-11　话题策略

6．权威策略

对于权威的内容，人们总会情不自禁地信服与顺从。所以，树立权威是软文营销的一种策略。比如，大公司生产的产品，消费者会不假思索地肯定其品质；对于大商场销售的产品，消费者也很少怀疑它可能是假货。第一，可以围绕企业背景打造权威性。好的企业背景有助于快速建立权威性。比如，爱奇艺上线之初便获得了高度关注，原因就是它是由百度公司投资创办的。如果企业没有这样的好背景，那么可以通过一些后天的方式弥补，如通过各种合作形式。第二，可以围绕产品打造权威性。比如，产品的技术特别先进、品质特别好，都可以奠定其权威地位。第三，还可以通过名人打造权威性。比如，创新工场，虽然是一家新公司，但由于它是由谷歌公司前全球副总裁兼大中华区总裁李开复先生创建的，所以没有人敢轻视它。

4.4.3 软文广告推广技巧

在软文广告运作中，有些人对文章的内容挖掘很深，文中的产品诉求很到位。但是他们不懂得如何推广软文广告，导致一篇好的软文广告不能被读者看见。因此，推广软文广告时需要注意两点：软文广告的推广平台和软文广告的发布时间。

1. 软文广告推广平台选择

网络社交平台是软文广告发布的主要渠道，不同的平台其特点也不尽相同。因此，需要对不同网络平台进行分析，发布符合平台的软文广告，才能达到更好的推广效果。

（1）微博。在这个信息量越来越庞大的时代，人们都急切地渴望了解更多、更新鲜、更好玩的事物，而微博这个平台可以满足大家这样的需求。微博平台发布软文有以下几个要点。

① 语言要简短。微博是一个注重交流和分享的平台，因此每天的信息量都非常大，且非常杂——名人、情感、购物、音乐等各类型的信息都有。也正是由于这类网站信息量多，用户一般不想浪费过多时间在一篇文章上面，所以在这个平台上发布软文的时候，应当注意用尽量简短的语言表达信息，文字内容一般不要超过 200 字，或在标题和文章的开头就点明主旨，让受众从文章的标题中了解文章内容，然后决定是否深入了解。

② 文字形式尽量丰富。用过微博的人一定会注意到，刚发的消息，过几秒或几分钟去看，就被"刷"得无影无踪了。信息刷新如此快的一个平台，更加注重的是信息的传播速度。用户在脑海中自动形成了一个信息过滤器，很多不重要的信息都是一眼带过的，也不会在脑子里停留太多时间，然后就忘记了。所以只有能够瞬间吸引用户眼球的微博才能让用户停留。在这种类型的平台发布软文的时候，文章表现形式应当尽量丰富：利用缤纷的表情、色彩鲜艳的图片、好玩的短片等瞬间吸引用户。

③ 娱乐性强。微博其实就是一个人们茶余饭后闲聊闲逛的栖息地，所以微博的文章应当尽量写得轻松且娱乐性强，这样比较符合用户在看文章时候的心情。

（2）微信。微信是目前应用最普遍的社交软件，在利用这样一个平台发布软文的时候，要从使用人群多和广泛，并且年轻人更多这样的特点出发，探寻发布软文的要点。

① 发布内容要贴近生活。选择微信平台投放软文，更容易带来反感与反作用。所以在微信上，应当尽量选择一些与生活息息相关的事件或产品的软文，让用户更容易接受。

② 发布的内容具有某种作用或价值。即使微信是人们经常使用的软件，但是人们也不愿意去看一篇对自己没有任何作用的文章，因此，在微信平台发布软文的时候，最好选取一些对受众有某种作用或某种价值的文章，这样才会有人愿意点进去看文章内容。比如，养生类的文章从养生的知识点出发，告诉人们如何养生，这些知识对中老年群体来说就很有用，自然点击率比较高。

③ 发布的内容不能枯燥、冗长。人们使用社交软件，多数为了休闲、娱乐，那些长篇大论，即使人们有兴趣去看，整篇的文字也会让他们望而却步。所以软文不能是纯文字类的文章，应适当图文结合，也可以结合音乐或短片，这样会让读者读起来轻松、愉悦，没有负担。

（3）论坛。客观地说，自从有了微博、微信等社交软件，个人计算机端论坛社区的热度就大大下降了。但是论坛的表现形式简单，结构清晰，人们对于论坛还是有需求的。国内论坛的集中化发展，导致软文在论坛推广的操作性更强了。只要在几个大的论坛社区上营销，基本也就做完了国内的论坛营销。论坛社区的软文撰写需注意以下三个要点。

① 广告意味不要太浓。论坛主要以提供确切的信息为主，所以软文的广告意味不能太浓，广告意味过浓，意味着文章不容易引起用户的注意，有时还会被管理员视为广告灌水帖删除。当然，广告意图明显的文章可以发灌水区，但是正常逛论坛的人群很少去读灌水区的文章。另外，论坛发文一般不能带链接，不然多半会被管理员删除。有机会也可以申请成为一个目标栏目的管理员，这样发文与管理文章会更容易。

② 以图文结合的形式为主。常逛论坛的人群主要以读文为主，图片辅助阅读，所以论坛的文章大多以文字信息为主。所以可以在这类平台上发布文字信息为主，图片信息为辅或只有纯文字信息的软文。

③ 文章分类清晰。论坛的文章分类一般较为清晰，所以在发布的时候应当清楚文章的类别，按分类发布软文，即注意所发文章的内容与选择的版块是否相符，如股市类的文章就应当发布在股市论坛这样的小版块中。如果发布错误，需要看到文章的受众很难看到文章，会直接影响文章的点击率。

2. 软文广告发布时间选择

一般人们都有类似的作息时间，这是在人们的行为习惯中形成的。要保证软文在发布之后能够让更多的读者看到，就要把握好原始软文的发布时间。不管软文能不能得到更多的点击率或更多人的转载、分享，首要的是文章被看到，因此，可以从人们浏览网页的高峰期入手，分析发布软文的最佳时间。

（1）早上 8：30—9：30。一般上班或上课时间为 8：30—9：30。在准备工作之前，人们总会习惯性地看看新闻，了解一下突发的新鲜事，这是人们在经过几个小时的睡眠后，对外面的世界是否发生了新鲜事产生的好奇心。在早上了解这些，也方便了在与人交流时拥有更多话题。所以人们都会以看新闻、刷微博等作为一天的开始。在这个时间段发布软文，不仅能够获得很好的点击率，如果软文的内容够新鲜、够特别，还有利于软文的传播。

（2）中午 12：30—13：30。这个时间段一般是人们的午休时间，刚吃完午饭没什么事情，有的人会选择休息一会儿，有的人则会选择上网看看网络上的动态消息。所以这个时间段也是人们浏览网页的高峰期，可以选择投放软文。但是由于是休息时间，人们不太想了解一些沉重的话题，所以可以选择带有娱乐性质或更接近生活的软文在这个时间段投放，这样可以让读者更愿意阅读文章。

（3）晚上 20：30—23：30。这个时间段可以说是发布软文的最佳时机。正好是休息的时间，人们有了空闲，所以会花大量的时间在看网页、刷微博等事情上。而这个时间段，人们的心情也是最佳的，有充分的时间去阅读，以及互动分享等。可以在这段时间尽量发布一些能够互动和分享的功能性软文。这样发布软文，不仅能够获得更多的阅读量，也更容易传播。

4.4.4 软文广告效果评估

与其他营销方式相比，软文广告营销的效果难以全面评估，因为软文广告影响的范围比较广，发挥作用的时间有可能比较长。如果要评估，一定不要绝对化，做一个相对的参考即可。

软文广告效果评估可以从类别上区分。如果是以销售型任务为主的软文广告，效果评估就以销售为重点指标；如果是以品牌推广和新闻造势为主的软文广告，就要重点评估阅读量和转载率。下面列举几种软文广告效果评估的方法。

1．成本对比法

在一段时间内，软文广告投入的产出比和数量能在一定程度上衡量软文广告效果。软文在一段时间内的投入和已知由软文广告带来的收益，可以形成一定的比例。如果投入少，带来的收益高，则可以认为软文广告是有效的。

2．搜索引擎收录评价法

评价搜索引擎有没有收录这篇文章，搜关键词和搜标题展现的数量有多少，百度、搜狗、360搜索在不同格式下（网页和新闻）各有多少展现量。

3．置顶率评价法

评价在论坛和自媒体平台中文章的排名。置顶很难，有些好位置甚至要付费购买。但是排名也可以说明问题，特别是自然排名。

4．转载率评价法

评价不是主动发布的渠道，有多少在免费转载，这在用搜索引擎收录评价法衡量的时候已经能够发现。不过微信朋友圈的转发量需要单独在微信中检索，除非使用第三方软件跟踪查看。

5．流量分析法

如果是用超链接引流过来的流量，在个人计算机端是可以通过站长工具查看和评估的。网友的互动留言数量也可以作为参考。在电商平台中，也有流量分析工具可以使用。

另外，阅读量也可以作为一个参考指标。个人计算机端越来越多的网页可以一键分享到移动端自媒体属性的社交类平台，也有越来越多的页面直接设置了浏览量供参考。微博直接有展示，微信公众号有阅读量显示，也有一些第三方软件可以监测微信朋友圈发布的文章的阅读量。

综上所述，软文广告的效果评估要综合考量。如果一定要做一个关键绩效指标，可以根据不同的软文广告营销任务，给每种方法都设定一个权重，最后打分计算综合加权的平均分。

本章实训

一、实训目标

1．熟悉常见网络广告形式。
2．了解网络广告的发布形式与收费标准。
3．掌握软文广告营销的主要策略。

二、实训任务

◇ 实训任务一：了解网络广告形式

1. 登录艾瑞网，了解网络广告的概况。
2. 任选2~3个网站，总结这些网站中使用了哪些网络广告形式，并分析每种网络广告的优缺点。

◇ 实训任务二：了解网络广告的发布形式与收费标准

1. 登录搜狐营销中心，分析其广告的发布形式与收费标准。
2. 任选一个网站，分析该网站广告的发布形式。

◇ 实训任务三：软文广告营销策略分析

1. 登录微博或论坛，找到一篇软文广告，分析其具备哪些特点。
2. 从微信朋友圈找出一篇有正能量的软文广告，总结其特点并分析其使用的营销策略。

三、实训总结与思考

1. 总结分析门户网站的网络广告发布策略。
2. 结合当前网络营销的发展，分析软文广告的发展趋势。

课后习题

一、名词解释

网络广告　网络广告收入　网络广告策划　软文营销

二、单项选择题

1. （　　）是互联网上最传统的广告形式，又名"横幅广告"。
   A．按钮广告　　　　B．分类广告　　　　C．旗帜广告　　　D．网络视频广告
2. （　　）可以将文字、声音、画面结合之后供用户主动检索，重复观看。
   A．杂志广告　　　　B．网络广告　　　　C．电视广告　　　D．报纸广告
3. 在（　　）上投放广告，覆盖面广、针对性强、目标精准，按效果收费，性价比高。
   A．网络黄页　　　　B．企业主页　　　　C．门户网站　　　D．搜索引擎网站
4. 在网络广告的计费方式中，CPM的中文含义是（　　）。
   A．每千人印象成本　B．每千次点击成本　C．每行动成本　　D．每购买成本
5. 软文营销的本质是（　　）。
   A．广告　　　　　　B．文字　　　　　　C．产品　　　　　D．利益

三、多项选择题

1. 网络广告的主要特点有（　　）。
   A．广泛性和开放性　　　　　　　　　B．实时性和可控性
   C．直接性和针对性　　　　　　　　　D．易统计性和可评估性
2. 网络广告的发布渠道包括（　　）。
   A．企业主页　　　　　　　　　　　　B．博客、微博、微信等自媒体平台
   C．搜索引擎网站或门户网站　　　　　D．专类销售网

3. 下列属于网络广告计费方式的有（　　）。
    A．每千人印象成本　　B．每千次点击成本　　C．每行动成本　　D．关键词成本
4. 目前常用的网络广告预算的编制方法包括（　　）。
    A．期望行动制　　B．产品跟踪制　　C．阶段费用制　　D．成本对比法

四、简答题

1. 与传统媒体相比，网络广告的特点主要有哪些？
2. 网络广告的形式主要有哪些？
3. 网络广告的构成要素有哪些？
4. 网络广告的计费方式主要有哪些？
5. 网络广告的发布渠道主要有哪些？
6. 简述软文广告营销的特点。

第5章 传统网络营销与推广工具

章节引言

随着互联网技术的应用与发展，网络营销与推广的工具不断推陈出新，但是传统网络营销与推广工具也一直在革新与进步，仍是不可缺少的有效工具。比如，搜索引擎优化一直是企业开展网络营销与推广活动非常有效且经典的工具之一，电子邮件能够实现精准的一对一营销与推广，同时论坛、友情链接和问答都是低成本的网络营销与推广工具。中小企业特别是资金不足的企业，如果能够有效利用传统网络营销与推广工具，对于开展网络营销与推广活动是十分有利的。

引导案例

搜索引擎30年，移动搜索在崛起

在移动端积极布局搜索业务早已成为互联网巨头布局方向。比如，2021年微信公开课上，微信搜一搜首次完整亮相。过去30年，作为用户需求、依赖最多的领域，搜索对互联网发展有举足轻重的影响，如果没有搜索，那么大概率不会有如今的互联网。从文字搜索到整合搜索、图片搜索、音频搜索，乃至现在的视频搜索，搜索成为互联网进化最快的领域之一。

虽然外界对谷歌、百度迄今仍有诸多争议，但归根结底，它们能在个人计算机时代占据统治地位，是通过技术让搜索质量有了质的飞跃，让搜索引擎真正成为互联网的第一流量入口。在这个基础上，搜索广告、搜索引擎优化、搜索引擎营销等技术与商业化形式也随之诞生。而知识图谱、个性搜索、云计算，乃至人工智能等技术的发展，某种程度上也被搜索技术的进步影响和推动。

智能设备和信息技术大爆炸仍持续影响搜索方式，推动搜索变得越来越"聪明"。无论是百度、谷歌、微软、雅虎、Pintrest，还是YouTube、抖音、微信搜索，尽管各大搜索引擎获取信息的方式已不尽相同，但其目标都一致：谁更准确理解用户想找什么，谁就将引领下一代搜索潮流。

随着移动互联网兴起，流量从个人计算机端逐渐向移动端转移，搜索也开始进入移动时代。移动搜索与传统搜索有很大不同，搜索诉求、搜索方式、输入方式、输出结果，都因为各种移动设备而变得更自然、更广泛和更智能——人们不仅可以随时随地搜索，而且可以在跑步时用可穿戴设备搜索，也可以懒洋洋地躺在沙发上搜索。文字搜索满足不了亿万网民的需求后，音频搜索、图片搜索和视频搜索成为过去10年移动互联网三大最有代表性的搜索模式。

事实上，无论是哪种搜索模式，最重要的仍是以所有用户为中心，精准提供其他渠道没有的、更有价值的信息和服务。

案例思考题
1. 为什么百度、谷歌等搜索巨头都纷纷向移动搜索领域发力？
2. 搜索引擎的主要发展趋势如何？

5.1 搜索引擎优化与推广

搜索引擎优化与推广是最经典、最常用的网络营销与推广工具之一。企业选择搜索引擎优化与推广，是因为这是快速推进品牌营销的最佳方式之一，以最小的付出换取最大的来自搜索引擎的自然流量，其性价比是其他推广渠道难以比拟的。调研显示，网民寻找新网站主要是通过搜索引擎实现的。随着网络上海量信息的出现，充分利用搜索引擎开展网络营销成为企业重要和有效的营销手段和方法。

5.1.1 搜索引擎概述

搜索引擎是指根据一定的策略，运用特定的计算机程序从互联网上采集信息，在对信息进行组织和处理后，为用户提供检索服务，将检索的相关信息展示给用户的系统。搜索引擎是基于互联网的一种检索技术，旨在加快人们获取信息的速度，为人们提供更好的网络使用环境。

1. 搜索引擎的发展历程

搜索引擎是伴随互联网的发展而产生和发展的，几乎每个人上网都会使用搜索引擎。搜索引擎的发展大致经历了四代。

（1）第一代搜索引擎。1994年，第一代真正基于互联网的搜索引擎Lycos诞生，它以人工分类目录为主，代表性企业是雅虎，其特点是人工分类存放网站的各种目录，用户通过多种方式寻找网站。现在这种方式依然存在。

（2）第二代搜索引擎。随着网络应用技术的发展，用户开始希望对内容进行查找，于是出现了第二代搜索引擎，也就是利用关键词查询。最具代表性且最成功的搜索引擎是谷歌，它建立在网页链接分析技术的基础上，使用关键词搜索网页，能够覆盖互联网的大量网页内容，可以分析网页的重要性后将重要的结果呈现给用户。

（3）第三代搜索引擎。相比前两代，第三代搜索引擎更加注重个性化、专业化、智能化，使用自动聚类、分类等人工智能技术，采用区域智能识别及内容分析技术，利用人工介入，实现技术和人工的完美结合，增强了搜索引擎的查询能力。第三代搜索引擎的代表仍是谷歌，它以宽广的信息覆盖率和优秀的搜索性能为搜索引擎技术开创了崭新的局面。

（4）第四代搜索引擎。相比前三代，精准到个人需求的移动互联网搜索更加准确有效，被称为第四代搜索引擎。其特点是以用户为中心，当不同的用户输入查询请求时，同一个请求关键词可能有不同的查询要求。这是因为即使不向移动搜索互联网授权任何移动设备使用者特征信息，它仍然可以通过移动设备使用者在搜索时的大量特征，如上网时间习惯、操作习惯、内容归类等逐渐勾勒出使用者的特征信息,这种推出式算法也是由于移动设备具有唯一性、随身性而产生的。

2. 搜索引擎的分类

搜索方式是搜索引擎的一个关键环节,由此可将搜索引擎分为四类:全文搜索引擎、元搜索引擎、垂直搜索引擎和目录搜索引擎,它们各有特点,并适用于不同的搜索环境。所以,灵活选用搜索方式是提高搜索引擎性能的重要途径。

(1)全文搜索引擎。全文搜索引擎是利用爬虫程序抓取互联网上所有相关文章并予以索引的搜索方式。一般网络用户适用于全文搜索引擎。这种搜索方式方便、简捷,并容易获得所有相关信息。但搜索到的信息过于庞杂,因此用户需要逐一浏览并甄别所需信息。在用户没有明确检索意图时,这种搜索方式非常有效。

(2)元搜索引擎。元搜索引擎是基于多个搜索引擎结果并对之整合处理的二次搜索方式。元搜索引擎适用于广泛、准确地搜集信息。不同的全文搜索引擎,由于性能和信息反馈能力差异,因此各有利弊。元搜索引擎的出现恰恰解决了这个问题,有利于各基本搜索引擎间的优势互补。而且这类搜索方式有利于对基本搜索方式进行全局控制,引导全文搜索引擎的持续改善。

(3)垂直搜索引擎。垂直搜索引擎是对某一特定行业内数据进行快速检索的一种专业搜索方式。垂直搜索引擎适用于有明确搜索意图时进行检索。比如,用户购买机票、火车票、汽车票时,或想要浏览网络视频资源时,都可以直接选用行业内专用垂直搜索引擎,以准确、迅速地获得相关信息。

(4)目录搜索引擎。目录搜索引擎是依赖人工收集处理数据并置于分类目录链接下的搜索方式。目录搜索引擎是网站内部常用的检索方式。这类搜索方式对网站内的信息整合处理,并分目录呈现给用户,但其缺点在于用户需预先了解网站的内容,并熟悉其主要模块构成。总之,目录搜索引擎的适应范围非常有限,且需要较高的人工成本来支持维护。

> **知识拓展**
>
> **搜索引擎的工作原理**
>
> 搜索引擎的基本工作原理包括三个过程:首先,在互联网中发现、搜集网页信息;其次,提取和组织信息,建立索引库;最后,根据用户输入的查询关键词,由检索器在索引库中快速检出文档,进行文档与查询的相关度评价,对将要输出的结果进行排序,并将查询结果返回用户。

3. 搜索引擎的特点

(1)信息抓取迅速。在大数据时代,网络上的信息浩如烟海,令人无所适从,难以得到自己需要的信息资源。在搜索引擎技术的帮助下,用户利用关键词、高级语法等检索方式就可以迅速抓取相关度极高的匹配信息。

(2)深入开展信息挖掘。搜索引擎在捕获用户需求信息的同时,还能深入开展信息挖掘,对检索的信息加以一定维度的分析,以引导用户对信息的使用与认识。比如,搜索引擎可以根据检索到的信息条目判断检索对象的热度,根据检索到的信息分布给出高相关性的同类对象,还可以利用检索到的信息智能化给出用户解决方案等。

（3）检索内容具有多样性和广泛性。随着搜索引擎技术的日益成熟，当代搜索引擎技术几乎可以支持各种数据类型的检索，如自然语言、智能语言、机器语言等各种语言。目前，不仅视频、音频、图像可以检索，而且人类面部特征、指纹、特定动作等也可以检索。可以想象，未来几乎一切数据类型都可能成为搜索引擎的检索对象。

4．搜索引擎的发展趋势

随着现代网络信息技术的发展及用户需求的快速变化，搜索引擎的相关技术应用和提供的服务也在不断迭代升级，未来搜索引擎发展具有明显的社会化、个性化、移动化、情境化等趋势，具体如图5-1所示。

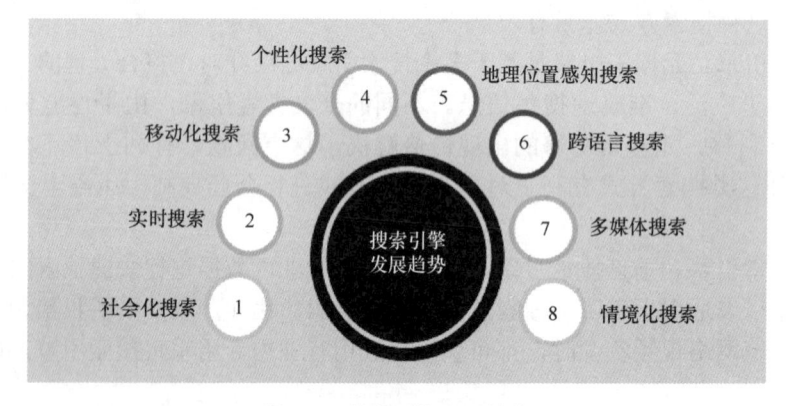

图5-1 搜索引擎发展趋势

（1）社会化搜索。社交网络平台和应用占据了互联网的主流，社交网络平台强调用户之间的联系和交互，这对传统的搜索技术提出了新的挑战。传统搜索技术强调搜索结果和用户需求的相关性，社会化搜索除了相关性，还额外增加了一个维度，即搜索结果的可信性。对于某个搜索，结果可能成千上万，但用户社交网络内其他用户发布的结果、点评或验证过的结果则更容易信任，这是与用户的心理密切相关的。社会化搜索可以为用户提供更准确、更值得信任的搜索结果。

（2）实时搜索。用户对搜索引擎的实时性要求日益增加，这也是搜索引擎未来一个重要的发展方向。实时搜索最突出的特点是时效性强，强调的就是"快"，用户发布的信息第一时间能被搜索引擎搜索到。不过在国内，实时搜索由于各方面的原因无法普及使用，如百度也没有明显的实时搜索入口。

（3）移动化搜索。随着智能手机的快速发展，基于手机的移动设备搜索日益流行，但移动设备有很大的局限性，如屏幕太小，可显示的区域不多，计算资源能力有限，打开网页速度很慢，手机输入烦琐等问题都需要解决。目前，随着智能手机的快速普及，移动化搜索一定会更加快速地发展，所以移动化搜索的市场占有率会逐步上升。而对于没有移动版的网站，百度也提供了"百度移动应用平台"弥补这个缺失。

（4）个性化搜索。个性化搜索主要面临两个问题：如何建立用户的个人兴趣模型及在搜索引擎里如何使用这种个人兴趣模型。个性化搜索的核心是根据用户的网络行为，建立一套准确的个人兴趣模型。而建立这样一套模型，就要全面收集与用户相关的信息，包括用户搜索历史、点击记录、浏览过的网页、电子邮件信息、收藏夹信息、发布过的信息、博客、微博等内容。比较常见的是从这些信息中提取出关键词及权重。为不同用户提供个性化的搜索结果,是搜索引擎总的发展趋势,但现有技术有很多问题,如个人隐私的泄露,而且用户的兴趣会不断变化,太依赖历史信息,可能无法反映用户的兴趣变化。

(5)地理位置感知搜索。智能手机已有 GPS 应用,而且可以通过陀螺仪等设备感知用户的朝向。基于这种信息,可以为用户提供准确的地理位置服务及相关搜索服务。目前,此类应用已经大行其道,如手机地图 App 等,同时基于地理位置感知的搜索已经成为本地服务类电子商务的重要应用。

(6)跨语言搜索。如何将中文的用户查询翻译为英文查询,目前主流的技术手段有三种:机器翻译、双语词典查询和双语语料挖掘。对于一个全球性的搜索引擎,具备跨语言搜索功能是必然的发展趋势,一般采用前两种技术手段。

(7)多媒体搜索。目前,搜索引擎的查询还是基于文字的,即使图片和视频搜索也基于文本方式。未来的多媒体搜索技术则会弥补这一缺失。多媒体形式除了文字,主要包括图片、音频、视频。多媒体搜索比纯文本搜索复杂许多,一般包含四个主要步骤:多媒体特征提取、多媒体数据流分割、多媒体数据分类和多媒体数据搜索引擎。

(8)情境化搜索。情境化搜索是融合了多项技术的产品,上面介绍的社会化搜索、个性化搜索、地理位置感知搜索等都是支持情境化搜索的。所谓情境化搜索,就是能够感知用户所处的环境,针对"此时此地此人"建立模型,试图理解用户查询的目的,根本目标还是要理解人的信息需求。比如,某个用户在苹果手机专卖店附近发出"苹果"这个搜索请求,基于地理位置感知及用户的个性化模型,搜索引擎就有可能认为这个查询针对的是苹果公司的产品,而非水果。

5.1.2 搜索引擎优化

搜索引擎优化(Search Engine Optimization,SEO)是一种通过分析搜索引擎的排名规律,了解各种搜索引擎怎样进行搜索、怎样抓取互联网页面、怎样确定特定关键词的搜索结果排名的技术。搜索引擎优化采用易于被搜索引用的手段,对网站进行有针对性的优化,提高网站在搜索引擎中的自然排名,吸引更多用户访问网站,增加网站的访问量,提高网站的销售能力和宣传能力,从而提升网站的品牌效应。

1. 搜索引擎优化的优势

(1)价格低。相比关键词推广,搜索引擎优化需要做的只是维护网站,保证网站具有关键词优势,并不需要为用户的每次点击付费,因此比竞价排名便宜许多。另外,搜索引擎优化可以忽略搜索引擎之间的独立性,即使只针对某个搜索引擎进行优化,网站在其他搜索引擎中的排名也会相应提高,达到了企业在关键词推广中重复付费才能达到的效果。

(2)管理简单。如果企业将网站搜索引擎优化的任务交给专业服务商,那么企业在网站管理上基本不需要再投入人力,只需不定期观察企业在搜索引擎中的排名是否稳定。而且,这种通过修改自身达到的自然排名上升效果,让企业不需担心恶意点击的问题。

(3)稳定性强。企业网站进行搜索引擎优化之后,只要网站维护得当,那么在搜索引擎中排名的稳定性也非常强,很长时间都不会变动。

2. 搜索引擎优化的步骤

搜索引擎优化一般有四个步骤,如图 5-2 所示。

关键词筛选 → 关键词分析 → 内容优化 → 构建外链

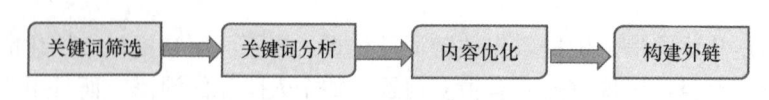

图 5-2　搜索引擎优化流程

（1）关键词筛选。根据用户的搜索习惯或企业的主题来确定选择什么样的关键词，不能随意、盲目地挑选。可以通过搜索引擎的下拉框看看用户搜索比较多的关键词是什么，学会站在用户的角度思考，这样才能筛选出正确的关键词。

（2）关键词分析。为了获得精准的关键词，还需要进行分析，因为关键词优化会对用户流量及网站排名产生最直接的影响，所以关键词分析是非常重要的。搜索引擎优化首先要对筛选出来的关键词进行分析，看看它的指数情况是怎样的，然后就是被搜索了多少次，转化率如何等。

（3）内容优化。搜索引擎是按照内容的品质对网站进行排名的，也就是内容要对用户有帮助。因此企业在更新内容的时候，不但要保证按照一定的规则进行，还要能够帮助用户解决一些问题，这样才能增加用户和搜索引擎的访问黏性。

（4）构建外链。科学的布局及高品质的内容是网站的内在基础，不过网站的外部链接（外链）也是不可忽视的。所以网站搜索引擎优化还需要到各大平台上发链接，从而吸引更多的用户点击进入，帮助网站获得比较高的权重。

3．搜索引擎优化的策略

（1）主题要明确，内容要丰富。在设计制作网站之前，要清晰设定网站的主题、用途和内容，根据不同的用途定位网站特性，可以是销售平台，也可以是宣传平台。网站主题须明确突出，内容丰富饱满，以符合用户体验为原则。优化网站的主题与实际内容才是最重要的。一个网站需要有鲜明的主题，丰富的与主题相关的内容，专注于某些领域变化的及时更新。

（2）外部链接要有人气。搜索引擎判断网站好坏的一个标准是外部链接的多少及链接的网站质量。创建有人气的、有意义的外部链接，提高链接广泛度，既能提高网站在搜索引擎的排名，也可以起到互相宣传的作用。研究表明，当一个网站的链接 PR 值（PR 值的相关内容参见 5.4.1 节）达到 4~6，那么这个网站的访问量比较好；当链接 PR 值达到 7 以上，那么网站的质量与知名度都很优秀。如果一个网站被其他网站链接得越多，那么该网站越有可能是最新和最有价值的高质量网站。尽可能增加与行业网站、地区商务平台和合作伙伴网站之间的链接，尤其是 PR 值高的网站，因为被 PR 值高的网站引用能更快地提高本网站的 PR 值。同时开发人员可以在访问量较大、PR 值较高的网站上发表与本网站主题及业务相关的信息，用户在别的网站看到这些信息，进而访问本网站，即通过外部链接增加本网站的访问量。

（3）关键词设定要突出。网站的关键词非常重要，它决定网站是否能被用户搜索到，因此在关键词上要特别注意。关键词必须突出，遵循一定的原则，如：关键词要与网站主题相关，不要一味追求热门词汇；避免使用含义很广的一般性词汇；根据产品的种类及特性，尽可能选取具体的词；选取人们在使用搜索引擎时常用的与网站所需推广的产品及服务相关的词。5~10 个关键词数量是比较适合的。要重视在标题（Page Title）、段落标题（Heading）这两个网页中最重要、最显眼的位置体现关键词，还可以在网页内容、图片的 alt 属性、META 标签等网页描述上突出关键词。

（4）网站结构层次要清晰。网站尽量避免采用框架结构，导航条尽量不使用 FLASH 按钮。首先，要重视网站首页的设计，因为网站的首页被搜索引擎检测到的概率要比其他网页大得多。通常要将网站的首页文件放在网站的根目录下，因为根目录下的检索速度最快。其次，要注意网站的层次（子目录）不宜太多，一级目录不超过两个层次，详细目录也不要超过四个层次。最后，网站尽量使用纯文字进行导航，因为文本比图片表达的信息更多。

（5）页面容量要合理。网页分为静态网页与动态网页两种。动态网页即具有交互功能的网页，也就是通过数据库搜索返回数据，这样搜索引擎在搜索时所费时间较长，而且一旦数据库中的内容更新，搜索引擎抓取的数据也不再准确，所以搜索引擎很少收录动态网页，排名结果也不好。而静态网页不具备交互功能，即单纯的信息介绍，搜索引擎搜索时所费时间短，而且准确，所以愿意收录，排名结果比较好。所以网站要尽量使用静态网页，减少使用动态网页。网页容量越小，显示速度越快，对搜索引擎蜘蛛程序的友好度越高，因而在制作网页的时候要尽量精简 HTML 代码，通常网页容量不超过 15kb。

（6）网站导航要清晰。搜索引擎通过专有的蜘蛛程序查找每个网页上的 HTML 代码，当网页上有链接时就逐个搜索，直到没有指向任何页面的链接。蜘蛛程序访问完所有的页面需要花费很长时间，所以网站导航需要便于蜘蛛程序进行索引收录。可根据自己的网站结构，制作网站地图 sitemap.html，在网站地图中列出网站所有子栏目的链接，并将网站中所有的文件放在网站的根目录下。网站地图可增加搜索引擎友好度，可让蜘蛛程序快速访问整个网站上的所有网页和栏目。

（7）网站更新要规律。为了更好地实现与搜索引擎对话，需要将经过优化的企业网站主动提交到各搜索引擎，让其免费收录，争取较好的自然排名。一个网站如果能够有规律地更新，搜索引擎就更容易收录。因而合理地更新网站也是搜索引擎优化的一个重要方法。

5.1.3 关键词优化

关键词优化是搜索引擎优化的重要组成部分。关键词优化是指对网站中的关键词进行选词和排版的优化，帮助网站在搜索引擎相关关键词的排名中占据有利位置。

1. 关键词优化的步骤

关键词优化一般有四个步骤，如图 5-3 所示。

（1）选择合适的关键词。在关键词优化过程中，首先需要选择合适的关键词。一般选择关键词的方法主要是通过百度指数、谷歌指数和站长查询工具查询，这样就可以获取比较粗糙的关键词了。这时的关键词还不能直接添加到网站上作为网站关键词，因为选择关键词只是关键词优化的第一步。在选择过程中，可以发挥想象力，从一个关键词扩展到相关的关键词，再利用工具查询其流量，进行第一步的关键词选择，这也是学习关键词优化时必须掌握的步骤。

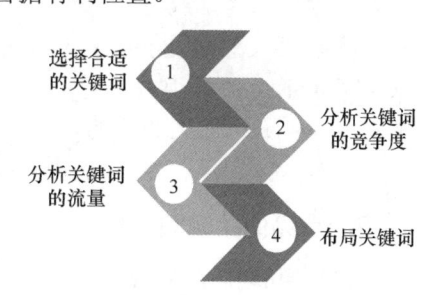

图 5-3 关键词优化的步骤

（2）分析关键词的竞争度。选好关键词后，需要分析该关键词的竞争度。在搜索引擎中查询关键词，分析前三页的网站都有哪些，使用哪个页面优化。如果前两页都是使用首页优化的，那么这些关键词的竞争就会很激烈，应该考虑是否要放弃。还可以参考百度推广的数量，一般搜索关键词时，出现在首页排名中的百度推广数量越多，说明这些关键词越好，相应其竞争度也会很大。如果首页推广数量是五条左右，那么这样的关键词即使优化上首页也不会产生最大化的流量，所以在做关键词优化时，要懂得分析关键词的竞争度。

（3）分析关键词的流量。在做关键词优化之前，分析关键词流量是非常重要的，如果优化的关键词没有流量，那么这样的关键词即使排名在首页也没有任何意义。一般来说，关键词日流量低于100的属于冷门型关键词，100~3 000属于中等竞争型关键词，3 000以上的属于竞争激烈型关键词。所以在分析关键词流量时，要确定选定的关键词有没有流量，日流量主要在哪个区域内，以作为可靠的参考信息。

（4）布局关键词。在网站优化过程中，关键词的布局影响非常大。两个优化方法相同的网站，决定排名高低的主要是关键词的布局。比如，同样一个关键词，一个用首页优化，一个用栏目页优化，由于首页的权重在网站中是最高的，所以其获得的排名要比栏目页优化的更好。一般来说，首页适合优化竞争度比较大的关键词，栏目页适合优化竞争度中等的关键词，内容页适合优化长尾关键词。这样合理布局关键词优化页面，一不会出现大材小用的情况，二可以让关键词获得更稳定的排名。

知识拓展

关键词布局方法

关键词按照首页、栏目页、内容页的优先等级依次布局。

首页是整个网站内容的概括，网站首页权重高于栏目页和内容页，所以首页的关键词是竞争度比较大的短词。首页关键词不能跟栏目页、内容页关键词冲突。首页关键词不能设置太多，一般的企业网站大概3~4个，并且关键词之间是相互促进的。比如，寻找养羊网站的人同样会对养羊论坛或养羊贴吧感兴趣，反过来也一样。

栏目页权重仅次于首页，栏目页布局的关键词竞争度也仅次于首页。栏目页关键词是首页关键词的扩展，如养羊的扩展词是养羊技术、养羊视频。栏目页关键词设置1~2个就可以了，并且两个关键词最好表达同一个含义。栏目页的标题设置是关键词+品牌词，描述是栏目内容的简单叙述。

内容页关键词是整个栏目页关键词的扩展，可以布局竞争度较小的长尾关键词。内容页布局的长尾关键词一定是跟栏目页关键词相关的长尾词，如养羊视频栏目下的长尾词一定是跟养羊视频相关的长尾词。

2．常见的关键词

（1）产品词。产品词可以是产品或服务的大类，也可以是产品细类，可能具体到产品的种类、型号、品牌等。前者如"英语培训""鲜花""宠物用品""汽车"等，这类词搜索量较大，能够覆盖更多的潜在客户，竞争可能较为激烈。后者如"雅思听力班""买玫瑰花""皇家猫粮""奥迪A4价格"等，这类词的搜索意图一般较为明确，可以在创意中着重突出产品特色，明确传达价格、促销等卖点，抓住这些潜在客户的关注点，促成转化。由于网络用户的搜索习惯各不相同，对一些特定的产品名称，还可以考虑使用一些缩写、别称形式，如"雅思""雅思英语""IELTS""干洗机""干洗设备"等。

对不同行业、企业来说，产品词的大类和细类的区分可能不同，如"雅思培训"对于专门的雅思培训机构可能属于大类，而对于代理各种培训业务报名的机构可能属于细类，可以根据自身业务性质灵活把握。

（2）通俗词。通俗词即网络用户可能使用的一些口语表达，可能以疑问句式和陈述句式出现，如"我想开干洗店""哪家英语培训机构好""怎样才能学好英语"等。使用这类搜索词的一般为个人消费者，搜索目的可能以信息获取为主，对商业推广结果的关注程度不同，因此带来的转化效果和商业价值也有所不同，应该根据自身业务特点进行尝试。

（3）地域词。地域词即以上产品词、通俗词等与地域名称的组合，如"北京法语培训班""上海同城速递"等。搜索这类词的网民的商业意图更为明确，一般希望本地消费或购买，可以在创意中突出产品或服务的地域便利性。

（4）品牌词。品牌词即含有企业自有品牌的关键词，如"百度""有啊"等，或一些专有品牌资产名称，如企业拥有的专有技术、专利名称等，但注意不能使用侵犯他人知识产权的关键词。

（5）人群相关词。网络用户没有直接表达对产品或服务的需求，但搜索词表达了其他相关兴趣点，与企业的潜在客户群可能高度重合。可以把推广结果呈现在这些有潜在需求的网民面前，吸引他们的关注，激发他们的购买欲望。比如，关注韩国留学、韩企招聘的网民，都可能有学习韩语的潜在需求，也可能是企业的潜在客户。

实践中，为了提高关键词排名和被搜索到的概率，可以综合多种关键词进行选择和优化，同时结合不同的搜索引擎特点和企业自身发展战略着重选择。

5.1.4 竞价排名推广

竞价排名是指通过竞争出价的方式，获得某个网站的有利排名位置。其中搜索引擎的PPC（Pay Per Click，每点击付费），属于竞价排名的先驱，主要是点击付费的形式，点击价格高的信息获得搜索引擎的靠前排名。如果没有被用户点击，则不收取推广费。

1. 竞价排名的特点

竞价排名是一种按效果付费的网络推广方式，少量投入就可以给企业带来大量潜在客户，有效增加企业销售额，提升品牌知名度。竞价排名按照为企业带来的潜在客户访问数量计费，企业可以灵活控制网络推广投入，获得最大回报。其特点主要表现在以下几个方面。

（1）按效果付费，费用相对较低。竞价排名按用户点击次数收费，不点击不收费，因此相比其他付费方式，竞价排名计费更精准，与推广效果相比，费用比较低。同时，企业可以根据点击效果控制推广费用，对于企业控制营销推广费用非常有利。

（2）竞价结果靠前，容易引起用户关注，推广效果显著。竞价排名的结果出现在搜索结果靠前页面，且关键词与用户检索内容高度相关，容易引起用户的关注和点击，因而推广效果比较显著。

（3）对于自然排名效果不好的网站，竞价排名见效快。企业充值后设置关键词价格即可使用，可以很好地弥补这种不足。同时，企业可以对用户点击情况进行统计分析，有助于企业更好地调整营销推广策略。

2. 竞价排名推广与自然排名推广

自然排名推广就是用搜索引擎优化技术把网站关键词优化到搜索引擎靠前排名的网络推广方法。竞价排名需要的资金是源源不断的，如果放在搜索引擎里面的资金被点击完了，排名就会随之消失；自然排名就不会这样，在搜索引擎优化适当的情况下，排名是永远存在的，只需要每年交付域名和空间的费用，还有搜索引擎优化的人工费用。与竞价排名相比，自然排名成本较低，性价比较高。

另外，竞价排名相对来说见效比较快，只要交钱，马上就有很好的排名，想排名在哪就在哪。而自然排名相对较慢，开始是没有靠前排名的，需要靠搜索引擎优化的努力才会有靠前排名，一般需要 1~3 个月的时间。有了靠前排名，还要继续优化，争取更多的关键词靠前排名和更多的访问流量。

搜索引擎优化与推广是一种重要的引流方式。企业在运用的过程中，由于专业性、熟悉度等方面的限制，可能无法在短时间内做好，特别对于广大的中小企业难度较大，因此，目前有很多专业的网络营销服务公司，如创力信息、壹起航、优帮云、桂能科技等，都提供专业、全面的搜索引擎优化、关键词排名、竞价排名等服务。同时，百度作为最大的中文搜索引擎，也通过百度营销平台提供多种针对百度的搜索引擎优化与推广服务。

知识拓展

百度竞价排名推广

百度竞价属于点击付费排名推广类，按照点击次数付费，用户每点击一次，企业竞价账户中就划走对应的费用。当然可能出现恶意点击的情况，据百度官方说明，百度已经掌握了判断恶意点击的技术。

百度竞价的优点如下。

第一，可立即显示效果。一般做了百度竞价，网站会立即显示在百度首页，可立即看到效果。

第二，可挑选无限多组关键词。百度竞价是可以挑选无限多组关键词的，做需要的任何关键词（非法的除外）。

第三，可清楚控制成本。百度拥有完善的百度竞价软件，客户可以通过软件自动调配自己的竞价价格，时刻掌握和控制成本。

第四，关键词可灵活替换。假如客户不想要这个关键词了，可以随时替换，选择新的关键词，同样立即见效。

5.2 电子邮件营销与推广

电子邮件营销是利用电子邮件与用户进行商业交流的一种直销方式，是网络营销中最古老的一种手段，可以说比绝大部分网站推广和网络广告都要早，因此很常见。

5.2.1 电子邮件营销概述

1. 电子邮件营销的概念

电子邮件营销也称 E-mail 营销，是在用户事先许可的前提下，通过电子邮件的方式向目标用户传递价值信息的一种网络营销手段。开展电子邮件营销需要具备以下三大基础条件。

（1）邮件列表的技术基础。从技术上保证用户加入、退出邮件列表，并实现对用户资料的管理，以及邮件发送和效果跟踪等功能。

（2）用户电子邮件地址资源的获取。在用户自愿加入邮件列表的前提下，获得足够多的用户电子邮件地址资源，是电子邮件营销发挥作用的必要条件。

（3）邮件列表的内容。营销信息是通过电子邮件向用户发送的，邮件内容对用户有价值才能引起用户的关注，有效的内容设计是电子邮件营销发挥作用的基本前提。

2．电子邮件营销的特点

（1）覆盖范围广。随着国际互联网的迅猛发展，全球网民的规模已达数亿人，互联网普及率也在不断提高。面对如此庞大的互联网用户群，作为现代广告宣传手段的电子邮件营销正日益受到人们的重视。只要拥有足够多的电子邮件地址，就可以在很短的时间内向成千上万目标用户发布广告信息，营销范围可以是中国全境乃至全球。

（2）操作简单，效率高。电子邮件的发送非常简单，特别是现在有很多专业的邮件群发软件，单机可达到每天数百万封的发信速度。操作者不需要懂得高深的计算机知识，不需要烦琐的制作及发送过程，发送上亿封广告邮件一般几个工作日内便可完成，可以覆盖大量用户群体。

（3）成本低，应用范围广。电子邮件营销是一种低成本的营销方式，所有的费用支出就是上网费，成本比传统广告形式低得多，因此是普遍采用的网络营销与推广工具。同时，电子邮件营销的内容不受限制，适合各行各业。电子邮件具有信息量大、保存期长的特点，具有长期宣传效果，而且收藏和传阅非常简便。

（4）精准度高，针对性强。由于电子邮件是点对点的传播，具有定向性，所以可以实现非常有针对性的传播，如可以针对具有某一特点的人群发送特定邮件，也可以根据需要按行业、地域等进行分类，然后针对目标客户进行邮件群发，使宣传一步到位，这样可使营销目标更加明确。

3．电子邮件营销的分类

根据不同的分类标准，电子邮件营销可以划分为不同的类型，如图 5-4 所示。

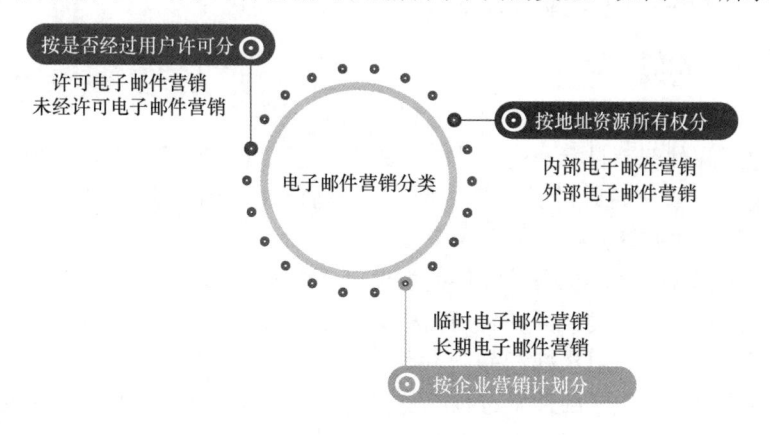

图 5-4　电子邮件营销分类

（1）按是否经过用户许可分。按照发送信息是否事先经过用户许可，可以将电子邮件营销分为许可电子邮件营销和未经许可电子邮件营销。未经许可电子邮件营销也就是通常所说的垃圾邮件，会引起用户的反感，常常会被屏蔽，因此要谨慎使用。

> **知识拓展**
>
> **垃圾邮件的定义**
>
> 垃圾邮件现在还没有非常严格的定义。一般来说，凡是未经用户许可就强行发送到用户邮箱中的任何电子邮件都是垃圾邮件。
>
> 中国互联网协会在《中国互联网协会反垃圾邮件规范》中是这样定义垃圾邮件的："本规范所称垃圾邮件，包括下述属性的电子邮件。①收件人事先没有提出要求或同意接收的广告、电子刊物、各种形式的宣传品等宣传性的电子邮件。②收件人无法拒收的电子邮件。③隐藏发件人身份、地址、标题等信息的电子邮件。④含有虚假的信息源、发件人、路由等信息的电子邮件。"

（2）按地址资源所有权分。潜在用户的电子邮件地址是企业重要的营销资源，根据对用户电子邮件地址资源的所有形式，可将电子邮件营销分为内部电子邮件营销和外部电子邮件营销，或者简称为内部列表和外部列表。内部列表是一个企业、网站利用一定方式获得用户自愿注册的资料开展的电子邮件营销；外部列表也称电子邮件广告，是指利用专业服务商或与专业服务商一样可以提供专业服务的机构提供的电子邮件营销服务，自己并不拥有用户的电子邮件地址资料，也无须管理维护这些用户资料。

（3）按企业营销计划分。根据企业的营销计划，可将电子邮件营销分为临时电子邮件营销和长期电子邮件营销。临时电子邮件营销如不定期的产品促销、市场调研、节假日问候、新产品通知等；长期电子邮件营销通常以企业内部注册会员资料为基础，主要表现为新闻邮件、电子杂志、顾客服务等各种形式的邮件列表。

另外，还可以根据营销的功能分类，如顾客关系电子邮件营销、顾客服务电子邮件营销、在线调研电子邮件营销、产品促销电子邮件营销等。

5.2.2 电子邮件营销步骤与方法

1. 电子邮件营销的步骤

一般来说，开展电子邮件营销需要经过以下几个步骤。

（1）确定电子邮件营销目标。为了让电子邮件营销方案有正确的开始，首先必须确定一个清晰的营销目标。一般来说，营销目标主要包括增加销售转化、增加网站流量、培育潜在客户、建立品牌认知、维护客户关系等。

（2）制作电子邮件列表。优秀的邮件列表可以让电子邮件营销事半功倍。收集邮件地址的时候，有意识地进行数据分类，可提高列表相关性能，从而提高用户的接受度。主要方法包括邮件订阅、线下用户收集、用户推荐等。

（3）确认发送频率。电子邮件发送频率是把双刃剑，发送频率过低，可能影响客户关系建立；发送频率过高，则很可能引起用户厌烦，造成用户退订邮件。确定适合的邮件发送频率，对于建立和保持良好的客户关系至关重要。

（4）选择发送时间。一般认为周一是最不适合群发邮件的一天。另外，人们更愿意把周末的时间花在跟家人团聚或户外活动上。大多数研究表明，在周二、周三、周四发送的邮件产生的效果最好。

（5）打造有吸引力的电子邮件内容。电子邮件文字部分很重要。确定邮件中包含了能吸引用户注意的内容要点、新闻或优惠等。促销内容要制造紧迫感，如"活动只剩最后 24 小时"；把最重要的信息放到邮件的第一段；使用项目符号让邮件内容更易阅读。好的邮件内容布局可以有效提高点击率和转化率。

（6）提供退订链接。即使用户自愿加入邮件列表，随着时间的推移及用户工作环境和个人兴趣的变化，用户可能不再对邮件内容有兴趣，这时应该允许用户随时方便地退订，否则就有可能成为一种垃圾邮件。因此，在每封邮件的结尾都应该提供退订方法说明，同时简化退订手续，只要通过简单回复邮件或点击邮件中的链接就可以实现完全退订。

（7）评估营销效果。电子邮件营销的特点之一是可以对其效果进行量化评估。通过对一些指标的检测和分析，不仅可以评估营销活动的效果，还可以发现营销过程中的问题，以便对活动进行一定的控制。评估指标主要有三项：有效率、阅读率、点击率。

> **知识拓展**
>
> **电子邮件营销效果评估指标**
>
> （1）有效率。有效率用来衡量获取数据库的有效率，即发送的地址是真实存在的。公式如下：
>
> $$有效率=成功发送数量/发送总量×100\%$$
>
> 发送总量指电子邮件数据库的数量；成功发送数量指成功到达邮件地址的数量，即数据库的有效量。
>
> （2）阅读率。阅读率用来评估用户对邮件的感兴趣程度。公式如下：
>
> $$阅读率=打开量/成功发送数量×100\%$$
>
> 打开量指有效地址的用户收到电子邮件后，打开邮件的数量。由于电子邮件营销存在一个用户打开多次的情况，可以统计电子邮件的打开次数。
>
> （3）点击率。点击率也用来评估用户对邮件内容的感兴趣程度。公式如下：
>
> $$点击率=点击量/打开量×100\%$$
>
> 点击量指用户打开电子邮件后，触发的点击的数量。这样可以评估用户对邮件内容的感兴趣程度，用以调整和优化电子邮件营销的内容。

2. 电子邮件营销的方法

（1）选择准确的邮件地址。要针对产品选择电子邮件用户。比如，一家公司是做幼儿用品的，那么应该选择什么样的用户呢？调研显示，母亲是最关心自己孩子的，所以可以锁定女性电子邮件用户；而一般有幼儿的女性年龄在 25~35 岁，最终锁定年龄在 25~35 岁的女性电子邮件用户。要根据公司的产品定位电子邮件用户，以便提高宣传率。

（2）设计恰当的邮件内容。标题要足够醒目，吸引用户点击。如果标题不够吸引人，那么用户可能不会去看邮件。标题内容要让用户知道这是他关心的内容，要有引人注目的卖点。比如，目标客户是有创业精神的人，那么邮件主题就可以以"财富之路"来命名，当用户看到这个标题后，会不自觉地点击，因为这是有创业精神的人的渴望。电子邮件的内容一定要简洁明了，让目标客户一看就知道是做什么的。字数不要太多，一般在 200 字以内，因为一般目标客户不愿意看长篇大论的内容。另外，在发邮件之前，一定要认真审核相关内

87

容，确保内容准确。

（3）掌握好邮件发送的频率。发送电子邮件一定要注意，不要将附件作为邮件内容的一部分，而应该使用链接的形式。还要掌握发送电子邮件的频率，一般情况下，每两周发送一次邮件就是最高频率了，如果过于频繁，会引起用户的反感，适得其反。

（4）选择合适的第三方服务平台。电子邮件营销作为一种有效的网络营销推广工具，应用领域非常广泛，目前有专业的电子邮件营销企业从事专业的代理服务，可以帮助企业更加高效地开展电子邮件营销。比如，U-Mail 营销平台是电子邮件一揽子服务商，专为企业提供电子邮件相关服务，旗下产品包括邮件营销平台、邮件系统、邮件网关、邮件中继、企业邮箱等，还提供无效邮件地址清洗、邮件预发送效果监测等电子邮件营销服务；小微推广邮件营销平台提供电子邮件群发服务和专业的电子邮件营销等。还有一些专业的电子邮件营销工具，提供方便、快捷的电子邮件设计编辑功能，帮助用户快速编辑电子邮件。因此，可以借助专业的第三方服务平台帮助企业实施电子邮件营销，提高营销效果。

5.2.3 电子邮件推广注意事项

电子邮件是企业和现有客户沟通常用的渠道之一，但是做好电子邮件营销也并非那么简单。因为一网打尽式的邮件投放不仅不能收到理想的投资回报，甚至可能造成收件人的反感，因此，在电子邮件营销过程中，要特别注意一些问题和细节。

1．不要不分时间段狂轰滥炸发送邮件

在正式群发邮件之前，可以先测试一下每隔多长时间发送电子邮件效果最好。比如，网店站长可以测试以不同的时间间隔（一周、两周、三周等）给用户发送邮件，试验哪种时间间隔用户的点击率最高，这样在实际操作时就采用这样的发送频率，效果远好于不经思考、乱发一通。

2．分类发送邮件

通过以往发送邮件的经验，测试哪些用户对哪种促销最感兴趣，再适当地调整邮件营销策略。对于喜欢购买物美价廉商品的用户，一味给他们发奢侈品的广告无疑事倍功半。可以给阅读邮件的用户分类：对于阅读了大部分邮件的用户，可以给他们发送最有利润的产品广告；对于稍感兴趣的用户，可以发送利润稍低一点的产品和服务；对于几乎不感兴趣的用户，还是定期发送邮件，争取吸引他们。这样做，才能让电子邮件群发的转化率最大化。在发送测试邮件时，可以放入不同档次的产品并附上跟踪链接，以追踪点击用户。

3．抓住 20%的黄金用户

虽然理论上，对用户群分类得越细，电子邮件营销的效果也就越好，但分得越细，付出的精力也就越多，还需要为每种用户设计不同的登录页和欢迎邮件，会增加工作的难度。电子邮件营销也有"二八定律"，大部分用户对不同的广告其实反应都差不多，只有 20%的用户才会对定制的邮件反应敏感。因此监测用户的点击率，抓住 20%的黄金人群，会对下一步的策略调整起重要作用。

4．邮件未经测试不要轻易发出

邮件的设计最好简洁明了，开门见山。需仔细检查邮件内容，如果有图像，确保打开邮件

时图像可以显示；如果有链接，确保已经加了超链接格式。鉴于全球严峻的反垃圾邮件趋势，很多正常邮件也被错杀。可以和业界领先的电子邮件服务商合作，确保绝大多数用户能够收到邮件。

5．设计有价值的邮件内容

发送的邮件尽量做到有价值，是对用户有意义的内容，让用户看后不觉得后悔，所以标题首段、正文每个地方都要仔细斟酌。电子邮件营销只有在不断的优化中才能做好，要不断积累经验和分析电子邮件营销的过程。明确营销目的，把握客户动态，精准发送邮件，时间批次适当，页面交互设计，及时交流。

5.3 论坛营销与推广

网络论坛是网络上的交流场所，一般是指 BBS（Bulletin Board System），即电子公告板。早期的网络论坛用来发布信息或进行技术交流等。随着网络的普及和发展，网络论坛也迅速发展壮大，形成了各种类型的专题性论坛和综合性论坛，成为网络用户之间沟通交流的空间。在论坛中开展网络营销成为一种方便、高效的方式。

5.3.1 论坛营销与推广概述

论坛营销就是企业利用论坛这种网络交流的平台，通过文字、图片、视频等方式发布企业的产品和服务信息，从而让目标客户更加深刻地了解企业的产品和服务，最终达到宣传企业品牌、加深市场认知度的网络营销活动。

1．论坛营销与推广的特点

（1）针对性强，持续传播。一般论坛中都有专业的活动版块，可能凝聚兴趣相同的用户，因此在相应版块中开展营销推广活动，针对性更强，能够比较精准地找到可能的潜在客户。同时可以通过组织网民感兴趣的活动，将企业的品牌、产品、活动内容植入传播内容，形成持续传播。

（2）传播广，可信度高。论坛的超高人气可以有效为企业提供营销传播服务。而由于论坛话题的开放性，几乎企业所有的营销诉求都可以通过论坛传播得到有效实现。论坛营销一般是企业以自己的身份或伪身份发布信息，对于论坛用户，其发布的信息比单纯的网络广告更加可信。

（3）互动性好，精准度高。论坛活动具有强大的聚众能力，利用论坛作为平台举办各类踩楼、灌水、贴图、发视频等活动，能够调动网友与企业互动。企业做营销的时候会有特别的主题和版块内容，操作者多从相关角度思考问题，操作的内容就更有针对性，用户在搜索自己需要的内容时，精准度就更高。

（4）营销成本低。论坛营销多数属于论坛"灌水"，其操作成本比较低，主要考验操作者对于话题的把握能力与创意能力，而不是资金投入量。因此，相较其他营销方式，论坛营销成本低。但是这是最简单、粗糙的论坛营销，真正做好论坛营销，还需要注意很多细节，包括专业的帖子设计、策划、互动等内容，对于成本的要求也会适当提高。

2. 论坛营销与推广的步骤

论坛营销与推广一般有五个步骤，如图 5-5 所示。

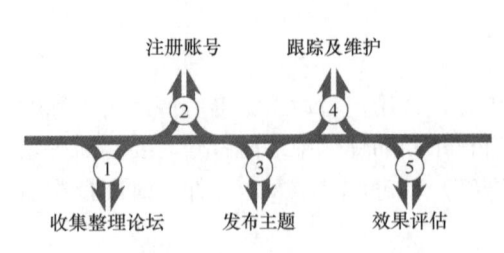

（1）收集整理论坛。针对要开展论坛营销与推广的产品收集相关的论坛信息，特别是关联度高的论坛。对收集的论坛进行分类，如娱乐、地区、女性、财经、综合等，并判断论坛的属性标注，如人气、严肃程度、是否支持可链接 URL，便于后续的论坛营销开展。

图 5-5 论坛营销与推广的步骤

（2）注册账号。在选择的论坛中注册统一的中文账号，一方面便于记忆管理，另一方面可以在不同论坛中形成统一的营销效果。注册账号要求所有账号资料必须填写完整，必须上传头像，并且用户名必须使用中文，这样可以使账号更加正式，提高可信度。另外，为了制造气氛，便于论坛讨论及提升热度，还需要注册辅助账号。通常，如果是强势品牌开展论坛营销，可能仅需要一两个辅助账号即可引起用户自发讨论，如果还算不上强势品牌，就需要较多的辅助账号。

（3）发布主题。将事先撰写好的软文主题发布到论坛相应版块。要找准版块并分析版块内容及气氛，必要时可根据版块内容调整软文标题或内容，防止软文主题与版块内容偏差太大，导致高删帖率。

（4）跟踪及维护。软文主题发布后，将主题 URL 整理成文档存放，以便后续进行效果分析及维护。要定期回访主题，回访项目包括：检查主题是否被删除；是否被执行管理操作，如加精、提升、置顶、掩埋；是否有人回复，提出问题或质疑；回复用户的疑问；顶帖。

对于热门论坛，需要培养高级账号，使用该高级账号与论坛成员建立互动关系，提高账号知名度、美誉度、权威性，使账号成为该论坛的舆论领袖，从而使由该账号发布的主题更具说服力。

（5）效果评估。在论坛发布相关帖子后，要密切注意营销效果，以便及时调整营销推广的内容和策略。效果评估参数主要包括发布论坛数、发布主题数、帖子浏览量、帖子回复量、帖子加精率、置顶率、删帖率等。

5.3.2 论坛营销与推广策略

1. 寻找目标市场高度集中的行业论坛

知己知彼，方能百战百胜。在进行论坛营销时，首先要对本身所在的行业进行透彻的分析，根据结果寻找所在行业的一些著名论坛和主题论坛。一般情况下，在主题集中的论坛上进行论坛营销，往往起到事半功倍的效果。很多专业技术性论坛，用户都是本领域的专业人员，对相关的产品和技术都比较熟悉，开展营销推广比较容易找到共同话题，从而产生较好的互动性。比如，51CTO 论坛是一个关于网络技术的专业论坛，用户都是热爱或从事网络技术的专业人员，帖子内容新，并且互动性较好，如图 5-6 所示。

2. 参与论坛，建立权威

在论坛营销前期，为了打响企业知名度，建立权威，企业要有自主性，积极在论坛上参与讨论，发表意见和看法。同时要时刻留意其他用户的动态情况，当发现其他用户有问题和困难时，应主动出击，积极帮忙。久而久之，企业一定会在用户的心目中建立一个权威的形象，在这时候推广产品和服务，其可信度一定会大大提高。

图 5-6　51CTO 论坛

3．不要发广告

不要在论坛上发广告，尤其是目的性很强的广告。调研显示，基本上所有网络用户都会排斥论坛上的广告，而且对发广告的人产生抵触心理。为了避免被用户排斥甚至被封账号，一定不要在论坛上发广告。

4．在论坛签名中促销

论坛签名是一个比较好的促销平台，当然促销效果与签名的吸引力密切相关。打造一个个性化的论坛签名，在签名中插进产品和服务的介绍，并且在论坛中留下签名链接，加大宣传力度。这样可以让有意者看到产品和服务后主动联系企业。

5．利用个人头像和免费推广位

在论坛注册后，制作一张尺寸适中的广告图片作为个人头像，增加企业的曝光率。与此同时，也方便看帖的用户了解企业信息，达到广告宣传的效果。有些论坛的主题有一个免费的广告位，可以利用这个广告位刊登产品、服务等信息。

5.4　友情链接营销与推广

友情链接也称网站交换链接、互惠链接、互换链接、联盟链接等，是具有一定资源互补优势的网站之间的简单合作形式，即分别在自己的网站上放置对方网站的 LOGO 图片或文字的网站名称，并设置对方网站的超链接，使得用户可以从合作网站中发现自己的网站，达到互相推广的目的，因此常作为一种网站推广基本手段。

5.4.1　友情链接的作用

1．增加网站流量

友情链接的好处就是可以通过互相推荐，使网站的权重提升，提高排名，增加流量；但是过多的友情链接就会成为企业网站的负担。

2．完善用户体验

通常来说，友情链接交换都是同行之间的，这有利于用户直接通过网站访问另一个同行的网站，以便更直接、简单地了解全面的信息。一般没有竞争关系的公益性或互补性行业会有同行的友情链接，如某大学图书馆网站可能友情链接到国家图书馆或知名大学图书馆的网站，可以提升用户的使用体验。而对于竞争性行业，企业网站一般不会出现竞争对手的链接。

3．增加网站链接流行度

链接流行度，就是与网站做链接的其他网站的数量，是搜索引擎排名要考虑的一个很重要的因素。也就是说，网站链接的数量越多，它的等级就越高。这对于搜索引擎优化考量外部链接有很好的作用。

4．提升 PR 值

PR 值是谷歌用于标识网站的等级、重要性、好坏的重要标准之一，级别从 0 级到 10 级。PR 值越高，说明该网站越受欢迎。PR 值为 1，表明这个网站热度不高，而 PR 值为 7～10，则表明这个网站非常受欢迎（或者说极其重要）。一般 PR 值达到 4，就是一个不错的网站了。一般来说，一个网站的外部链接数越多，其 PR 值就越高；外部链接网站的级别越高，网站的 PR 值就越高。因此，友情链接的网站数量越多，级别越高，网站的 PR 值就越高。

5．提高网站权重

网站权重主要是指搜索引擎对一个网站的重视程度，可以简单地理解为搜索引擎对网站的喜爱程度。搜索引擎越喜欢一个网站，这个网站从搜索引擎中获取到的流量就越多。这点很重要，只有网站的权重高了，搜索引擎才会重视，网站在搜索结果中的排名才会靠前。

6．提高知名度

这是有针对性的，对于一些特定的网站和特定的情况，才会达到此效果。比如，一个不知名的新网站，如果能与新浪、搜狐、雅虎、网易、腾讯等大的网站全都做上链接，那肯定对其知名度及品牌形象有极大的提升。

7．吸引搜索引擎爬虫

如果友情链接做得好，能吸引搜索引擎爬虫从高质量的网站爬到自己的网站，使爬虫形成爬行循环，让搜索引擎给自己网站高的评价，对网站流量及快照更新有较大帮助。

知识拓展

搜索引擎爬虫

搜索引擎爬虫又称网页蜘蛛、网络机器人，是一种按照一定的规则，自动抓取万维网信息的程序或脚本。根据业务不同，爬虫可以分为以下三种类型。

第一种，批量型爬虫：有目的、有范围地抓取。

第二种，增量型爬虫：无目的、无范围地抓取，通用的商用搜索引擎都属于这种类型。

第三种，垂直型爬虫：特定主题、行业等的爬虫。

常见的搜索引擎爬虫主要有谷歌爬虫、百度爬虫、好搜爬虫、搜狗爬虫等。

总之，无论是友情链接，还是纯粹的外链建设，其最终目的都是增加网站的访问量，从而达到网络营销与推广的目的。

5.4.2 友情链接推广策略

1. 友情链接推广注意事项

友情链接优化对于提升网站排名非常重要，也是搜索引擎优化中很难实现的目标。友情链接需要选择恰当的链接对象，在交换链接的时候，一定要注意以下两方面。

（1）PR 值不是越高越好。很多网站在交换链接时，提出的第一个要求就是 PR 值要超过某个数值。对于同类网站来说，网站 PR 值越高越好。这样不但会转换为自己网站的反向链接，也可以有效地提高自己网站的 PR 值和网站排名。但是如果交换链接的网站与自己网站毫无关系，那么 PR 值再高，对网站的作用也不大。另外，尽管链入的网站 PR 值很高，也是同类的网站，但如果该网站的链接页上有很多外链，这样对于提高自己网站 PR 值的作用也不大。

（2）链接数量不是越多越好。链接数量越多越好，是指链入的网站不但是同类的网站，还是质量很高的网站。在这种观念的驱使下，很多网站都尽力地找链接，特别是免费的自助链接。但是很多搜索引擎会将链接过多的网站认定为垃圾链接，从而进行惩罚。因此，链接数量越多，效果不一定越好，首页的友情链接数量不要超过 20 个，特别是不要链接太多图片，否则会影响网站的打开速度。

2. 选择优质链接

优质链接不仅能够提高用户体验，还能够提高网站 PR 值和排名，因此需要选择优质链接开展营销和推广。具体而言，优质链接可以从以下几个方面判断。

（1）Alexa 排名。Alexa 排名是指网站的世界排名，主要分为综合排名和分类排名。Alexa 提供了综合排名、到访量排名、页面访问量排名等多个评价指标信息，大多数人把它当作当前较为权威的网站访问量评价指标。Alexa 排名代表的是流量，也是知名度。排名高的网站确实不一定有流量，但是排名低的网站一定没流量。与排名多高的网站交换链接才适宜，没有明确的标准，但一般不应低于企业自己网站的排名。

> **知识拓展**
>
> **Alexa 排名查询**
>
> 登录 Alexa 排名查询网站可以进行网站的综合排名、网站排名、域名 Whois、网站流量分析及网站排行榜等信息的查询。
>
> Alexa 每 3 个月公布一次新的网站综合排名。此排名的依据是用户链接数和页面浏览数 3 个月累积的几何平均值。

（2）PR 值。PR 值代表的是网站的权重，只有与权重高的网站交换链接，才会提升自己网站的权重。通常，只要对方的 PR 值比自己高，就可以交换链接。但是，一般来说，PR 值应该达到 4 才算一个优质的链接。

（3）关联性。对方网站的主题内容要与自己网站有一定的关联性。因为这样才能有效地引导用户点击链接，将对方的流量转化为企业自身的流量，从而达到企业网站推广的目的。另外，对方网站最好具有一定的知名度，或在行业内具有一定的影响力，这样对于网络用户来说，本企业网站的可信度会更高。

（4）收录数。第一，搜索引擎的收录数与其网站的实际内容数不应该相差太大。第二，对方网站在百度与谷歌的收录数最好不要相差太大，这可以参考同类网站在不同搜索引擎的收录比例，这样可以保证链接双方网络在同一层级上。

（5）更新速度。对方网站的内容最好天天更新，只有天天更新的网站，搜索引擎才会重视，用户才会喜欢，链接了也才有价值。同时，对方的网页快照时间最好在 3 天之内，从而确认搜索引擎能够搜索到最新的信息。

3．获取链接的渠道

想要获取优质链接对于一个新网站是比较困难的，因此，需要多方着手，充分挖掘获取链接的渠道。一般包括以下几个方面。

（1）通过个人关系获取。新网站没有 PR 值、没有排名、没有流量，所以肯定没有企业网站愿意交换。此时，通过个人关系和友情寻找链接是一个渠道。另外，可以通过 QQ 群、微信群、论坛等途径，多参与互动和沟通，寻找获取链接的机会。

（2）通过专门的链接网站获取。有专门交换友情链接的网站为企业提供友情链接，如站长资源平台等网站提供免费换链和流量交换等服务，还提供流量联盟、友链买卖等服务。企业可以通过专门链接网站获得初步的链接推广渠道。图 5-7 展示了站长资源平台，提供多种链接方式和类型。

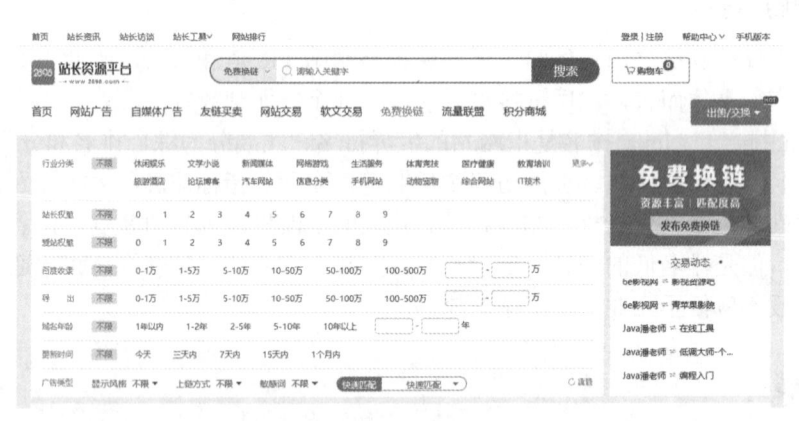

图 5-7　站长资源平台

（3）通过资源互换获取。企业还可以与合作伙伴，如供应商、销售商等进行资源互换，通过让利、优惠等方式获得链接推广。

5.5　问答营销与推广

问答营销是互动营销的方法之一，企业遵守问答网站的提问或回答规则，巧妙地运用软文，将产品、服务植入问答中，实现第三方口碑效应，也叫"问答口碑"。问答营销是一种重要的网络推广渠道，网络用户在问答平台上提问，获得相关的回答后，往往进一步搜集信息，并且转化为企业网站的用户，因此问答营销是一种非常有效的流量转化方式。

5.5.1　问答营销与推广概述

1. 问答营销与推广的步骤

问答营销与推广的步骤如图 5-8 所示。

明确问答平台 ▶ 选取关键词 ▶ 注册账号 ▶ 设计问答 ▶ 监测

图 5-8　问答营销与推广的步骤

（1）明确问答平台。问答营销的平台比较多，有百度知道、360 问答、知乎问答、搜狐问答、新浪问答、雅虎知识堂、天涯问答、悟空问答、豆瓣问答、奇虎问答、58 问答等。各平台的要求不同，营销的影响力也不同，其中百度知道的效果是最好的，要求也是最严的。

（2）选取关键词。关键词是开展问答营销的关键。要明确需要推广的关键词，对所处的市场、资源和企业网站进行整体评估判定之后，选择正确、合理，竞争不是特别激烈的关键词，这会让问答营销更具有穿透力和目的性。

（3）注册账号。注册问答平台的账号比较简单，在开展问答推广的时候，一般可分为两个阶段：第一个阶段，需要不同的账号更换，但是注意提问账号与回答账号要分开，不要既提问又回答，否则不利于账号的管理。第二个阶段，在前期工作的基础上，将相关账号的积分汇总到几个账号里，一是可以得到几个高等级的账号，二是高等级的账号可以让问答的权重更高，更有力度，推广的效果更好。另外，根据大多问答平台的规则，一般软文广告信息每天不超过三条，账号级别低不能发链接等，所以账号注册前期不要有任何广告和链接，通过每天登录认真回答问题的方式，提高账号级别。

（4）设计问答。提出问题时需要事先设计好关键词，包括关键词的位置，提问的方式，关键词的布局数量等内容。设计问答的过程中，如果不是专业的营销团队来操作，很容易失去方向，同样的提问出现很多次。如何以不同的方式对同一个点进行提问是一个很重要的环节。在做问答营销的时候，一定要站在真实顾客的角度，思考他们想要知道的答案，不可泛泛而谈，要有一定的真实性和准确性。比如，在回答某个咨询减肥方法的问题时，不要通篇讲自己的产品如何好，一定要在回答的内容中提供一些有用的减肥方法。另外，回答要言简意赅，言辞诚恳，有礼貌。

（5）监测。不定期地监测所做的问答，看看是否还在，有多少人顶，问答的排名情况和转载情况及被关注次数等。通过不间断的监测，反思和重新调整问答的方式和方法，以取得更好的营销效果。

2. 问答营销与推广的主要类型

根据问与答的不同方式，问答营销与推广可以分为三种类型。

（1）"你问我答"方式。在问答平台中回答其他网络用户提出的问题，并在回答过程中，通过关键词、信息植入等方式开展网络营销。为了降低系统删回答的概率，需要让回答更加人性化，能够从用户角度出发回答问题。

（2）"我问你答"方式。企业在问答平台上提出问题，由其他用户或合作用户回答。在提出的问题中加入关键词或其他营销信息，或者由合作方配合完成营销推广。通过合作，提交的问题安全性得到保证，问题在问答平台存在的时间也更长，推广的效果也就越好。

（3）"自问自答"方式。企业自己提出问题并由自己回答。如果没有合作伙伴配合开展问答营销推广，企业可以自问自答。但是，这种自问自答不是用一个账号进行提问、回答、采纳，一般需要企业注册不同账号，通过账号之间的配合来完成。不同账号通常称为大号和小号。提问一般用小号，回答可以用一个昵称中带有要宣传的关键词的大号。大号可以通过平时的积分积累提高账号等级，提高可信度。

5.5.2 问答营销与推广方法

1. 问答营销与推广技巧

问答营销与推广是一种方便且可信度高的互动营销方法，但是在使用的过程中还需要注意一些方法和技巧。

（1）规划好问答营销的关键词。做问答营销和做搜索引擎优化最相似的一点就是关键词的选择。它对于想要达到的网络营销目的很重要。一般来说，搜索引擎根据用户输入的关键词查找想要的信息，而问答营销中设计的问题能不能被展示，首先就在于问题的标题中是否有该关键词。关键词匹配度越高，在搜索引擎中的排名就越靠前，越容易被用户点击查看。因此，需要根据问答营销平台规则及营销推广的目的设计恰当的关键词。

（2）提高问答营销的问题相关性。在问题、补充问题及答案等地方多次嵌入核心关键词，有利于被潜在用户搜索到，并提高相关性排名到网页搜索前列。同时，答案与问题相关性高，更容易被用户采纳，从而提高回答的可信度，如图5-9所示的关于冰箱的问答营销推广。同时，经过操作的问答主题，如果能排列到相关关键词的搜索列表前列，或者网页搜索引用了该问答，则传播的效果会大大提高。

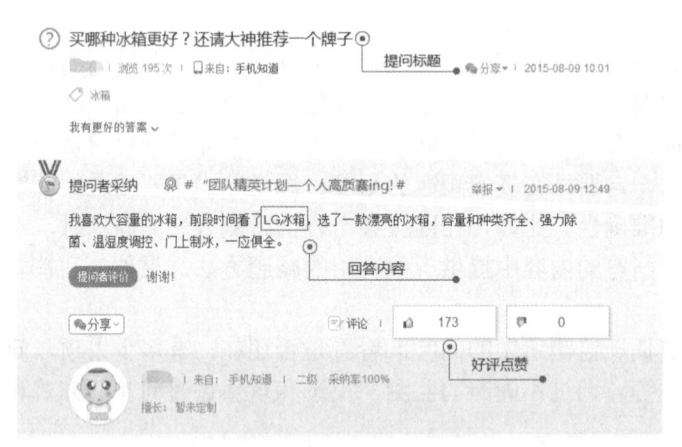

图5-9 百度知道问答营销推广

（3）设计高质量的传播文案。要设计出让用户满意的答案，还要宣传自己的品牌信息，不让用户产生反感，需要特别注意。首先，从提问者角度出发，不要使用绝对的语气。其次，从个人角度出发，强调回答的真实感，同时回答要具体、详细、有层次，多角度、多方面回答。最后，要明确引导用户行为，可以发布问答平台允许的链接，如百度知道不允许发布站外链接，则可以发布百度网盘、百度文库等百度自己的链接，间接引流。

（4）选择第三方服务平台。当企业希望通过问答营销平台开展网络营销时，如果缺少专业的营销团队和资源，可能效果不会很好。因此，可以委托专业的第三方问答营销服务平台来实施，这样一方面，可以保证问答营销的专业性，避免出现一些不确定的错误；另一方面，企业可以有更多的精力从事其专业的业务。比如，问答营销网站提供专业的问答营销推广服务，从事百度知道、知乎问答、悟空问答、豆瓣问答等平台的营销推广业务。

2．百度知道的问答推广过程

百度知道是重要的中文问答平台，借助百度搜索引擎的重要影响，百度知道问答比较容易在搜索引擎中排名靠前。在百度知道中开展问答推广一般包括以下过程，如图5-10所示。

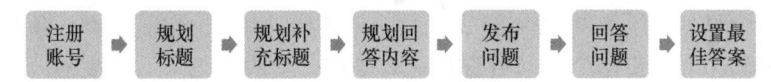

注册账号 → 规划标题 → 规划补充标题 → 规划回答内容 → 发布问题 → 回答问题 → 设置最佳答案

图5-10 百度知道问答推广过程

（1）注册账号。首先要拥有百度的账号，才可以发布百度知道。应至少注册10个账号，保障随机操作，避免后期操作频繁被删号。注意，在注册账号的时候，不要用同一台计算机和IP地址重复注册，建议使用不同的计算机和不同的IP地址注册。

（2）规划标题。为了让用户在百度知道及搜索引擎中搜索相关关键词时，相关问答的内容能够出现在结果页中，应该围绕关键词规划和拓展标题。标题要围绕用户的需求和搜索习惯规划，如要围绕"问答营销"来规划一系列标题，则可以拓展的标题有：问答营销应该怎么做？企业如何做问答营销？哪种问答营销方法比较好？

（3）规划补充问题。在百度知道中提问时，下面还有一个"问题补充"框，是对问题的详细描述。规划补充问题时的注意事项如下：描述中至少出现一次要优化的关键词，但不要太多，关键词出现两次即可。另外，问题描述一定要用通俗易懂的语言，要看起来真实客观，不像广告。

（4）规划回答内容。确定标题后，要围绕标题规划回答的内容。在内容里一定不要放硬广告，应该看起来真实客观、实在可信，像真实网友的回答。因此，在准备内容时应注意以下几点。①可以模拟不同的角色，从不同角度回答，显得内容丰富、观点多、可信度更高。②要用通俗易懂的语言回答，表现自然、真实、可信，甚至可以适当加些错别字。因为普通用户不可能说话文绉绉、一板一眼的，甚至用书面语。③不要写太专业的术语。用户可能看不懂，影响效果。④内容倾向性不要太强，可以适当说一些无关紧要的方面。比如"这个产品效果还不错，就是价格有点小贵"这类回答，虽然看起来好像是说不好，但实际上没影响。⑤内容里一定包含要优化的关键词，关键词最多出现两次即可，否则容易适得其反。

（5）发布问题。①准备多个问题，但不要用同一个账号发布。因为真实的网友不可能每天连续不断地提问，而且问的问题还都是同一类型的。比如，准备了10个账号，然后准备了10个问题，那就用一个账号问一个问题。而且用不同账号提问时，注意要用不同的IP地址。②不要用10个账号在同一时间段提问，要分开提问。比如，上午9点问一个问题，10点问一个问题。③如果长期做自问自答，那么每周的问题量应该差不多。比如，每周都自问自答50条，不要这周做了500条，然后剩下的几周不做了。因为这些都不符合真实网友的行为特点，容易被百度惩罚。④对于同一类型的问题，不要总用同样的标题去提问，应结合用户的用语习惯，多用不同的问法去提问。比如，关于网站推广这个问题，就可以反复地用"如何推广网站""怎么推广网站""新网站怎么推广"等不同的问法反复提问。长此以往，经过积累之后，只要用户搜索这方面的答案，就有可能看到相关内容。⑤一定进入与问题匹配的相关分类中提问，不要乱提问。比如，网络类的问题，一定要到"互联网"等相关分类中提问，而不到"健

（6）回答问题。①自问自答一定是多个账号进行，如用 A 账号提问，用 B 账号回答。千万不要使用两个固定的账号，不停地回答。这么做意图太明显。②如果规划了很多条内容，那么一定要打乱顺序。不要每次都用 A 账号提问，用 B 账号回答。下次可以用 A 账号提问，用 D 账号回答。③当用 A 账号提问完之后，不要马上用 B 账号回答。要相隔一段时间，如几小时，甚至一两天。

（7）设置最佳答案。用 B 账号回答完之后，隔两天，用 A 账号登录，将 B 账号的回答设为最佳答案。注意，不需要每个自问自答都这么操作。一般来说，对于要重点打造的内容，或者回答很多，但观点不一致，甚至有冲突的问题，可以采用这种操作。

本章实训

一、实训目标

1. 熟悉和掌握百度搜索推广的主要功能。
2. 了解和比较不同搜索引擎的关键词搜索排名。
3. 熟悉和掌握网站排名搜索。
4. 熟悉和了解论坛及问答营销推广的方法和技巧。

二、实训任务

◇实训任务一：百度搜索推广

1. 登录百度营销主页，点击搜索推广，了解搜索推广的主要功能。
2. 分别选择标准推广、线索通，了解其主要功能，并尝试注册。
3. 了解百度搜索的其他功能。

◇实训任务二：比较关键词搜索

1. 登录百度搜索、360 搜索、搜狗搜索、必应搜索等搜索网站。
2. 输入相同的关键词进行检索，对比不同搜索引擎首页的排名情况。
3. 输入另一个相同的关键词进行检索，对比不同搜索引擎首页的排名情况。
4. 试分析不同搜索引擎排名的规则。

◇实训任务三：网站排名搜索

1. 登录站长之家，进入站长工具，选择 Alexa 查询，输入百度、360、必应、搜狗等网站，查看其 Alex 排名，并根据数据分析其市场影响力。
2. 进入站长工具，选择百度权重，输入熟悉的电子商务网站，如京东、淘宝、苏宁易购等，分析其百度权重指数。
3. 进入站长工具，选择权重查询中其他查询方式，输入熟悉的电子商务网站，进行比较。

◇实训任务四：论坛及问答推广

1. 登录天涯论坛，进入区域论坛，查看置顶及热门论坛，熟悉和了解论坛发帖的技巧。
2. 进入天涯问答版块，查看热门的帖子，熟悉提问和回答技巧。
3. 登录大家论坛，选择一个感兴趣的门类，点击进入，查看置顶和精华帖子，了解其采用的推广技巧。

4．登录百度知道网站，注册账号，发布相关提问，尝试设置奖励分等，查看回答情况。

三、实训总结与思考

1．不同的搜索引擎推广，其结果为什么不同？
2．开展搜索引擎优化时需要注意哪些方面？
3．论坛和问答推广过程中需要注意哪些问题？

课后习题

一、名词解释

搜索引擎　关键词优化　竞价排名　电子邮件营销　论坛营销　友情链接　问答营销

二、单项选择题

1．搜索引擎的发展大致经历了（　　）阶段。
　　A．两个　　　　B．三个　　　　　　C．四个　　　　D．五个
2．下列（　　）不是电子邮件营销的特点。
　　A．覆盖范围广　B．操作简单，效率高　C．成本低　　　D．用户接受度高
3．下列（　　）不是论坛营销中的环节。
　　A．收集整理论坛　B．注册账号　　　　C．跟踪维护　　D．发布广告
4．PR值是用来表现网页等级的一个标准，如果级别为9，则说明该网页（　　）。
　　A．非常重要　　B．一般重要　　　　C．不重要　　　D．不确定
5．问答营销推广中一般不包括（　　）类型。
　　A．你问我答　　B．我问你答　　　　C．自问自答　　D．随意回答

三、判断题

1．个性化搜索的核心是根据用户的网络行为，建立一套准确的个人兴趣模型。（　　）
2．由于论坛具有超高人气，可以有效为企业提供营销传播服务。（　　）
3．搜索引擎优化与推广是一种重要的引流方式。（　　）
4．许可电子邮件营销，指的是企业事先征得了用户的许可，才可以通过电子邮件的方式向目标用户发送产品、服务、促销等信息。（　　）
5．友情链接的数量越多越好。（　　）

四、简答题

1．简述搜索引擎优化的流程。
2．关键词优化一般包括哪几个步骤？
3．开展电子邮件营销的主要步骤有哪些？
4．电子邮件营销与推广需要注意什么问题？
5．论坛营销与推广可采用那些策略？
6．友情链接的作用表现在哪些方面？
7．问答营销与推广有哪些技巧？

第 6 章 社交媒体营销与推广工具

章节引言

随着微信、微博等社交媒体的兴起,拥有大量用户的社交网络成为网络营销与推广的重要工具。社交媒体中形成的互动性好、信任度高的社会化网络关系,对于企业开展网络营销具有重要意义。企业利用社交媒体开通企业账号和公众号,吸引大量用户关注,并成为忠诚用户,有利于提升用户转化率,提高市场销量和影响力。社交媒体还可以成为企业维护和改善客户关系,提高客户体验的重要途径。

引导案例

中国银行"一答到底"微信裂变式营销活动

中国银行积极经营微信公众号——"中国银行微银行",开展"一答到底"微信裂变式营销活动,结合创意营销形式,有效激发客户参与互动、自主分享,扩展客户接触的深度与广度,有效增加"中国银行微银行""粉丝"数量和微信绑卡数量(见图 6-1)。

图 6-1 中国银行"一答到底"微信裂变式营销活动

1. 营销目标

在保持中国银行品牌形象,提升品牌价值和影响力的前提下,中国银行"一答到底"

营销活动设置了以下几项营销目标。

（1）传播中国银行手机银行产品与服务。

（2）推广中国银行微信公众号"中国银行微银行"，扩大"粉丝"规模。

（3）促进"中国银行微银行""粉丝"绑定银行卡，实现实名化。

（4）应用"海盗理论"中的裂变营销方法论，开展营销实践。

2．策略与创意

经过对市场上同类活动的研究与论证，在"一答到底"活动设计阶段，中国银行提出了以下几项重要的创意亮点。

（1）答题形式。将手机银行知识点转化为选择题，增强趣味性；支持活动用户与陌生人和好友"PK"，保留了极强的社交属性。

（2）上线时点和分赛季运营。在春节前一周推出活动，通过节日氛围烘托，切中用户与亲朋好友沟通频率显著提升的周期，迅速积累活动流量；活动为期两个月，为留存用户并帮助用户度过"疲劳期"，活动分四个赛季运营，每个赛季2~3周，推出新的皮肤和玩法。

（3）种子用户。找到活跃度和忠诚度较高的用户，激励其成为活动"种子用户"，以种子用户为节点持续分享与转发。

（4）规避微信"引导关注"封禁机制。用户无须关注公众号便可参与互动，转而在活动过程中引导、鼓励用户主动进行关注、转发和绑卡，有效规避微信封禁机制，在整个活动周期内未触发微信封禁规则，保障了活动稳定运营和用户良好的参与体验。

经历了三个赛季的打磨，"一答到底"活动已经处于一个相对平稳的状态。

（1）增加了大奖投放数量，吸引老用户继续参与。

（2）提高了中奖概率，鼓励新用户积极参与。

案例思考题

1. 中国银行通过微信公众号开展的营销活动取得了怎样的效果？
2. 中国银行开通微信公众号的目标定位是什么？
3. 微信公众号营销与一般网络营销有什么不同之处？

6.1 微信营销与推广

微信（WeChat）是腾讯公司在2011年推出的一个即时通信服务免费应用程序。经过迭代更新，微信的功能不断完善，跨通信运营商、跨操作系统平台，可以通过网络快速发送文字、图片、语音短信和视频等。2014年，微信推出了支付功能，加快了商业化步伐。微信不仅仅具有沟通功能，还具有很强的营销属性和营销功能。以微信公众号、小程序、视频号、微信支付、企业微信为核心的新生产工具，成为各行各业的数字化助手，为企业开展网络营销与推广提供了新的途径。

6.1.1 微信营销概述

微信营销是网络经济时代企业或个人的一种营销模式，是随着微信的火热而兴起的一种网络营销方式。微信不存在距离的限制，用户注册微信后，可与周围同样注册的"朋友"形成一种联系。用户订阅自己所需的信息，商家通过提供用户需要的信息，推广自己的产品，从而实现点对点营销。

1. 微信营销的优势

微信营销是网络创新时代的新型营销方式,凭借其独特的优势,受到越来越多的关注,其优势如图6-2所示。

（1）有大量潜在客户。随着微信的广泛应用,微信用户数量不断增加。据腾讯公司数据,微信的月活跃用户已经达到10亿人次之多,这意味着巨大的营销市场。日益壮大的微信用户群体将成为企业微信营销的潜在客户。

（2）营销成本极低。微信营销基于微信平台,微信的各项功能可供用户免费使用。传统的营销方式如电视、报纸广告,宣传海报等通常要耗费大量人力、物力和财力,而微信营销的成本极低,几乎接近免费。对于广大中小企业而言,可以极大减轻营销成本负担。

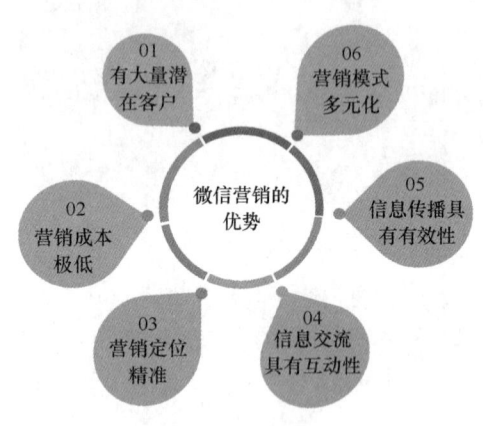

图6-2 微信营销的优势

（3）营销定位精准。在微信公众平台上,通过一对一的关注和推送,企业不仅可以向其"粉丝"推送相关产品及活动信息,还可以建立自己的客户数据库,使微信成为有效的客户关系管理系统。企业可以通过用户分组和地域控制,针对用户的特点,将信息精准地推送至目标用户。

（4）信息交流具有互动性。微信的载体是智能手机,只要有手机,无论何时何地,企业都可以与用户互动,进一步了解用户的需求。微信是即时通信工具,在开展微信营销时应时刻关注微信的动态,从而保证及时回应用户。

（5）信息传播具有有效性。企业利用微信平台向用户推送信息,能保证用户100%接收到推送的信息。另外,用户因为对产品或企业感兴趣而自愿扫描企业二维码或添加官方微信,因此,当接收到来自企业官方微信的信息时,用户能有效地关注,从而提高企业营销信息传播的有效性。

（6）营销模式多元化。随着微信功能的逐渐丰富和多样化,微信营销的模式也越来越多元化,朋友圈、微信群、公众号、小程序等已经成为广泛应用的微信营销工具。二维码、位置签名也是微信营销重要的助力工具,微信视频号和直播功能的上线更为微信营销提供了更多选择。多种营销推广方式可以组合应用,增加微信营销的效果。微信还可以支持多种类型的信息,如文字、图片、语音、视频等,使企业可以更加全面地与客户开展交流和互动。

2. 微信营销的主要工具

（1）二维码。2011年年底,微信上线了二维码功能,用户通过扫描二维码即可添加好友,这对企业来说无疑是宣传营销的有力载体。企业将自己的品牌二维码公开发布,微信用户通过扫描二维码关注企业信息,并获得相应的折扣和优惠。通过二维码的功能,企业微信号的用户数量可以快速增加。二维码成为重要的免费获得用户的途径,也是开拓市场、开展微信营销的重要基础。

（2）位置签名。微信用户可以随时改变自己的签名档,这对企业来说无疑是一个免费、方便、快捷的移动广告位,企业可以利用签名档为自己做宣传,附近的微信用户可以看到企业的信息。基于 LBS 技术，微信能够展示自己的位置，方便用户顺利找到，从而提升营销效果。

（3）开放平台。微信开放平台为第三方移动程序提供接口，使用户可以将第三方程序的内容发布给好友或分享至朋友圈，第三方内容可以借助微信平台获得更广泛的传播。微信开放平台实际上起到了汇集第三方内容，促进用户分享和提升活跃度的作用。当前，微信开放平台提供移动应用开发、网站应用开发、公众账号开发和第三方平台开发的功能，其中小程序服务商的接入为微信营销提供了便捷的第三方商家入口，成为微信营销的重要工具。

（4）公众平台。微信公众平台是企业或个人利用微信开展一对多的自媒体活动的平台。通过这一平台，个人和企业可以打造微信公众号，并实现与特定用户群体在文字、图片、语音和视频等方面的全方位的沟通互动。企业通过申请微信公众号，开发展示企业微官网、微会员、微推送、微支付、微活动、微报名、微分享、微名片等，已经形成了一种主流的线上线下微信互动营销方式。另外，不少作者通过原创文章和视频形成了自己的品牌，成了微信中的创业者。

6.1.2 微信朋友圈营销与推广

微信朋友圈指的是微信上的一个社交功能，用户可以通过朋友圈发表文字、图片和视频，同时可通过其他软件将文章或音乐等分享到朋友圈。用户可以对好友新发的朋友圈进行"评论"或"赞"，其他用户只能看相同好友的评论或赞。微信朋友圈从一种社交工具逐渐演变成新的营销渠道。特别对于中小企业来说，微信朋友圈不需要投入太多时间，就能简单获取大量的目标客户，并且跟他们保持较好的联系。作为一种新型营销方式，微信朋友圈有其独特的优势，特别是面向群体的精准性是其他平台无法比拟的。

1. 微信朋友圈营销的优势

（1）账号管理简单，成本低。相比在淘宝、京东等电商平台上开店，微信朋友圈的运营和操作难度低得多。不需要搭建和美化页面等烦琐过程，不需要花费大量时间编写内容，就可以很好地与顾客互动、交流，方便、快捷地管理微信朋友圈。另外，朋友圈投入成本低，注册一个微信账号即可，发布信息容易，客户黏度高，不需要购买流量，还可以利用"摇一摇"等功能添加好友进行推广，省去了开实体店的租金和人工支出，账号管理简单、高效。

（2）熟人生意，可信度高。微信朋友圈是以朋友、亲戚、同事、同学等关系为基础的分享平台，要么是自己的朋友，要么是朋友的朋友，信息信任感较强。在朋友圈做营销，用户之间自发进行，信息快速蔓延，利用熟人关系，通过口口相传形成规模。微信朋友圈中的人都是现实中的朋友，大家互相信任。

（3）连环人际模式，形成病毒式营销。微信朋友圈的影响力是其他途径无可比拟的，朋友传给朋友，属于典型的连环人际模式，可以在短时间内以几何级数扩大。这种利用口碑传播的营销方式就是一种病毒式营销，快速蔓延，高效传播。由于是用户之间自发进行的，几乎不需要费用，并且效果明显。

（4）碎片化购物，渗透率高。据统计，每个用户平均每天刷数十次微信朋友圈。这就为微信朋友圈的碎片化购物提供了机会。微信朋友圈的碎片化购物就是用户利用吃饭、等车等碎片时间浏览朋友圈购物信息，省去逛商场的麻烦。同时，朋友圈发布的购物信息多是日常生活用品，如美食、服装、育儿用品等，非常有利于女性利用碎片时间购物。

（5）咨询方便，一对一营销。在朋友圈，用户看到中意的商品可以随时咨询，非常方便。

同时，大家都是朋友，信任度高，这种购物方式还能增加朋友感情。另外，朋友圈都是熟人，相互之间比较了解，能够更加精确地知道用户的需求，从而实现一对一的精准营销。

2．微信朋友圈的营销推广策略

利用微信朋友圈开展营销推广活动，需要从微信头像设置到推送的信息内容等多个方面准备和设计，这样才不会导致用户产生厌烦情绪，避免被屏蔽。开展微信朋友圈营销一般有以下几个推广策略。

（1）微信账号性别设置。统计发现，女性微信账号的沟通效果是男性账号的 3～4 倍。在与陌生人打招呼时，使用男性账号的回复率是 5%～10%，而使用女性账号的回复率则是 20%～30%。因此，在选择朋友圈信息推送账号时，尽量选择女性微信账号，有利于提高用户的回复率。

（2）微信账号头像设置。微信账号是个人使用的社交工具，有别于公众账号，因此，微信的头像设计尽量不使用企业 LOGO，可以使用个人照片作为头像，这样更有亲切感和信任感。

（3）朋友圈信息的初次推送。初次推送信息时，措辞需要尽量简洁并恭敬。信息的长度宜在 10 字之内，简单说明自己的身份和能够给对方提供的价值即可。如果对方感兴趣，自然会进一步联系，否则推送的信息太多，可能引起反感。

（4）朋友圈的推送时间。一般来说，不同的行业可以根据用户的消费习惯选择合适的时间推送。比如，餐饮、服饰等休闲服务类企业，可以选择在周五或周末的时间进行信息推送。如果是商务类企业，如办公用品、企业服务等，则可以在工作日推送。相对来说，这样被关注的概率更高。

（5）朋友圈的推送内容。"文字+图片"是微信朋友圈主流的内容发布形式。图文并茂更容易产生阅读的美感并具有直观性。当然，文字配图要讲究意境相符，不能背道而驰。美图、美文让人产生一种视觉及情感上的享受，更容易打动用户，进而产生冲动型消费。发布的信息内容应当包括新品信息、优惠信息、针对客户的知识普及、新品促销等，还可以包括几条个人的生活状态，如拜访客户等，以增加用户的信心。图 6-3 展示了利用朋友圈派发优惠券进行推广的内容。

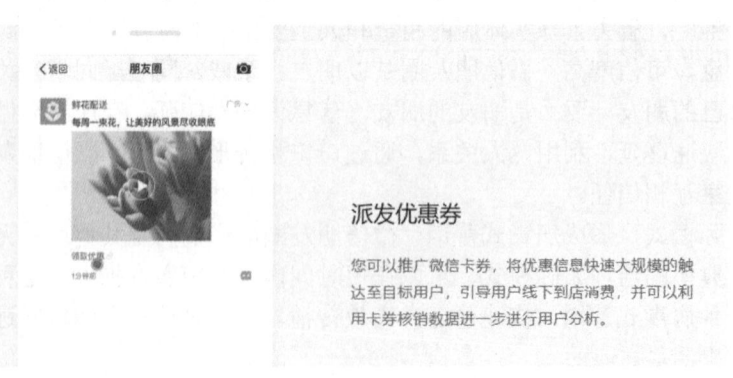

图 6-3 微信朋友圈营销推广——派发优惠券

（6）朋友圈的推送频率。朋友圈的信息不会直接发送给用户形成打扰，但是也不要用"刷屏"的形式进行推广。每天发布的信息可以控制在 5 条左右，时间段可以分开，让用户无意中看到，吸引他们点进来阅读全部信息。也可以在半夜零时后一次发布完产品的图片和信息，第二天早上用户看到后不会太影响心情。

（7）朋友圈分组。朋友圈分组的功能可以选择指定的人群观看发布的信息，如选择家人组、朋友组、同事组、代理商组等，这样可以更方便地开展有针对性的产品宣传与推广，实现更加精准的营销。

总之，不同于其他社交网络，微信朋友圈的信息流通比较私密，目标受众多为朋友圈的好友，传播主体和受众是对等关系，精准性、针对性强，互动快，信息接收率和转化率高。从营销的角度看，微信朋友圈做熟人生意，能更加精准地把握用户需求。但是因为微信朋友圈的规模较小，一般很难实现规模化运营。

6.1.3 微信公众号营销与推广

微信公众号是开发者或企业在微信公众平台上申请的应用账号，该账号与QQ账号互通，平台上实现和特定群体的文字、图片、语音、视频的全方位沟通、互动，形成了一种线上线下互动营销方式。

1. 微信公众号的类型

微信公众号于2012年8月23日正式上线，曾命名为"官号平台"和"媒体平台"，致力于创造更好的用户体验，形成一个不一样的微信生态循环。微信公众号主要面向名人、政府、媒体、企业等机构推出合作推广业务，通过该渠道可以开展企业或组织品牌的网络推广。目前，微信公众号主要提供两种账号类型。

（1）订阅号。订阅号为机构和个人提供一种新的信息传播方式，主要功能是在微信侧为用户传达资讯，功能类似于报纸、杂志，主要提供新闻信息或娱乐趣事。订阅号的适用人群主要为个人、媒体、企业、政府或其他组织。腾讯规定，订阅号1天内只能群发1条消息。如果想用公众平台简单发消息，做宣传推广服务，可选择订阅号。图6-4展示了央视新闻订阅号，主要发送新闻事件等信息。

图6-4　央视新闻订阅号

（2）服务号。服务号为企业和组织提供更强大的业务服务与用户管理能力，主要偏向服务类交互，功能类似于12315热线、银行等，提供绑定信息、交互服务等。服务号的适用人群主要是媒体、企业、政府或其他组织。服务号1个月内可群发4条消息。如果想用公众号获得更多的功能，如开通微信支付，可以选择服务号。图 6-5 展示了招商银行信用卡服务号，为信用卡用户提供信息服务。

为了确保公众号信息的真实性、安全性，目前腾讯公司为微信公众号提供微信认证服务。微信认证后，公众号中可以看到微信认证特有的标识，同时获得更丰富的高级接口，向用户提供更有价值的个性化服务。其中，服务号认证后可以获得全部高级开发接口，申请开通微信支付功能，以及申请广告主功能，这些功能都有助于企业利用公众号开展网络营销与推广活动。要注意的是，订阅号和服务号之间不能相互变更。

2．微信公众号的运营策略

（1）明确公众号的运营目的。企业在运营公众号前需要明确公众号的目的是什么，围绕该目的认真考虑是注册订阅号还是服务号。如果以营销为目的，则需要更丰富的营销、支付、客服等

图 6-5 招商银行信用卡服务号

服务，可以注册服务号。如果主要用于企业或行业咨询信息的发布与传达，则可以注册订阅号。这样可以确保公众号的运营能够达到为企业服务的目的。

（2）设置合适的公众号账号。好的公众号账号不仅容易记忆，而且能够达到快速传播的目的。因此，在设置公众号账号时应该充分考虑企业自身特点，并结合互联网传播特性。首先，要与企业品牌相符，只有这样才能被用户记住，实现企业品牌传播。其次，要简短、好记且利于搜索。账号不要设置太长，否则会增加用户记忆难度；同时要选择适当的关键词，便于用户在搜索添加公众号时能够快速、准确地找到账号。最后，设计专业头像或 LOGO。专业头像能够更加直观、准确地抓住用户的眼球，同时代表了企业品牌及其可信度，如央视新闻、人民日报等公众号的头像。

（3）编写有吸引力的欢迎语。用户关注公众号后，会收到企业提前编写的一段微信后台自动发送的欢迎语，这是企业与用户的第一次沟通和互动，要给用户留下好的第一印象。因此，欢迎语一定要有吸引力。为了拉近与用户的距离，可以用热情幽默的方式编写欢迎语，或者利用关键词自动回复功能，为用户提供服务选项等。

（4）规划公众号内容。一般来说，一个用户长期订阅的公众号有 10～20 个，过多就会造成信息疲劳。基于这个原因，用户可能在发现更感兴趣的其他公众号后，取消已关注的公众号。为了长期保留用户，关键是提供用户所需的信息。因此，公众号的内容要精简、优质，同时尊重用户。

公众号的内容一般可以分为三类，即原创、连载及分析和点评。其中原创的信息最有价值，可以避免千篇一律的文章，一方面保留老用户，另一方面吸引更多新用户关注。连载的方式能持续吸引和调动用户的阅读兴趣。分析和点评能够吸引用户沟通互动，积极参与，还能够获得转发和点赞，提高公众号的知名度和影响力。

（5）推送公众号内容。媒体平台型的公众号目的是传播信息，为了避免影响用户的正常工作和生活，需要确定一个固定的时间段进行内容推送。企业型公众号要根据目标客户的碎片化时间选择推送时段，一般中午或傍晚比较适合。

公众号可以提供文字、图片、视频、音频等多种内容推送形式。一般来说，文字比较直观、一目了然，但是文字的表现力和感染力不如图片和视频。因此，在选择内容形式时，应根

据具体内容确定合适的形式。

3. 微信公众号的营销推广策略

微信公众号代表了一个企业的品牌，公众号营销推广的目的在于通过微信公众号的内容吸引"粉丝"，从而扩大企业的影响力，因此"粉丝"量是微信公众号运营的重点。但是如果只是纯粹把商品放在微信公众号里，做传统电商的陈列式销售，对于公众号的发展毫无价值。因此，公众号营销必须明确，公众号的目标是能够在服务用户的过程中扩大企业的影响力，同时提供针对用户的个性化销售服务方案，从而提高用户转化率。一般可以从以下几个方面开展微信公众号的营销推广。

（1）明确账号定位，打造品牌公众号。微信公众号是微信用户网络信息发布、传播及交互生态链的一个节点。通过这个节点，企业连接到微信公众号平台实现网络营销信息源发布，利用微信用户关系网络实现多维度信息传播及用户交互，最终实现网络营销的各项职能。因此，要明确公众号的人群定位和产品定位，围绕该定位规划、设计公众号内容及运营策略。通过微信认证等方式提升公众号的可信度及公信力，打造品牌公众号。

（2）细化营销渠道，提高用户转化率。公众号既是直接的产品销售渠道，也是重要的信息传播途径。一方面可以通过网页链接方式与其他网络销售平台连通，另一方面可以通过微信直接开展网络促销活动，如发放优惠券、积分兑换、抽奖等。通过细化营销渠道，提高用户转化率。

（3）利用大数据分析，发布微信广告。通过微信认证的公众号具有发布广告的功能，同时微信公众平台提供多种营销工具和技术支持，特别是通过大数据分析精准定位潜在消费者需求，为发布微信广告提供营销基础。微信广告是基于微信生态体系，整合了朋友圈、公众号等多种资源，结合用户社交、阅读和生活场景，利用专业数据算法打造的社交营销推广工具。因此，企业要充分利用这一资源，做好公众号的营销推广。

（4）加强客户互动，提升社会化客户关系管理水平。公众号可以实现一对一关注和推送，平台方可以推送新闻资讯、产品信息、最新活动等消息，甚至具有咨询、客服等功能。利用公众号开展客户关系管理的优势明显，借鉴传统客户关系管理方式和方法，每天实时收集反馈和回复客户信息，加强与客户的互动交流，从而增强用户的公众号使用黏性，提高用户满意度。

（5）对公众号运营效果进行评估，及时调整和优化。微信公众号的营销推广是持续的活动，需要根据公众号的运营情况及时调整和优化。特别是公众号推送信息的阅读量、转发量、收藏量等数据信息，要进行整理分析，对营销效果及时评估，如文章的标题、内容、图片是否吸引目标人群，客户反馈和互动情况是否积极，以及推出的促销活动的参与度和效果等。通过评估公众号运营效果，不断调整和优化营销推广策略。

6.1.4 微信小程序营销与推广

微信小程序是微信公众平台推出的面向个人、企业、媒体、政府及其他组织的微信开放接口。通过小程序开发工具，使用者可以快速接入并完成小程序的开发，接入微信系统，并在微信内便捷地获取和传播。微信小程序不用下载更多的 App，就可以使用该 App 的功能，具有"无须安装、触手可及、用完即走、无须卸载"等出色的使用体验。因此，小程序一经推出就获得了大量用户的青睐，也迅速成为企业重要的营销工具。众多微信小程序可以帮助企业通过微信直接转化获取的用户，无论是公众号"粉丝"还是微信好友，通过小程序都可以在内部完成转化。微信小程序营销推广的关键是引流，即获得更多的用户关注，一般可以通过以下几种方式推广。

1. 关键词推广

为了帮助企业推广小程序，微信上线了小程序自定义关键词推广功能。开发者只需要进入微信小程序后台，点击"推广"，再选择"添加关键词"，输入想关联的搜索关键词，最多十个，一次性提交审核后，就能在七个工作日后绑定审核通过的关键词。但是有了关键词并不意味着一定能被搜索到，小程序的服务质量、使用情况、关键词相关性等因素共同影响了搜索结果。所以做好小程序的用户体验和功能服务才是关键。另外，通过小程序名称搜索小程序是企业推广的重要方式，小程序的名称也很关键。可以和企业公众号名称保持一致，也可以根据用户的喜好及当下的热点、高频关键词等取名。

2. 好友分享、群分享和朋友圈推广

微信小程序支持直接分享给好友或分享到微信群，也可以让好友帮助转发，在用户社群推广。小程序不像公众号那样需要关注，打开即可使用，用户没有任何负担。另外，虽然微信目前不支持直接分享小程序到朋友圈，但是小程序太阳码可以分享到朋友圈，通过长按太阳码一样可以进入小程序。

3. 公众号关联推广

目前，小程序已经可以和公众号相互跳转，企业可以通过自己的微信公众号直接推广小程序。无论是关联展示，还是自定义菜单设置入口，以及在图文推送的时候，在文章内嵌入小程序，直接让用户打开使用，都是非常有效的推广方式。公众号可以选择向关注者发送一条关联通知，引导关注者体验、使用小程序，可以快速为小程序引流。另外，公众号底部广告位也正式向小程序开放，在公众号设置底部菜单时，可以设置直接跳转小程序。公众号发送的模板消息中也可以设置跳转小程序。通过与公众号的关联，两者之间可以实现互相推广。

4. 二维码扫码线下推广

线下散布推广二维码是小程序线下获客的主要途径，简单地说就是"地推"。有一些典型的操作手段，如在外吃饭时的取号、点餐等，都可以用扫描二维码的方式实现。二维码扫码线下推广可以带来新的用户，并且一般扫码的用户都是目标客户，因此转化率较高。二维码扫码线下推广主要应用于线下门店。

5. 附近的小程序推广

任何拥有线下实体门店的企业都可以将自己的小程序展示到自己门店五公里范围内的所有微信用户手机上，用户打开微信就能看到，通过小程序就能直接购买服务，或者导航到门店。附近的小程序可以为用户带来很多便捷服务，很多用户都会习惯性地选择"附近的小程序"。企业只需要进入"附近的小程序"，开通功能后添加地点即可，这样就能为小程序带来客流了。比如，肯德基自助点餐小程序和美团美食点餐小程序，都利用了附近的小程序推广，方便附近的客户发现，如图6-6所示。

6. 第三方运营推广

第三方运营推广的方式包括通过付费或其他方式将小程序投放至第三方小程序商店进行宣传，可以根据具体规则推广小程序至首页或前列；还包括新媒体软文推广，以及拥有大量用户的运营公司所做的社群推广等。第三方推广的优点是见效快,缺点是用户不一定是目标客户群,甚至有可能是刷来的"僵尸"用户,所以第三方运营推广的重点是做好监控,选择性价比高的推广方案。

图 6-6　肯德基和美团点餐的微信小程序

6.1.5　微信视频号营销与推广

微信视频号是腾讯公司在 2020 年推出的短视频内容呈现方式,定位是人人都可以创作的平台。微信视频号不同于订阅号、服务号,是一个全新的内容记录与创作平台,也是一个了解他人、了解世界的窗口。视频号的位置也不同,放在了微信的发现页内,在朋友圈入口的下方。

视频号内容以图片和视频为主,可以发布长度不超过 1 分钟的视频,或者不超过 9 张的图片,还能带上文字和公众号文章链接,而且不需要个人计算机端后台,可以直接在手机上发布。同时,视频号支持点赞、评论互动,也可以转发到朋友圈、聊天场景,与好友分享。另外,视频号还增加了直播功能,方便企业直接开展直播营销活动。

1. 视频号的账号定位

微信视频号根据实际需要确定账号的类型、名称及是否进行认证,这是开展视频号营销推广的基础。

(1) 确定视频号的类型。微信视频号主要分为三类:个人号、营销号和官方号。个人号主要用于"网络红人"、带货和个人形象打造。营销号主体是个体工商户、企业,可以推出爆款内容吸引流量,从而销售产品或服务。官方号则主做品牌,用来输出口碑,提高产品及品牌的曝光度和转化率。做视频号营销推广时要选择适合的视频号领域,围绕产品和品牌进行宣传,保持高质量的内容输出,以提高关注度。

(2) 确定视频号的账号名称。视频号账号名称可以帮助用户准确搜索到账号,同时便于传播,其核心是围绕企业所在领域的关键词拓展长尾词。一般选择与企业名称或公众号一致的名字,便于形成统一的企业形象,如人民日报国际、央视新闻、中国日报等。

(3) 进行视频号的认证。目前只有企业或媒体机构可以申请醒目的蓝 V 标识的账号认证。认证可以提高视频号的可信度和公信力，有助于视频号的内容传播和形象树立。认证只为用户快速识别，不会影响搜索排名。图6-7是央视新闻的微信视频号，该视频号通过了账号认证，有蓝V标识，还有直播预约和活动展示等功能。视频号的下方是发布的视频，以及关键词。

2．视频号的内容创作

（1）与账号定位相匹配。视频号发布的动态内容要与账号定位相匹配，并且要以垂直领域的内容作为核心输出点。同时，保持长期的内容输出，提高账户权重，吸引更多且更精确的"粉丝"流量。

（2）保证视频内容高质量。视频号的内容要保证高水准、高质量，切不可抄袭或发布其他平台已经公开的内容，否则会违反微信视频号服务协议，导致封号。同时，保持高质量的内容输出才可以吸引更多用户持续关注。

（3）结合实时热点内容。热点内容、新闻容易形成营销推广的爆点，获得用户的大量点赞、转发和关注，实现快速的网络推广，因此内容高质量结合热门话题，是视频号内容推广的重要方法。

（4）视频发布形式多样化。视频号动态以视频加文字或图片加文字为主，并且视频或文字在上方，图片在下方。视频和图片要足够"吸睛"，否则用户可能直接跳过，观看下一条。

图6-7　央视新闻微信视频号

3．视频号的互动

（1）引导型互动。目前影响搜索排名的要素在于账号发布的视频数、点赞数和评论数。在动态内容中可以以引导性的话语或提问的方式让"粉丝"评论、点赞，以此增加评论数和点赞数。

（2）主动与评论用户互动。当用户评论了视频号上的视频或图文后，企业可以挑选优质评论进行回复，增强用户黏性。根据视频号的排名规则，主动回复的评论排名靠前。因此，可以利用优质评论内容引起其他用户的共鸣，刺激用户评论、交流。

4．视频号的推广

（1）视频号引流。视频号引流，除了利用文案匹配热门关键词，还能通过分享到好友、社群、朋友圈中，扩大曝光面积。也可以尝试与推广联盟人群合作，获得更多曝光机会。另外，除了自有账号引流，还可以尝试与其他知名度高的行业"大 V"合作，让他在自己的视频号动态中推广企业的视频号信息，或者用转发的形式利用他自身的"粉丝"数量和曝光量，为企业视频号引流。

（2）利用社群和微信号开展营销推广。视频号可以携带个人微信号信息，这就意味着可以把视频号的流量导向个人账号，成为私域流量。如果尝试开启垂直领域的营销，可以将相关信息发布在社群、朋友圈中，吸引用户的关注，这些因为专业性而成为"粉丝"的人群具有更高的转化率。

（3）利用公众号开展营销推广。视频号可以携带公众号的链接，也就能够将视频号流量导入公众号中，当公众号"粉丝"数量增加后，就可以通过打赏、发布广告等形式利用公众号变现，从而实现视频号的营销。

视频号的排名算法来源于权重，严重违规会被降权。而影响视频号权重的因素主要包括原创度、内容垂直性、发布频率、点播率、点赞量和评论量。因此，视频号营销推广的关键还是内容为王，创作精彩、有吸引力的内容才是视频号营销的重点。

6.2　微博营销与推广

微博是指一种基于用户关系信息分享、传播及获取的通过关注机制分享简短实时信息的广播式社交媒体、网络平台。微博营销是指通过微博平台进行的营销方式，也指企业或个人通过微博平台发现并满足用户各类需求的商业方式。微博营销以微博作为营销平台，每个用户（"粉丝"）都是潜在的营销对象。企业利用自己的微博向用户传播企业信息、产品信息，树立良好的企业形象和产品形象，通过更新内容与用户交流互动，以此达到营销的目的。

6.2.1　微博营销概述

1．微博营销的特点

（1）注册简单，操作便捷，运营成本较低，方便实现"自营销"。微博具有媒体属性，是将信息广而告之的媒介。与其他媒体相比，微博注册免费，操作界面简洁，操作方法简易，所有操作基于信息发布、转发、评论，又有多媒体技术使信息呈现形式多样。运营一个微博账号，不必花大价钱架构一个网站，不必有多专业的计算机网络技术，也不需要专门拍一条广告，或者向报纸、电视等媒体支付高额的时段广告费用等，充分利用微博的"自媒体"属性，做好"内容营销"即微博营销的王道。

（2）微博营销具有"品牌拟人化"特征，更易受到用户的关注。社交媒体时代，传播强调人性化与个性化。企业微博用拟人化的方式打造品牌账号，不仅可以拉近和受众的距离，取得良好的营销效果，而且品牌的美誉度和忠诚度会大大提高。品牌拟人化，是指通过饱含个性、风趣、人情的语言，使品牌账号富有"人"的态度、性格与情感，真正与用户互动，从而获得用户的认可。这种认可不是单纯的买卖关系，也不是"粉丝"的追捧，更像建立并维系一种

"友情"关系。这样品牌的忠诚度和美誉度就很强，用户就会支持这个企业的产品，还会主动参与品牌的塑造过程。这也是实现口碑营销的绝佳途径。

（3）多账号组成微博矩阵，便于针对不同的产品受众进行精准营销。微博矩阵是指在一个大的企业品牌之下，开设多个不同功能定位的微博账号，与各个层次的用户进行沟通，达到360度塑造企业品牌形象的目的。换句话说，微博矩阵是企业内部资源在微博上的最优化排布，在保持整体协作的同时，对用户进行细分，从而实现精准营销。

（4）借助知名博主的影响力进行营销。微博的传播机制建立在六度分隔、二级传播等人际传播理论的基础上，换句话说，微博中的社交关系是现实社交关系链的扩张性虚拟迁徙。微博影响力也代表了一种关系的信用值，按照新浪微博的计算方法，微博影响力由活跃度（原创微博、转发次数、评论次数、私信数），传播力（原创被转发与被评论数）和覆盖度（"粉丝"数）共同决定。借助拥有较大影响力的博主的平台，第一，可以和更多的潜在用户接触，取得广而告之的效果；第二，扮演意见领袖的人往往也具有消费引导的能力。

> **知识拓展**
>
> **人际传播理论**
>
> 1967年，哈佛大学的心理学教授米尔格拉姆想要描绘一个联结人与社区的人际联系网，从而发现了"六度分隔"现象，提出六度分隔理论（Six Degrees of Separation）。该理论认为，在人际交往的网络中，任意两个陌生人都可以通过"亲友的亲友"建立联系，这中间最多只要通过五个亲友就能建立联系。
>
> 二级传播理论（Theory of Two-step Flow of Communication），即语言和信息交流理论，由拉扎斯菲尔德等人在研究选举行为的基础上于1948年提出。该理论认为，大众传播对人们的影响不是直接的，而是一个二级传播过程。来自大众媒体的影响首先到达意见领袖那里，意见领袖再把他们读到和听到的内容传达给受他们影响的人。

2. 微博营销的账号类型

微博账号类型不同，其开展网络营销推广的影响力也不同，采用的营销推广方法与策略也不同。以新浪微博为例，主要有以下几种微博账号类型。

（1）个人微博。个人微博是新浪微博中数量最多的部分，又可以分为明星、不同领域专家、企业创始人、高管、"草根"等类型。其中，明星因为拥有超高人气，其微博的影响力巨大，往往发布一条消息后会引起大量"粉丝"的关注，甚至上热搜。同时，企业创始人、高管等也拥有较高人气，如小米创始人雷军。还有一些个人特点突出的个人微博也具有较高的关注度。这些具有较大影响力的个人微博的转发量、关注量、讨论量都非常大，一般就是常说的"大V号"或意见领袖，具有很强的市场营销推广能力。

（2）企业微博。企业微博是微博平台专门为企业用户提供的一种微博类型，为企业进行微博营销提供一个认证的、可信度高的平台。很多企业都开立了自己的官方微博，并且通过微博营销取得了非常好的效果。在企业微博营销过程中，有些企业的微博还形成了矩阵，即企业领导人微博、高管微博、官方微博、产品微博之间相互呼应，形成立体式微博营销。图6-8展示了华为中国的官方微博，这是典型的企业微博。

（3）政务微博。随着电子政务、电子政府的发展，微博成为各级政府发布信息、获取信息的重要渠道。传统的信息管理方式已经跟不上时代的发展，微博对于调和政府信息透明、国家安全和个人隐私之间可能存在的矛盾，起到了积极的作用。凭借强大的舆论影响力，微博已经成为群众监督党政机关和公职人员的利器。图6-9展示了北京市政府新闻办公室微博。

图6-8　华为中国官方微博

图6-9　北京市政府新闻办公室微博

（4）校园微博。校园作为社会的重要组成部分，也加入了微博阵营。各大高校纷纷开设官方微博，传播信息、增加沟通，发挥着扩音器和凝聚节点的作用，成为学校和学生之间的沟通纽带与桥梁。图6-10展示了北京大学官方微博。

（5）其他类型微博。除了以上类型，有的企业开展某个重要活动时也可能单独开设一个微博。某个事件也可能单独开设一个微博，如新电影上映、宣传。这类微博都有一定的时效性。通常来说，过了活动期或上映期，微博的热度就会下降，但其发挥的作用是不可忽略的。

所有微博账号类型中，一般"大V号"或意见领袖的微博营销推广的市场影响力最大，企业微博可信度最高，这两者往往是开展微博营销与推广的重要渠道。

图 6-10　北京大学官方微博

6.2.2　企业微博营销与推广

企业微博营销就是通过企业微博增加企业的知名度，最终开展商业活动。由于企业微博营销主要以盈利为最终目的，所以运营难度相对较大。不过企业微博一旦受到稳定的消费群体的关注，对企业自身来说就是受益无穷的。企业要做好微博营销，必须慢慢积累，与"粉丝"多多交流，做好宣传工作。

1．注重平台的选择

企业开展微博营销，首先需要选择一个用于营销推广的微博营销平台。企业可以选择一个流量大、覆盖率高、关注较多的平台进行推广营销，如新浪微博就是非常流行的微博平台。尽量避免选择那种小众的平台进行营销，否则以"传播"为基础的营销推广就是空谈了。不同平台的用户，关注度各有不同，与之对应的推广策略也不同，如新浪微博的用户主要关注状态更新。因此，在开展微博营销时，要根据平台用户的特点制定策略。

2．明确微博定位和目标，打造企业品牌

企业微博的定位基本是快速宣传企业新闻、产品、文化等的互动交流平台，同时对外提供一定的客户服务和技术支持反馈，形成企业对外发布信息的一个重要途径。企业微博的目标是增加自己的知名度，最后达到能够将产品卖出去的目的。企业开展微博营销时，应当建立起自己固定的消费群体，与"粉丝"多交流，多互动，多做企业宣传工作，获得足够多的"粉丝"，形成良好的互动交流平台，逐步打造具有一定知名度的网络品牌。

3．重视内容建设

微博的内容维护相对简单，主要包含发布和交流两部分。同时，企业微博具有非常鲜明的特色，如容量有限——只有 140 个字，实时性强，个性色彩浓厚，交互便捷等。企业必须注意微博的这些特色，才能形成良好的营销传播模式。目前，大部分企业微博都单向传播自己的内容，如企业博客的文章、新品发布、企业新闻等。发布这类内容的时候需要注意，要保证用户阅读这些更新，就一定要保证发布内容具有阅读价值。选择较为活泼的话题进行更新，以幽默、娱乐的方式创造内容，会得到更多转载，并增加企业微博的关注度。同时控制内容发布频率，让企业微博每天能有十条左右的更新，不要使用自动更新的方式。

4．加强互动交流

微博的互动交流就是通过和用户进行交流,实现人际传播和推广的目的,这一点是很多企业忽视的。微博的点赞数、转发数、评论数是反映企业微博是否活跃、是否有价值的关键指标。有的企业微博有上百万"粉丝",但是微博内容的点赞和转发却寥寥无几,这样的微博对于企业开展营销推广不能发挥太大的作用。为了促进良好的互动交流,企业微博应该关注更多的用户,并积极参与回复讨论。

5．确定推广方式

有了好的内容,就需要确定好的推广方式。如果没有关注者,那么再好的内容也无法得到有效的传播。企业微博的推广方式很多,这里介绍一些常用的技巧。

（1）有奖活动。提供免费奖品是一种营销模式,也是一种推广手段。很多人喜欢免费获得的奖品,这种方式可以在短期内获得很多用户。

（2）特价或打折。限时的商品特价或打折活动也是一种有效的推广方法,如销售主机或域名的企业微博,可以定时发布一些限时的优惠码,能以低廉的价格购买,可以带来不错的传播效果。

（3）广告宣传。在一些门户类网站、百度推广等平台发布企业微博的广告,增加普通网民的关注度。

（4）企业内部宣传。一些大型企业本身就有不少员工,可以引导企业员工开通微博并在上面交流信息。对于大企业来说,这样操作可以在短时间内为企业微博增加大量"粉丝",当"粉丝"增多之后,企业微博就有可能在微博平台的首页曝光,以吸引更多的用户订阅关注。

（5）合作宣传。联系微博平台的工作人员,将企业微博的账号添加到"公司机构"等栏目,并通过实名身份认证。

（6）广发邀请。通过邮件或其他渠道,邀请企业自己的客户、潜在用户注册,注册链接使用指定的链接,这样,别人注册之后会自动关注企业微博。

6．制订运营方案

企业微博的运营是长期的,需要制订完善的运营方案。可以考虑采用多个企业员工共同维护一个主账号的形式,内容更新采用人工加自动的方式。在推广初期,尽量采用人工更新方式,保证每条信息的质量。后期可以采用自动更新的方式,以方便维护。对于重点推广的文章,一定要填写详细的摘要,然后添加文章的链接地址。

另外,邀请企业的客服人员进行微博维护,对外回复一些产品技术问题,可以起到快速反应、即时解决的作用,提高顾客满意度。邀请企业的咨询顾问和售前顾问进行微博维护,可以解决一些潜在客户的疑问,努力把潜在客户发展成为付费用户。另外,可以开辟专门的社区供用户交流,并设专人进行维护和解答；制作专门页面,介绍用户感兴趣的重点信息等。这些都是比较受消费者欢迎的交流方式。多人维护企业微博账号,需要制定更新微博的规范,以防止发布一些不符合规范的信息,并更好地体现企业文化。

6.2.3 个人微博营销与推广

个人微博虽然具有操作简单、发布信息便捷等优点,但是开展微博营销也需要具备一定的条件。首先,博主需要具备足够的"粉丝"才能达到传播的效果,"人气"是微博营销的基础。其次,一条信息的传播力有限,特别是微博平台中的新内容产生速度太快,如果信息没有吸引力，就很难被大量转载和关注，也就无法达到营销推广的效果。因此，个人微博营销与推广需要注意以下几个方面。

1. 彰显个人风格，吸引用户关注

微博如果想要获得别人的关注，就要显得与众不同，彰显独特风格。因此在注册微博账号后，先不要着急发布大量公司产品或企业资讯，首先要做的就是将微博信息填写完整，要让别人知道这个微博是做什么的，可以给用户带来什么样的体验。另外，在发布内容时，要特别注意原创性，这样才能突出自己的风格与品位。图 6-11 展示了一个美食博主的微博主页，具有鲜明的个人特色和风格，其"粉丝"数量超过百万。

图 6-11 美食博主的微博主页

2. 做好定位，明确标签

为了更好地帮助用户选择符合自己兴趣或需求的微博博主，新浪微博会把微博账号进行分类，贴上不同的标签。个人微博如果想被用户准确地搜索到，并获得关注，首先就要做好定位，明确自己的标签。要了解用户的喜好，调研用户对于哪种类型的微博比较感兴趣，然后有针对性地设定微博定位和主题。图 6-12 展示了一个美食博主的微博内容，美食图片非常抢眼，具有明显的标签。

图 6-12 美食博主的微博内容

3．内容创新，持续更新

一个微博只做完前期的准备工作是不够的，更重要的是后期的内容创新与更新。如果微博经常发布用户感兴趣的新颖内容，用户对于微博的忠诚度就会不断提升，并且愿意转发微博，从而吸引更多用户。如上文中的美食博主，其微博基本上每两天更新一次，保证了持久的吸引力。

4．合理推广，保持个性

在积累到一定用户数量的时候，就可以在每天发布的微博中推广企业的网站或产品。但是一定要注意，不能过度发布广告信息，防止"粉丝"产生反感。同时避免因为大量推广企业网站或产品，失去原本的个性和特色，从而导致用户关注度下降，甚至取消关注。

5．产品特色契合用户

并不是所有产品都适合在微博上开展营销与推广。可以看到，很多产品在微博上虽然很卖力地宣传，但是效果并不理想。这可能因为宣传推广方式存在问题，但是更重要的是没有根据产品的特色选择合适的微博运营模式，使产品特色与微博用户并不契合。

6.2.4 微博营销与推广注意事项

1．不能急功近利

微博账号开通后，"人气"积累并不是一蹴而就的，这个过程可能持续几个月，甚至一两年。只有经历过这样一个积累期，再借助一些事件营销，才能顺利完成"粉丝"量的突破。如果急功近利，企业会被"粉丝"增加速度牵绊，如果"粉丝"数量增加缓慢，可能逐渐丧失持续营销的动力。因此，微博经营需要有长期坚持的理念。

2．不能将微博作为单纯的信息发布通道

相当多的企业只把微博作为单纯的信息发布通道，如企业召开了什么会议，组织员工去哪开展活动，董事长发表了怎样的讲话等，这些信息对于用户毫无意义，更无法吸引用户的长期关注，调动用户的积极性。因此，不能简单地将微博作为信息发布通道，要研究用户关注焦点，精心设计发布内容。

3．产品信息发布形式不能单一

如果发布的企业内部活动信息与消费者关系不大，那么发布的产品相关信息是不是一定能吸引用户？答案是不一定，即便信息内容没有问题，但是如果发布形式单一，也不容易引起用户的注意。比如，图文并茂要比单纯的文字信息更具有吸引力；发布时间是否与用户经常浏览的时间一致，也会影响信息发布的效果。因此，产品信息发布形式不能单一，要精心设计，这样才能取得理想的效果。

4．避免运营人员不专业

很多中小企业出于成本考虑，让员工兼职管理微博账号，这种方式看似节约，但是微博营销的效果并不理想，因为兼职员工不可能将全部精力用于微博的管理和运营。而如果要让微博营销足够有效，必须有一个专业的团队以全天候模式进行运营。因为微博的运营需要从信息设计、信息发布、"粉丝"资料收集、"粉丝"互动及客户服务等方面开展，不具备专业知识和能

力的人员很难胜任。

5. 不要过度依赖奖品获取"粉丝",注意与"粉丝"互动

很多企业为了在短时间内获取大量"粉丝",采取参加活动送奖品的形式,但是这些"粉丝"都是冲着奖品来的,活动结束以后,"粉丝"又减少了。这样的"粉丝"对企业微博并没有多少忠诚度,所以不要过度依赖奖品获取"粉丝",可以一周做一次小活动,并且注意与"粉丝"的互动。很多成功的企业把微博当成客服工具,细致、耐心地在微博上解答用户的每个问题。如果不理用户留言,没有与用户深入互动,就不能提升"粉丝"的忠诚度。

本章实训

一、实训目标

1. 掌握微信朋友圈信息发布的基本流程和技巧。
2. 熟悉和掌握微信公众号的注册和信息发布流程。
3. 掌握微信视频号的注册和信息发布流程。
4. 掌握微博的注册和信息发布流程。

二、实训任务

◇实训任务一:微信朋友圈的信息发布

1. 准备好要发布的信息内容,登录自己的微信朋友圈,分别发布图片、文字、图片加文字等内容。
2. 分析微信朋友圈发布信息的基本规则。

◇实训任务二:微信公众号的注册和信息发布

1. 打开微信公众平台官网,右上角点击"立即注册",选择账号类型(个人注册选择订阅号)。
2. 按提示完成微信公众号注册。
3. 在微信公众号中发布信息。

◇实训任务三:微信视频号的注册和信息发布

1. 打开微信,在发现界面点击视频号,创建视频号。
2. 进入创作者中心,了解微信视频号运营规范及功能。
3. 进入视频号,发布视频号内容。

◇实训任务四:微博的注册和信息发布

1. 打开微博,注册并登录微博账号。
2. 完善账号相关资料,发布文字和图片内容。
3. 拍摄并发布微博视频。
4. 关注其他博主,并尝试推广自己的微博。

三、实训总结及思考

1. 微信朋友圈、微信公众号和微信视频号的应用有哪些不同之处?
2. 与其他网络营销方式相比,你认为微信营销推广具有怎样的优势?

课后习题

一、多项选择题

1. 微信营销的优势表现在（　　）。
   A. 有大量潜在客户　　　　　　　B. 营销成本极低
   C. 营销定位精准　　　　　　　　D. 营销模式多元化
2. 下列（　　）属于微信营销的主要工具。
   A. 二维码　　　B. 位置签名　　　C. 开放平台　　　D. 公众平台
3. 微信公众号主要提供的账号类型有（　　）。
   A. 订阅号　　　B. 服务号　　　　C. 公众号　　　　D. 小程序
4. 微信视频号的主要类型包括（　　）。
   A. 个人号　　　B. 营销号　　　　C. 官方号　　　　D. 品牌号
5. 微博账号的类型主要有（　　）。
   A. 个人微博　　B. 企业微博　　　C. 政务微博　　　D. 校园微博

二、判断题

1. 对于中小企业来说，微信朋友圈不需要投入太多时间，就能获取大量目标客户。（　　）
2. 微信朋友圈是以朋友、同事、同学等关系为基础的分享平台，信任感较强。（　　）
3. 为了确保公众号信息的真实性、安全性，目前腾讯公司为微信公众号提供微信认证服务。（　　）
4. 微信小程序是微信公众平台推出的面向个人、企业、媒体、政府及其他组织的微信开放接口。（　　）
5. 微信视频号发布的动态内容要与账号定位相匹配，并且要以垂直领域的内容作为核心输出点。（　　）
6. 微博营销具有"品牌拟人化"特征，更易受到用户的关注。（　　）
7. 个人微博虽然具有操作简单、发布便捷等优点，但是开展微博营销也需要具备一定的条件。（　　）
8. 开展微博营销与推广时，不能将微博作为一个单纯的信息发布通道。（　　）

三、简答题

1. 微信朋友圈营销的优势表现在哪些方面？
2. 微信公众号运营可以采用哪些策略？
3. 企业如何实施微信小程序营销推广？
4. 与微信营销相比，微博营销具有哪些特点？
5. 开展微博营销推广时，应该注意哪些方面？

第 7 章
短视频营销

章节引言

短视频营销是内容营销的一种。短视频营销主要借助短视频,通过选择目标受众人群,传播有价值的内容,吸引他们了解企业品牌、产品和服务,最终达成交易。做短视频营销,最重要的就是找到目标受众人群和创造有价值的内容。短视频营销成本和预算相对较低,尤其适合资源有限的中小企业。短视频营销还具有适用于移动端、有利于搜索引擎优化、分享便捷、反馈即时等优势。

引导案例

创维电视的新年短视频营销

创维电视发起的"新年大有可玩"主题营销,将旗下主推产品的社交属性发挥到了极致。短视频作为此次创维电视"元春"旺季营销的核心创意形式之一,不仅是将主推产品卖点场景化、具象化的视觉表达,更是释放社交互动能量的创意窗口。

自 2020 年 12 月底开始,创维电视陆续于官方微博分阶段发布一系列 30 秒短视频,让本次"元春"战役的五款主推新品——S81 Pro、A50、Q71、Q51、A20 集中亮相,携大屏社交属性,一同将大屏社交娱乐"玩出新意"。通过游戏合家欢、沉浸式观影、视频云社交、客厅 AI 健身等一系列创维大屏科技赋能下的温馨节庆场景,创维电视成功以"新年大有可玩"的创意包装,传递以大屏科技重构家庭情感连接的品牌主张。创维创意短视频如图 7-1 所示。

图 7-1 创维创意短视频

除了官方主动输出创意短视频，创维电视还与各领域意见领袖合作共创短视频内容，在各个主推产品传播阶段掀起了数波互动量高峰。场景化的创意表达也成了触发微博话题互动的绝佳引子。

在这里，短视频不再是"卖货"的生硬套路，而是一个游戏玩家倾心分享过年"宅家"游戏新体验的对话空间。创维电视这套整合传播组合拳，不仅把自家产品"玩出了年味儿"，更把种种基于产品社交属性的玩法与当下因疫情而有家不能回的游子，或者虽能团圆但只能"宅家"过年的一家人，在娱乐需求和情感需求两个层面实现精准有效的共振。官方和意见领袖短视频内容双管齐下，推动此次项目主话题"新年大有可玩"阅读量达到 7 324.9 万次，讨论量达到 8.7 万次。

案例思考题
1. 分析短视频流行的原因。
2. 传统行业为什么要重视短视频营销？

7.1 短视频概述

短视频已经成为现代人生活中不可分割的一部分，正逐渐取代图文，成为人们上下班途中、睡觉前等碎片化时间里的主要消遣方式，也是记录生活的一种方式。随着短视频的普及，越来越多的企业加入了短视频营销的队伍。

7.1.1 短视频的定义及特点

短视频传播是互联网发展的必然结果。消费者的需求是永无止境的，低端需求得以满足，势必引起高端需求。简单的"视觉化"已经不能满足互联网用户的需求，市场需要的是承载信息更丰富的表达方式，因此短视频的产生和流行是网络世界发展的必然结果。

1. 短视频的定义

关于短视频，目前尚没有一个合适的定义。SocialBeta 将其定义为"短视频是一种视频长度以秒计数，主要依托于移动智能终端实现快速拍摄与美化编辑，可在社交媒体平台上实时分享和无缝对接的一种新型视频形式"。简单讲，短视频即短片视频，是一种互联网内容传播方式，一般是在互联网新媒体上传播的时长在几秒到几分钟不等的视频。由于内容较短，短视频可以单独成片，也可以成为系列栏目。

国外比较有代表性的短视频制作与发布平台有 Instagram、Vine、Snapchat 等。国内此类产品的起步稍晚于国外，但已有微视、秒拍、啪啪奇、美拍、微信短视频等先行者做出了探索。

2. 短视频的特点

短视频制作并不像微电影一样具有特定的表达形式和团队配置要求，其特点较明显。

（1）生产流程简单，制作门槛低。传统视频的生产传播成本较高，准备设备器材、组建视频拍摄团队都需要花费大量的人力和财力。即使生产一部制作优良的微电影，无论是前期拍摄，还是后期剪辑处理、传播也都需要大量的资金投入。而短视频制作门槛低，只需要一部手机就可以完成拍摄、后期制作、传播，实现即时拍摄、即时传播分享。

（2）参与度高。短视频内容可以是技能分享、幽默搞怪、时尚潮流、社会热点、街头采访、美食健身、公益教育、广告创意、商业定制等主题。可见，短视频内容大多围绕老百姓日常生活，这些内容容易引起共鸣，吸引人们的注意力。

7.1.2 短视频类型

我国短视频行业于 2011 年起步，目前短视频类型主要有以下几种，如图 7-2 所示。

（1）短纪录片型。内容以纪录片的形式呈现给观众。如诞生于 2014 年 11 月的二更，是国内知名的原创短视频内容平台，在每晚"二更"时分，推送一部原创视频。

（2）创意剪辑型。使用剪辑工具，根据已有的素材，利用剪辑技巧和创意，截取其中的片段，或加入特效，或加入解说、评论等元素，时长基本在 5 分钟。创作出富有新意的视频内容，能引起浏览者的情感共鸣。

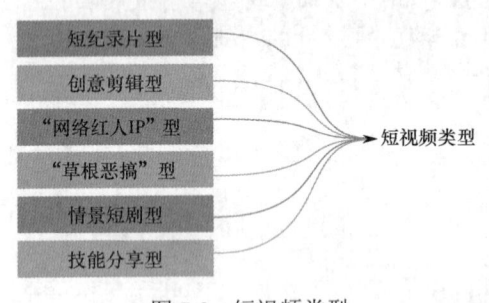

图 7-2 短视频类型

（3）"网络红人 IP"型。自己产品或服务领域的专家和意见领袖，如果具备广博而专业的知识、高超的写作能力，再加上有镜头感的语言表达能力，完全可以把自己打造成一个做视频直播的"网络红人 IP"。内容一般较为贴近生活，但会根据"网络红人"擅长的领域，如音乐、舞蹈、游戏、文艺、逗趣等而有所差异，时长大概 3 分钟。

（4）"草根恶搞"型。以快手为代表，大量"草根"借助短视频风口在新媒体上输出搞笑内容。这类短视频虽然存在一定争议，但是在碎片化传播的今天也为网民提供了不少娱乐谈资。

（5）情景短剧型。这类短视频内容以创意或搞笑为主，时长视剧情内容从十几秒到 5 分钟。这类短视频中的典型是"草根恶搞"型的情景短剧，多以搞笑为主，在互联网上传播非常广泛。

（6）技能分享型。随着短视频热度不断提高，技能分享型短视频在网络上的传播也非常广泛。这类短视频包括科普、旅游、美妆等内容的技能分享，时长大概 1 分钟。

7.1.3 短视频盈利模式

1．加入广告

短视频营销最终着眼于产品本身，所以变现方式要依靠加入广告，即在视频播放过程中通过广告引起消费者购买行为，以实现内容变现。短视频广告主要包括三种类型。①植入广告。由于短视频多为自生产情境性内容，将广告的产品信息通过隐形手段融入内容生产中，既符合广告主的诉求，也减少了受众的抵触情绪。在未来的短视频领域中，广告内容的生产创新仍然有很多地方值得探索。②贴片广告。贴片广告主要表现为前置贴片和后置贴片。无论哪种贴片广告，海量的短视频内容可以提供无数广告位，这对于广告主和平台方来说无疑是福音。③流量广告。流量广告是目前应用最广泛的广告形式，其优点为穿插在视频列表中，可以依托用户持续注意力实现内容曝光。与贴片广告相同，流量广告也拥有无数广告位，只要穿插合理，就可以实现好的营销效果。

2．电子商务

利用短视频内容为店铺导流是另一种重要变现方式。这类短视频适合生活、科普类产品。

比如，一个英语"达人"的小视频直接对接一个英语产品的销售网店，更容易实现短视频流量的变现。

3．内容付费

利用短而精的内容在短视频平台积累流量，然后把用户沉淀到内容付费平台，进行更系统的教学，是很多付费内容的主要营销手法。

4．为终端服务导流

对于大部分教育培训企业来说，线上短视频形式的内容只是吸引潜在消费者的营销手段，把这些"粉丝"导流到终端服务，即线下培训班、线上付费课程才是企业的最终转化目的。比如，一些考研机构的短视频内容在于增加曝光量和影响力，与"粉丝"建立信任关系，从而将"粉丝"引导至自己的线上或线下课程，将"粉丝"转化为消费者。

7.2 短视频营销

庞大的"粉丝"群体、飞快的传播速度、强大的"粉丝"互动性等优势使短视频营销迅速成为网络营销推广的重要手段。随着短视频创作的不断丰富，短视频营销类型也越来越多。

7.2.1 短视频营销的含义

短视频营销可以理解为"借助短视频这种形式完成产品推广、品牌塑造的一种社会化营销方式"。具体做法是将品牌或产品嵌入视频中，以情节和片段的形式演绎出来，有点像广告，但又不是广告。

短视频营销的关键是在视频播放的过程中，用很自然的方式向用户推荐产品，用户也不反感产品推荐内容。短视频让用户产生共鸣，主动下订单，甚至用户愿意共享视频信息，从而达到裂变和引流的目的。

7.2.2 短视频营销的特点

1．运作过程更专业

制作短视频需要很强的专业性，如同做电影一样，需要好的编导、策划、摄像、后期剪辑处理、传播、数据分析、运营管理等。创做出的视频不仅要故事完整、话题热度高，还要渠道兼容性强，才能保证营销效果。

2．具有强大的互动性和分享性

视频可以实现与用户的交互，用户可以发送弹幕。良性的互动与分享吸引更多的精准用户聚集到一起，形成"肥尾效应"，带来更广泛的扩散。企业根据评论数据与分享数据，既能直观地知道营销效果，又能根据分析结果调整策略。

3．体现"粉丝"经济最大化

短视频平台自我展示内容越来越丰富，拍摄门槛较低，每个人都有可能找到自己的受众。一个真实的、有感情的视频专角能创作出更懂"粉丝"的内容，形成更成熟、更体系化的"粉丝"营销方法论，能使"粉丝"经济最大化。

4. 传播渠道的广泛性和多样性并存

短视频内容多源自普通百姓，内容杂乱、接地气，使得短视频用户覆盖面相对其他传播渠道用户覆盖面更广泛，短视频平台的应用范围自然比其他传播渠道应用范围广。每个用户都可以对视频进行欣赏、转发和评论，也可以将视频分享到微信、QQ等社交平台，所以短视频营销的传播渠道更多样。

5. 可观性更强

相对于文字、图像，视频这种方式对观众的冲击力更大，可观性更强，观众观看视频形成的记忆也更深刻。观看视频不用动脑思考，不用投入太多注意力。相对于文字、图像，视频更便于观看和理解，观众在接收信息的过程中是轻松的。

7.2.3 短视频营销的主要类型

目前短视频营销的主要类型有三种，如表7-1所示。

表7-1 短视频营销的主要类型

主 要 类 型	主 要 特 点
"网络红人"短视频营销	借助"网络红人"的"粉丝"进行推广
场景体验短视频营销	通过场景渲染，加强视频传递的产品的消费体验感，激发用户的购买欲望
情感共鸣短视频营销	借助社会热点，设计贴合热点的视频内容，引起用户情感共鸣与反思，从而宣传企业价值观和推广产品

1. "网络红人"短视频营销

"网络红人"是指在现实或网络环境中因为某个事件或某种行为而被网民关注，并能获得或长期持续获得网民关注的人。他们的走红都因为某种特质在网络作用下被放大，这种特质恰好与网民的某种特质，如审美观、娱乐取向、猎奇心理、偷窥需求、品味及看客心理等相契合，而在网络世界受到追捧，成为"网络红人"。"网络红人"短视频营销的主要特点是借助"网络红人"的"粉丝"进行推广。大多数普通人的流量实际上并不大，只有那些流量明星和一些"网络红人"的流量相对比较大，"粉丝"也比较多。这些"网络红人"发布的视频很容易得到"粉丝"的关注和传播，通过"网络红人"发布的视频推广产品，曝光率高，传播范围广，也容易吸引消费者产生购买行为，达到企业做短视频营销的目的。

2. 场景体验短视频营销

消费者购买产品都比较关注产品的特性和消费体验，所以企业可以搭建特别场景，通过场景渲染，加强视频传递的产品的消费体验感，激发用户的购买欲望。这种方式让用户可以提前感受产品带来的好处，让大家认定产品的优势，认可产品的重要特性。

3. 情感共鸣短视频营销

这种方式很多企业常用，但并不是简单地录制、播放短视频，而是借助社会热点，设计贴合热点的视频内容，引起用户情感共鸣与反思，从而宣传企业价值观和推广产品。视频内容要借助社会热点，多角度、深层次挖掘，向公众传递企业的价值观，提高公众对视频内容的认同。这类短视频营销突破了惯用的营销"卖货"思维，将情感和价值融入其中，既符合当下年轻人的情感需求，也达到了良好的营销效果。

7.3 主要短视频平台

随着移动终端普及和网络提速，短、平、快的短视频逐渐获得各大平台、"粉丝"和资本的青睐，大量的短视频创作者和短视频传播平台迅速诞生。除了微信、微博等成为短视频分享和传播的重要途径，大量专业制作、传播短视频的平台迅速崛起。西瓜、秒拍、美拍等短视频传播平台迅速成长，抖音、快手等凭借强大的短视频创作和传播能力成为行业的领军者。本节重点介绍抖音、快手等主要短视频平台。

7.3.1 抖音

1. 抖音简介

抖音是由今日头条孵化的一款音乐创意短视频社交软件。该软件于 2016 年 9 月 20 日上线，是一个面向全年龄的短视频社区平台。用户可以选择歌曲，配以短视频，形成自己的作品。它与小咖秀类似，但不同的是，抖音用户可以通过视频拍摄快慢，视频编辑，特效（反复、闪一下、慢镜头）等技术让视频更具创造性，而不是简单地对嘴型。抖音平台一般都是年轻用户，配乐以电音、舞曲为主，视频分为两派：舞蹈派、创意派，共同的特点是都很有节奏感。

抖音还有一个姐妹版本 TikTok 在海外发行。TikTok 在美国市场的下载和安装量曾居首位；在日本、泰国、印度尼西亚、德国、法国和俄罗斯等国，曾多次登上当地 App Store 或 Google Play 总榜的首位。

2. 抖音的商业模式

抖音主要有两大类商业模式。

第一类商业模式是商业主播。这也是抖音上最常见的一种模式，靠经营优质视频和直播赢取巨大的流量，从而在直播中获得观众打赏的音浪和礼物，它们可兑换成现金。流量巨大的主播还可以和抖音签约，成为金牌主播。抖音会专门对金牌主播进行流量扶持，在线上或线下给予金牌主播商业活动的机会。除了从观众打赏中获取收益，抖音还专门推出了各种扶持主播的任务，只要完成这些任务，主播就能获得相应的音浪奖励。

第二类商业模式是卖货。卖货又分两种：带货或开店。当"粉丝"和流量达到一定数量的时候，主播就可以为别人推广商品，从商家赚取分成收益。当带货取得一定收益之后，可以自己开店，通过直播推销自己的商品，靠着抖音巨大的影响力和"粉丝"流量获取巨大的商业收益。制作优质视频获取的创作收益、直播获取的直播收益、卖货得到的收益都可从抖音直接提现。

图 7-3 展示了康养汶川的抖音短视频号（"粉丝"数量达到了两百多万个）和得力文具的抖音店铺直播卖货。

3. 抖音的盈利模式

抖音的盈利模式主要有三种。一是电商分成。抖音上的商品橱窗其实就是一个购物平台。抖音与其他平台有共同的交易，尤其是购物平台，从而获得商品分成。二是广告收入。简单来说就是接广告赚钱，这也是自媒体最常见的变现形式之一。前提是需要有足够多的"粉丝"，这样商家才愿意合作。接广告也是抖音的收入来源之一。三是网络直播。抖音发展至今，已经成为中国最大的网络直播平台之一。很多企业开通抖音账号，通过直播的方式销售商品。

图 7-3 抖音短视频的商业模式举例

7.3.2 快手

1．快手简介

快手诞生于 2011 年 3 月，最初是一款用来制作、分享 GIF 图片的手机 App。2012 年 11 月，快手从纯粹的工具 App 转型为短视频社区，成为用户记录和分享生活的平台。在快手上，用户可以用照片和短视频记录自己的生活点滴，也可以通过直播与"粉丝"实时互动。快手的内容覆盖生活的方方面面，用户遍布全国各地。在这里，人们能找到自己喜欢的内容，找到自己感兴趣的人，看到更真实、有趣的世界，也可以让世界发现真实、有趣的自己。

2016 年年初，快手上线直播功能，并将直播低调地放在"关注"栏里，直播在快手仅具附属功能。快手定位于二三线城市的用户。这类群体收入比一线城市低，但是人口规模大，生活压力小，生活节奏慢，因此娱乐需求高。

2．快手产品

快手提供的产品主要有短视频、快影、一甜相机、AcFun、创作者中心和商业服务等。

（1）短视频。可以观看短视频、直播等，也可以上传视频，开通直播，是目前快手主要的产品。

（2）快影。快影是一款简单易用的视频拍摄、剪辑、制作工具，可以直接使用。快影具有强大的视频剪辑功能，有丰富的音乐库、音效库和新式封面，在手机上就可以轻松实现视频的剪辑和制作，特别适合 30 秒以上的视频制作。

（3）一甜相机。一甜相机是由快手精心打造的一款集神仙特效与风格自拍于一身的高品质拍摄软件。2018年8月推出，原名"M2U"，同年12月改名为一甜相机，口号是"让美成为日常"。该App主打高甜日韩系滤镜和元气萌力贴纸，让用户通过自然轻量的美颜特效，轻松拍出日韩大片质感的照片、视频和Vlog。

（4）AcFun。AcFun是弹幕视频网（简称A站）。A站首先将"弹幕"引入国内。2018年6月5日，快手全资收购AcFun。弹幕可以给观众一种实时互动的错觉。不同弹幕的发送时间尽管有所区别，但其共同点是只有视频中特定的一个时间点出现，弹幕才出现，因此同时出现的弹幕基本上也具有相同的主题，用户在参与评论时就会有与其他观众同时评论的错觉，产生"实时互动"的感觉。

（5）创作者中心。快手创作者中心为创作者和机构提供强大的运营管理、数据分析、内容生产等辅助工具，依托平台丰富的资源提供热点趋势，更好地服务每个创作者。功能包括多维度赋能创作者/机构运营能力，助力账号精细化运营；上传视频，查看并管理视频状态；精准的数据统计，提供内容和粉丝多维度的数据分析，且平台热点信息同步更新；支持内容推广，支持作品和直播推广，自定义投放策略，让作品获得曝光。

（6）商业服务。快手商业服务包括快币充值、磁力引擎、快手电商、服务号等项目内容。其中，快币是一种虚拟币，通过充值快币才可以送礼物。快币可以在快手上给主播送上鲜花、棒棒糖、玻璃球、气球等礼物。磁力引擎是快手的商业化营销服务平台，致力于践行产品和技术的平等赋能，为现代商业打造兼顾公域吸引力和私域吸附力的共赢生态，让品牌、商家、用户、创作者发挥更大的营销价值。快手电商为主播、货主和服务商提供在线电子商务交易服务。服务号是快手专门为商家推出的产品，开通后会拥有区别个人主页的商家主页，并提供针对商家的优惠权益和官方活动，帮助商家更好地运营自己的账号，以便获得更多的订单转化。

7.3.3 其他短视频平台

除抖音和快手外，还有大量短视频平台，以下简要介绍最具代表性的两个平台哔哩哔哩和西瓜视频。

1. 哔哩哔哩

哔哩哔哩（英文名称bilibili，简称B站）是中国年轻世代高度聚集的文化社区和视频平台，于2009年6月26日创建，被"粉丝"亲切地称为"B站"。B站早期是一个ACG（动画、漫画、游戏）内容创作与分享的视频网站。经过十年多的发展，围绕用户、创作者和内容，B站构建了一个源源不断产生优质内容的生态系统，成为涵盖7000多个兴趣圈层的多元文化社区，曾获得QuestMobile研究院评选的"Z世代偏爱App"和"Z世代偏爱泛娱乐App"两项榜单第一名。

目前，B站的主要业务有直播、游戏、广告、电子商务、漫画、电竞等。B站推出了国内首家关注ACG直播的互动平台，"电竞+游戏"都是B站直播的重要品类。B站还拥有自己的电商平台"会员购"，于2017年上线，以漫展和演唱会票务、手办、模型、潮玩、周边的销售为主，不到两年的时间已经占领了二次元票务域最大的市场份额。

另外，B站也在开拓学习直播、虚拟主播等新兴直播品类。

2. 西瓜视频

西瓜视频是字节跳动旗下的个性化推荐视频平台，由今日头条孵化。2016年5月，头条视频正式上线，即西瓜视频的前身。2017年6月8日，头条视频正式升级为西瓜视频。

西瓜视频提供的产品和服务包括边看边买、西瓜直播、进击课堂。边看边买是西瓜视频上线的一种服务于创作者，并为创作者带来收益的功能。西瓜直播是西瓜视频的直播平台，通过人工智能和关注关系帮助用户发现自己喜欢的直播，并帮助创作者轻松地向全世界分享自己的直播。直播内容将通过西瓜视频和今日头条分发给直播者的"粉丝"、潜在"粉丝"，以及可能对直播内容感兴趣的用户，让越来越多的创作者通过直播沉淀"粉丝"和内容，并带来收益。进击课堂是西瓜视频为视频创作者提供的免费线上运营服务项目，目的是帮助创作者提高拍摄剪辑、传播运营等技巧。

另外，短视频平台还有小红书、秒拍、美拍、好看视频、微视、小咖秀等。在流量为王的网络时代，短视频平台之间的竞争也越来越激烈。

7.4 短视频内容制作与推广

短视频内容制作的质量及水平直接关系到短视频营销的效果。一条高质量的短视频不仅传播速度更快，覆盖面更广，更易引起网民的关注，还具有良好的互动性，能够大幅提高网络营销推广的效果。

7.4.1 短视频内容制作流程

具有吸引力的短视频是需要精心设计制作的。一般来说，短视频内容制作流程包括以下几个方面，如图7-4所示。

前期准备 → 内容策划 → 拍摄 → 剪辑 → 效果处理 → 发布 → 效果评估

图7-4 短视频内容制作流程

（1）前期准备。与电视节目制作相比，短视频制作要简单很多，拿出手机就可以快速拍一段视频。但想要做得更专业，还需要学习相关技术，如拍摄技巧等。如果企业准备拍摄短视频推广产品和品牌，前期准备工作包括人员的配备、设备的购置等。

（2）内容策划。视频制作过程中最难的是创意和思路。我们要根据短视频的目的确定一个契合的主题，并围绕主题设计相关的内容，收集需要的素材，最终形成内容策划文案。内容策划文案不仅要写明主题，还要确定视频风格、与视频内容相关的环节有哪些，以及视频的长度和视频需要的语言，同时撰写文案脚本，避免出现拍摄的时候忘词的尴尬。完整的内容策划文案可以指导拍摄的过程，增强拍摄的效果。没有主题的视频表现的内容是空洞的，自然不会引起观看者的共鸣。

（3）拍摄。拍摄视频最简单的工具是手机和三脚架，追求视频效果可以用单反相机。个人刚开始做，只需手机拍摄时选择高清模式。手持拍摄过程中会出现画面抖动现象，这时需要用三脚架稳定镜头，观看体验会更好。对于企业，拍摄的时候尽量专业，从拍摄设备、拍摄人员到拍摄场地都尽量保持高标准，毕竟企业的网络营销活动应该是系统、整体的营销活动。粗制滥造的视频只能拉低企业的品牌声望。

（4）剪辑。剪辑最常见的工作就是把没用的部分裁剪掉，把不同的片段拼接成一个完整的视频。各种视频的原始素材片段都称作一个剪辑。在视频编辑时,可以选取一个剪辑中的一部分或全部,作为有用素材导入最终要生成的视频序列中。剪辑的目的是让视频的不足降到最低,让画面播放在时间表现上更流畅,让表达的内容连贯、通顺、合理。目前剪辑软件比较多,根据实际情况选择即可。

(5)效果处理。为了增加视频的表现力,可以为视频添加字幕或处理声音。恰当的字幕和声音效果可以更好地展现视频画面的内容,引起观看者的共鸣。专业的视频效果需要专业的软件支撑,目前视频处理的专业软件比较多,如 Arctime,它是一款专业的跨平台字幕软件,功能强大、简单高效。具体根据实际情况选择即可。

(6)发布。视频制作完成,需要选择视频播放平台,以获得更多的流量。越来越多的平台都提供短视频服务,企业应该根据各个平台的奖励政策、管理条例、平台受众等,选择合适的合作平台。

(7)效果评估。企业要分析观看的流量、询盘率、变现率、评论区留言内容等数据,以评估视频效果,为下期视频内容设计、投放提供决策依据。

> **知识拓展**
>
> **短视频制作工具**
>
> 短视频制作是短视频营销的关键,当前短视频制作工具种类繁多,各有特点。以下简要介绍几种常用的工具。
>
> (1)VUE:全能型。VUE 可以任选拍摄长度,调整短视频画幅,消除视频原声,添加贴纸与趣味背景音乐,还有非常贴心的美肤功能。
>
> (2)Quik:自动生成相册视频。Quik 更加偏向于快捷、智能地"生成"一个视频。Quik 里的每个模板都有独特的转场效果和背景音乐,可以决定整个视频的情绪、节奏、基调等。配乐也是 Quik 的主打功能。Quik 不仅自带优质的配乐,还可以导入更多音乐。
>
> (3)InShot:丰富的动态贴纸,最"潮"的视频制作工具。除了超级转场效果、免费音乐曲库、电影感的滤镜和特效等,InShot 最大的特色之一就是内置多种多样的动态贴纸,包括可爱表情或一些特效贴纸。加入有设计感的贴纸,会让整个视频画面活泼又生动。
>
> (4)猫饼 ö:自带"萌属性"和"小文艺"。猫饼 ö 添加文字样式的丰富度和调整的自由度是同类型工具中做得比较好的,它不仅拥有许多精心设计的文字样式,还支持自己选择字体和颜色。同时添加多条文字的操作也十分方便,非常适合为短视频配字幕。
>
> (5)一闪:电影胶片质感。一闪的视频剪辑功能凝聚了国内顶尖"Volgger"的制作经验,操作十分高效、流畅。独家曲库、丰富的滤镜给予视频电影胶片的质感。
>
> (6)传影:海量素材模板一键套用。这是一款以丰富模板为特色的短视频制作工具,持续更新当下热门视频与海报创意模板,无论是产品推广、企业宣传还是家庭相册等,都有现成的丰富模板,而且可以一键套用,快速制作。

7.4.2 短视频营销推广方法

1. 做好自身定位

企业在做短视频营销的时候,首先要做好自身定位。自己要推广哪些产品,产品有哪些卖点,核心优势是什么,这些信息都要做好准备。如果企业不清楚自己的定位,不知道产品的卖点,甚至不知道销售的目标客户是谁,做出来的短视频往往效果很差,"粉丝"流量也不会增加,增加的也可能不是精准"粉丝"。比如,企业是销售护肤产品的,那么制作的视频就要美、时尚,要给人信任感才行。

2. 做好标题

短视频要想增加流量,第一步就是标题足够好,用户一看短视频的标题就会被牢牢吸引,才会打开并观看短视频。如果标题毫无新意,用户根本不会打开。在设定短视频标题及描述时,也要注意关键词的植入,使短视频在平台搜索中得到好的排名。比如,企业销售护肤美白产品,可以把美白这个关键词放在标题内,引起大众的关注。

3. 做好内容布局

做短视频一定要注意内容布局。短视频是靠内容取胜的,如果没有好的内容,是不会得到"粉丝"肯定的。企业做内容选材的时候,应多找一些大众关注的热点信息,迎合大众的口味。还要寻求用户的认同感,认同感越强,用户关注企业就会越多。

4. 做好平台引流

企业要清楚短视频的目标就是"引流涨粉"。因此,短视频的结尾一定要做好自己平台的链接,让用户可以根据链接找到企业并关注。短视频的引流链接有多种选择,企业要迎合大众的口味。比如,如果企业将自己的平台链接放在短视频的中间位置,就会阻碍用户观看短视频;如果放在开头位置,时间短,用户还没反应过来,链接就消失了。在结尾预留10秒放置引流链接是相对不错的做法。

吸引"粉丝"关注、实现流量转化的方法多种多样,企业必须掌握一定的策略,不能蛮干。"粉丝"之所以关注,是因为企业有吸引人的地方,如便宜的商品、丰富的内容、热情的服务等。因此企业要迎合用户的需求,做好对应策略的选择,这样才能成功精准引流。

7.4.3 短视频营销注意事项

(1) 短视频内容要符合企业定位。短视频的技术门槛低,终端设备普及率高,用户水平差异大,导致短视频的内容质量参差不齐。很多企业录制的短视频都不符合企业定位,缺乏品牌风格。企业要想做大做强品牌,必须树立品牌形象。短视频的内容要符合企业定位,要能体现出消费者的体验感。优质的短视频推广可以帮助企业品牌有效摆脱价格战的恶性循环,树立品牌形象,并以独特的销售理念逐步建立品牌声望,确定品牌在行业的位置。

(2) 短视频内容要短小精炼。短视频的重点落在"短"上,既然要简短,就必须重点突出,内容精炼。过长的视频,内容必然烦琐冗余,用户无法认真、完整地看完视频,最终排斥企业产品。

(3) 短视频主题要有创意。要想在海量短视频里脱颖而出,留住用户,并唤起用户的情感共鸣,靠的是创意。短视频最核心的因素就是创意。看网络短视频的年轻人比较多,他们对创意比较感兴趣。枯燥无聊的内容很难引起广泛传播,有个性和趣味性的优质内容才能赢得用户的心。

(4) 精心选择发布时间,定期更新,增强用户黏度。由于用户活跃时间不同,短视频的发布时间与最终的观看数据也有密不可分的关系。一般来说，在用户活跃高峰期发布的短视频，成为"爆款"的概率更高。通过短视频开展营销活动应该是有计划、持续的过程，这必然要求企业定期更新账号里的视频，保持账号的高活跃度，以增加用户黏度。

（5）不涉及敏感信息。发布的短视频要遵守国家和平台的相关规定，如不能发布敏感类视频或涉及相关词汇的视频。企业在拍摄短视频之前也可以围绕同类账户或竞争对手的账户，从选题、互动、拍摄手法、视频风格等方面进行研究后，再策划自己的拍摄内容。

（6）选择适合的平台，熟悉平台规则。了解平台特性，选择与自身品牌气质符合的平台。每个短视频平台都有自己的特点，这就需要短视频营销者在发起营销活动时选择适合自己的"战场"。比如，抖音 15 秒的视频时长是标准 TVC（Television Commercial，电视商业广告）的时长，可以展现较为完整的品牌故事和产品概念；小红书一开始是一个生活方式分享社区，随后开放了品牌方等入口，其用户群体以女性居多，所以非常适合美妆产品的推广。

运营账号之前，一定要了解并掌握平台规则。比如，短视频平台鼓励和保护原创，对于一些纯搬运别人作品的账号，无论账号"粉丝"多少，都有可能被系统屏蔽。娱乐类的账号"涨粉"后，售卖或转型的，一经发现，停止官方的一切合作。作品内容和账号都不可带有宣传营销性质的内容，一经发现，会被做降权处理。所以，企业一定要严选平台，并严格遵守平台的规则。

（7）切忌随意发布。如果有明确的经营目的，如"涨粉"、变现、树立企业品牌等，短视频账号就不能任性使用，随意发布短视频。必须和企业的定位一致，精确分析"粉丝"情况，才有可能获得较高的精准流量，提高变现率。

（8）及时与用户互动。有很多人存在关于短视频的错误认知，以为设计录制短视频内容并完成发布就是运营，然后等着流量上门。实际上，在视频发布后，不管视频本身带来的效果如何，一般来说，评论区都会有一定的活跃用户留言。企业不要因为用户数量少、留言少而忽视关注的用户，要及时与这些用户互动，解答用户问题，尊重用户感受，传递企业重视客户的态度。

积极的互动不仅能够吸引用户的关注，同时自己回复用户的评论也在评论留言的数据里，所以与用户积极互动也是比较重要的。

（9）发布短视频之前要养号。发布的短视频传播力小，影响不大的最大原因就是短视频账号没有养号。要把账号操作好，一般先要养号。养的意义在于，稳定账号的特色，引起更多人的关注，吸引更多人进行传播，分享账号发布的内容等。养号会增加短视频账号的权重，权重越高，推荐量才会越大，发布的短视频的传播性才会越好。

（10）重视封面和话题。短视频流量的分发以关注和附近为主，并根据内容标签智能分发。短视频分发后，只有短视频完播率、互动率、点赞量、转发量数据较好，才能有下一次推荐机会。短视频封面和话题热门度会直接影响观看率、观看体验及其他短视频运营评价指标。

> **知识拓展**
>
> **短视频运营评价指标**
>
> 短视频运营评价指标主要包括播放量、评论量、点赞量、转发量和收藏量。另外，还有相关的比率指标。其公式如下。

（1）播荐率=播放量/推荐量×100%

播荐率高的视频，说明推荐后被观众打开的概率更高，一般可以表明这条视频的标题、配置的图片、相关的描述比较吸引人。

（2）评论率=评论量/播放量×100%

评论率高的视频，说明观众表达意愿强烈，内容能够引发观众的讨论。

（3）转发率=转发量/播放量×100%

转发率高的视频，说明观众更愿意推荐给朋友或通过视频表达个人的观点或态度，有较强的传播性。

（4）收藏率=收藏量/播放量×100%

收藏率高的视频，首先代表内容本身对于观众有用，收藏后可能再次观看。如果收藏率高，但是转发率很低，可能涉及观众的隐私，传播有一定的局限性。

本章实训

一、实训目标

初步掌握短视频拍摄和编辑方法，理解制作精良的短视频不仅要有创意，还要有较强的专业能力。

二、实训内容

◇实训任务一

1．下载当前主流的视频编辑软件，如快剪辑、会声会影、Premiere、EDIUS、爱剪辑等。
2．学生分组，自定主题，设计短视频剧情，用手机拍摄一段短视频。
3．用视频编辑软件进行剪辑，要求配音乐和字幕。
4．分组演示播放短视频，并讲解整个拍摄和剪辑过程。

◇实训任务二

1．自选一种短视频类型，设计一条富有新意，时长不超过3分钟的短视频。
2．用自己的手机完成拍摄和剪辑。
3．将短视频发布到选定的短视频平台。
4．关注同学的短视频，从营销推广角度比较哪条短视频制作得更好。

三、实训总结与思考

1．分析短视频制作的难点。
2．分析开展短视频营销的难点。

课后习题

一、单项选择题

1．短视频制作过程中最难的是（　　）。
　　A．撰写剧本　　　　B．创意和思路　　　　C．拍摄　　　　D．剪辑

2. 短视频主题要（ ）。
   A．贴近百姓生活　　B．大胆　　C．有创意　　D．搞怪
3. 短视频定期更新的目的是（ ）。
   A．增加黏度　　B．实现销售　　C．提高知名度　　D．增加流量

二、多项选择题

1. 短视频类型有（ ）。
   A．短纪录片型　　　　　　　　B．创意剪辑型
   C．"网络红人IP"型　　　　　　D．"草根恶搞"型
2. 短视频营销的特点有（ ）。
   A．运作过程更专业　　　　　　B．内容策划立体化
   C．具有强大的互动性和分享性　D．体现"粉丝"经济最大化
3. 短视频营销的类型有（ ）。
   A．"网络红人"短视频营销　　　B．场景体验短视频营销
   C．情感共鸣短视频营销　　　　D．"草根恶搞"短视频营销
4. 短视频的盈利模式有（ ）。
   A．加入广告　　B．电子商务　　C．内容付费　　D．为终端服务导流

三、简答题

1. 简述短视频的定义及类型。
2. 短视频的盈利模式有哪些？
3. 简述短视频内容制作流程。
4. 短视频营销推广可以采用哪些方法？
5. 短视频营销有哪些注意事项？

第8章 直播营销与推广

章节引言

随着互联网信息技术的快速发展，以直播电商为代表的营销模式快速崛起，淘宝、京东等传统电商平台纷纷入局，抖音、快手等流量平台也快速加入。线下商场、实体店店员、企业老板纷纷变身成为电商主播，明星、县长也走进直播间，利用网络开展直播营销推广。电商直播基地已经初具雏形，电商直播成为各级政府提振经济、拉动消费的新增长点。作为新业态的典型代表，电商直播成为发展势头最迅猛的互联网应用之一。充分认识和了解直播营销与推广的方法和策略，对于抓住电商直播发展机遇，实现企业的稳步快速发展至关重要。

引导案例

直播电商平台激战"年货节"

相较 2020 年的"年货节"只有淘宝直播和快手的"单调"，2021 年的"年货节"显得格外热闹，抖音、小红书等纷纷加入战团，直播电商界的三大主力——抖音、快手、淘宝直播蓄势待发。

1. 抖音参战，三大平台开启年货节

2020 年 12 月 3 日，抖音就启动了年货节招商大会，并通过直播的形式在平台呈现。招商大会通过"新年货、新生意""抖音年货节核心玩法"等主题分享，由多位官方运营人员就年货节的特色玩法、抢新攻略进行细致讲解。紧随抖音之后，2020 年 12 月 16 日，快手也在杭州举办了年货节招商大会，现场就年货节的玩法、扶持政策等进行了解析。淘宝直播也正式开始了主题为"牛年看直播，囤起对的货"的 2021 年年货节活动。

2. 抖音、淘宝时间同步，快手拉长战线

抖音直播年货节从 2021 年 1 月 4 日持续到 1 月 20 日，分为三个阶段："抖音新年购，买遍全中国""抖音贺新年，品类大狂欢""抖音新年味，抢新年货节"。淘宝直播也分为三个阶段：1 月 7 日—16 日的超前看点，仅限直播频道的"种草"；17—19 日的预热期，全平台的年货节活动预热开始陆续上线；以及 20—25 日正式期，全平台年货节活动正式爆发。快手直播年货节则分为两个阶段：1 月 4 日—31 日举办"快手年货节"活动，2 月 1 日—26 日举办"春节不打烊"活动。相比抖音和淘宝的年货节，快手的活动延长了近 1 个月的时间,最大限度挖掘春节期间的用户流量。

3. 流量加现金:又一场补贴大战

(1)抖音——阶梯式流量扶持。抖音在年货节期间的扶持重点依然是流量推荐,通过完成每日任务、排位赛任务等,为对应的主播账号提供流量入口。抖音为消费者提供"粉丝"券、年货秒杀、超级直播间、新人专区等福利,实实在在给消费者好处。另外,抖音还针对特定品类推出好品特惠,如对手机数码、大牌美妆等类别商品进行补贴。

(2)快手——百亿补贴,着重拉新。相比抖音面向商家主播的流量扶持,快手的扶持则更偏向用户——如何借助春节前的这一波热点,尽可能地吸引新用户,并让他们留存在平台上。为此,快手电商针对性地拿出亿元现金和百亿流量做活动奖励,并特别设立新人 1 元购活动,欢迎消费者来平台"薅羊毛"。针对直播带货面临的供应链问题,这次快手也提出了自己的解决方案,就是通过快手好物联盟供销赋能主播,让他们卖得放心,卖得安心。

(3)淘宝直播——视播联动,加大内容扶持。淘宝直播首页频道更换为"关注""直播""视频"三个主频道,短视频内容权重大大增加。淘宝直播发布"光芒计划 4.0",进一步强化和短视频 MCN、"达人"的合作,对符合平台内容要求的"达人"进行千万级现金和流量奖励。淘宝联盟从 2021 年 1 月 15 日起,对与各大内容媒体平台联合发布的"星 X 计划"进行开放升级。根据新政策,1 月 15 日后,"星 X 计划"将降低国内主流内容媒体平台中各类目内容库入库佣金门槛,降低微博和小红书平台的内容场景专项软件服务费。

案例思考题

1. 从抖音、快手、淘宝平台投入大量资源开展直播战,可以看出直播营销未来有怎样的发展趋势?
2. 从三大平台在年货节的直播竞争来看,未来我国的直播行业会迎来怎样的市场?
3. 面对激烈的直播营销市场,企业应该如何开展直播营销与推广?

8.1 直播营销概述

随着互联网和电子商务的发展,直播营销成为企业竞相采用的热门营销方式。与传统电商营销模式不同,直播营销不仅可以展示商品的图文信息,还可以以实时视频方式使主播与用户互动。直播营销开创的全新信息交流方式及平台聚集的用户资源对电商来说具有极大的商业价值。利用网络直播平台进行有效的营销传播,为电商导入流量,促使流量变现,实现传播效益和经济效益的统一,成为企业新的业务增长突破点。

8.1.1 直播营销的内涵及特点

1. 直播营销的内涵

直播营销是通过主播对产品的详细展示、生动介绍,以及用户与主播实时互动,使用户更好地了解产品,从而提高产品知名度和市场影响力,增加市场销售额。直播营销的方式吸引了大量网络用户的关注,在满足用户购物需求的同时,也为商家带来丰厚的利润。

广义来看,直播营销是指以直播平台为载体进行营销活动。狭义来看,直播营销就是采用视频直播形式,在个人计算机端及移动端上进行的营销,目的是品牌推广或产品销售。总体来说，直播营销以营销为目的，以直播为方式，以网络为平台（不包括传统的电视直播）。这也是直播营销的三个组成部分。网络包含移动通信与互联网，相对应的是移动端平台和个人计算机端平台；直播是指在现场随着事件的发生、发展进程同时制作和发布信息，具有双向流通过程的信息网络发布方式；营销是指企业以发现或挖掘用户需求为出发点，通过营造和展现产品或服务的价值去推广、传播和销售产品。

2. 直播营销的特点

（1）向用户传递真实、动态的商品内容。传统的电商销售主要采用静态图文的形式介绍商品，不仅向用户传达的信息有限，而且美化过后的商品图片还会使用户对商品的真实性存疑，这些均不利于激发用户的购买欲。而直播通过影像镜头将商品真实地展现给用户，动态视频包含了更加丰富、立体的商品信息，有助于用户直观、全面地了解商品。比如，销售水果时，传统的文字、图片信息只能介绍水果的外貌、产地、口感等，用户无法立体感知水果的更多信息，而直播时主播可以向用户展示水果的产地，以及采摘、包装等一系列过程，当场试吃，还能够解答用户疑问，这些均能激发用户的购买欲望。

（2）主播可以与用户实时互动。直播平台通过流媒体、智能终端及移动网络等技术实现了用户与主播、用户之间的实时互动，商品信息的传递不再是单向、直线的过程，而是多次、反复、双向互动。在直播购物场景中，主播会向用户展示商品的特性，还可以设计打卡、优惠、抽奖、投票等增加与用户的互动，用户则可以通过弹幕、表情、刷礼物等方式与主播进行交流，主播与用户之间的互动实时、高效。传统的线下营销会受到场地、设备、时间等各种客观因素的影响，从而影响用户的互动热情。电商直播间的主播与用户的互动可以作为刺激消费的重要因素，能够充分激发用户的积极情绪，影响其价值判断，使用户产生购买行为，而用户对主播的忠诚度也会提升。

（3）场景化直播增强了用户的临场感。传统的电商销售模式导致用户与现实购物场景互相割裂，用户无法体验到现场购物时的真实快感。而电商直播为用户打造了一个更具体的购物场景，赋予电商行业更真实的拟态购物环境。用户虽然置身于虚拟的直播场景，却能够与主播实现实时、高效的信息传递与情感互动。并且由于主播大大强化了自身的直播场景，用户的注意力会高度集中在直播场景中，并且能够通过文字与直播间其他用户进行交流，可以给予用户一种与他人一起逛商场的感觉，消费体验如临现场。由此可见，电商直播重构了电商的营销场景及路径，用户的购物体验也得以升级。

（4）信息传播更加精准。信息精准传播的最终目的就是以最低的成本向目标受众传递更精准的信息内容，以达到最好的传播效果。电商平台将用户分为目标明确型用户、目标迟疑型用户、漫无目标型用户。目标明确型用户购物目标明确，所以直播电商往往不会将这类用户视作目标受众；目标迟疑型用户会在多个商品大类中间做出决策，直播电商会将这类用户作为目标受众，发挥自身的导向作用，以促进用户的购买行为；漫无目标型用户往往没有购买意向，观看直播也多是被主播的个人魅力、商品样式等其他因素所吸引，此时就需要主播用更具说服力的内容引导用户购买产品。直播过程中，主播可以根据用户的浏览数据、评论内容对销售重点进行调整，精准把握用户的需求，向目标消费群体传递更优质、更高效的信息内容，取得精准传播的效果，促进用户的购买行为。

> **知识拓展**
>
> **直播营销的三种模式**
>
> （1）品牌+直播+明星。这种模式相对成熟，方便执行，容易成功。
> （2）品牌+直播+企业日常。"企业日常"包括企业确定、研发、生产产品的过程等，甚至企业开会的状态、员工的工作餐都可以。将企业日常搬上直播平台是一种可以吸引注意力的直播营销模式。
> （3）品牌+直播+深互动。企业想要让品牌通过直播平台与用户进一步"深互动"，需要极强的创新思维。

8.1.2 直播营销流程

无论是企业还是个人，开展直播营销时往往离不开以下几个流程，如图 8-1 所示。

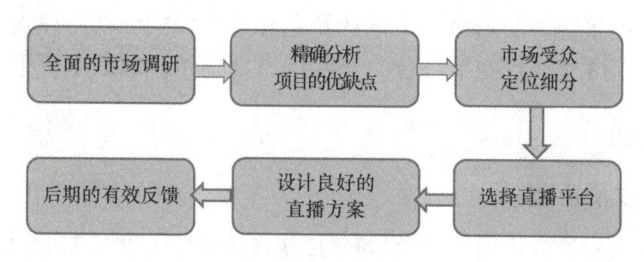

图 8-1 直播营销流程

1. 全面的市场调研

直播营销的目的是向大众推销产品，前提是要深刻了解用户的需求，还要避免同质化的竞争。因此，一方面需要深入了解用户的需求，另一方面需要全面了解竞争对手的状况。只有做好全面的市场调研，才能制订真正让大众喜欢的营销方案。

2. 精确分析项目的优缺点

对大多数企业来说，没有充足的资金和人脉储备，就需要充分发挥自身的优点来弥补。一个好的项目也不能仅依靠人脉和财力的堆积，只有充分发挥自身的优点，才能取得意想不到的效果。

3. 市场受众定位细分

直播营销能够产生预期结果才是有价值的。受众是谁，他们的具体需求是什么，如何更好地满足受众需求等，都需要明确的市场受众定位细分。只有找到合适的受众，做好准确的市场定位，才是做好直播营销的关键。

4. 选择直播平台

直播平台种类多样，可以划分为不同的领域，其受众群体也不同。直播营销的产品涉及不同的领域，如电子产品、化妆品、服装、农产品等，恰当匹配直播平台与营销产品可以使直播营销事半功倍。

5．设计良好的直播方案

做完上述工作之后，成功的关键就在于最后呈现给受众的方案。在整个方案设计中需要销售策划及广告策划的共同参与，让产品在营销和视觉效果之间恰到好处。在直播过程中，过分的营销往往会引起受众的反感，所以在设计直播方案时，如何把握视觉效果和营销方式，还需要不断调整。

6．后期的有效反馈

直播营销最终要落实在转化率上。实时的及后期的反馈要跟上，同时通过数据反馈不断修整方案，为优化和调整后续的直播营销方案提供经验。

8.2　直播营销主要平台

随着直播营销的飞速发展，电商平台和新兴自媒体平台纷纷开展直播业务，并且在主播类型、品类特色、直播场景等方面形成了不同的特色和运营模式。其中以淘宝直播、快手直播和抖音直播最具代表性，成交额排在前三位，是我国直播营销领域的主要平台。

8.2.1　淘宝直播

1．淘宝直播的发展历程

随着移动端逐渐成为各大电商平台营收的主力，直播行业也发生了巨大的变化。2016 年 3 月，淘宝直播上线试运营，并将 3 月 30 日定档为淘宝直播盛典，与"618""双 11""双 12"形成了全年的大促营销布局。2017 年确定了战略目标："在人群、内容、流量、玩法、商业化五个方向做升级。" 2018 年确定了双百战略："培养 100 个月收入百万元的主播。" 2020 年确定了年度战略："打造 10 万个月收入过万元的主播，100 个年销售过亿元的 MCN 机构，并发布 500 亿元资源包，覆盖资金、流量和技术。"作为淘宝直播一年一度的内容生态盛典，淘宝直播盛典不仅提供了各具特色的直播内容，更从全方位展示了淘宝直播的强大销售能力和无限生态活力。作为首个爆发的新经济业态，淘宝直播用了 4 年时间，创造了一个全新的产业，推动直播电商进入成熟期。

淘宝直播掀起的新经济热潮，催生了十大淘宝直播之城，杭州、广州、连云港、宿迁、上海、北京、深圳、成都、苏州、金华。淘宝直播间覆盖了全球 73 个国家的工厂、田间、档口、商场、街头和市场，驱动着全民直播时代的到来。

2．淘宝直播的特征

淘宝直播在平台属性、流量来源、供货来源、主播类型等方面具有鲜明特征。

（1）在平台属性方面。淘宝是我国最大的 C2C 电商平台，具有非常丰富和全面的商品品类，因此，淘宝直播是电商平台开启的直播营销渠道。

（2）在流量来源方面。手机天猫或手机淘宝客户端都内嵌了淘宝直播，用户可以从手机天猫或手机淘宝的首页、微淘、店铺等页面直达淘宝直播的入口，这是其主要的流量来源。淘宝直播也推出了网页版和独立的 App。随着阿里巴巴对淘宝直播的持续投入，淘宝直播的月活跃用户显著增加，淘宝直播助力商家通过直播方式与"粉丝"及消费者进行营销互动，成为商家最快速及有效的销售模式之一。同时，淘宝通过与抖音、快手等社交平台深入合作导入流量，增加商品销量。

（3）在供货来源方面。淘宝体系内有几百万个商家，产品品类齐全，美妆、服装、家电、家装等一应俱全，并且价格区间非常广，能够满足几乎所有层次消费者的不同需求。因此，淘宝直播主要服务于淘宝、天猫商家，实现站内商品成交。

（4）在主播类型方面。淘宝商家众多，每天有4000多家店铺做直播，多以店主或店员自播方式进行。另外，淘宝大力资助MCN机构、电商直播服务机构等第三方机构，以"淘女郎"起步的"网络红人"主播直播销售效果惊人。

3. 淘宝直播的主要角色

淘宝直播的核心产品价值，在于通过帮助主播、商家向消费者提供实时互动的视频内容，创造有吸引力的消费场景。消费者可以在看直播的同时进行购物、交流，领取优惠，关注明星、"网络红人"和商家，完成多线程的产品体验。最终的购物决定则因为在体验过程中受到某个特殊场景的影响，可能是明星的推荐，折扣优惠，也可能是情绪被节目或群体带动，使消费者产生了对商品的好感和购买欲望。

在淘宝直播的核心产品逻辑（促成交易）中，涉及的主要角色有商家、主播、消费者。商家提供商品的销售和服务，希望增加销售额，提高知名度。主播通过生产直播内容，帮助商家宣传商品或品牌，从而获得报酬。商家也可以自己作为主播。消费者通过观看直播内容了解商品信息，或者获得娱乐。淘宝直播则是主播和商家合作的撮合者、内容的载体和分发者，同时服务以上三种角色。它们之间的关系如图8-2所示。

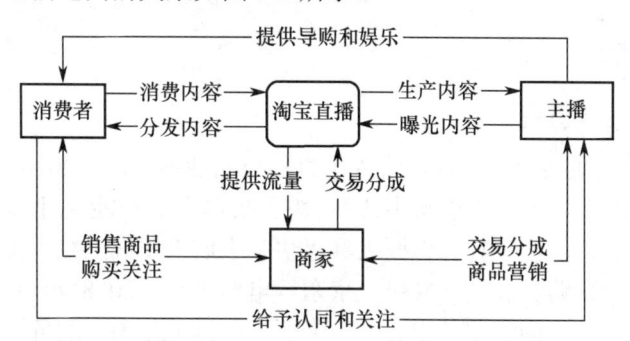

图8-2 淘宝直播与主要角色的关系

4. 淘宝直播的主要功能

（1）淘宝直播客户端主要功能。客户端主要为消费者提供视频内容，以及互动和购物通道。主要功能包括信息流、直播间和主播个人主页。①信息流是直播内容分发的主要途径。淘宝直播在产品设计上分为"推荐"和"分类"两种，这两种信息流均采用"千人千面"展示方法，对应不同的用户场景。②直播间是淘宝直播的核心功能，是观看内容、参与互动、触达优惠、购物入口等多个重要场景的汇集地。③主播个人主页主要功能包括关注主播、进入直播、直播预告和精彩回放（历史直播）。

（2）淘宝直播主播端主要功能。主播端是服务主播和商家的工具，用户可以在"主播"和"商家"两种身份之间切换。主要功能包括入驻申请、内容发布、管理合作、资讯等。直播权限分为两个等级，分别是"直播权"和"浮现权"，后者的权限等级更高。开通直播权后，直播间仅可以出现在微淘和店铺首页。开通浮现权后，直播间还可以出现在淘宝直播的频道中，享有淘宝直播平台的推荐流量。

5. 淘宝直播的核心指标

核心指标是衡量产品或业务表现的最关键指标。根据淘宝直播的核心产品逻辑，其核心指标应为"直播销售额"。对核心指标进行分层拆解，公式如下：

（日）直播销售额=（日）直播场次×单场次平均销售额

在不同的产品阶段，应该重点关注的指标有所不同。在产品推广前期，直播场次可能是影响直播销售额的主要因素。

（日）直播场次可以进一步拆解，公式如下：

（日）直播场次=入驻主播数×主播（日）活跃率×主播（日均）直播场次

可以总结出推广前期产品运营的三个关键目标：吸引更多的主播入驻；提高活跃主播的占比；鼓励活跃主播进行更多的直播。

从淘宝直播发展历程可以看出，推广前期产品运营工作主要集中于主播孵化和内容增长。淘宝直播获得成功的几个关键点如下。①在资源层面，利用淘宝平台自身的品牌、流量、商家和商品库。②在业务层面，建立了商家、主播、消费者之间的良好关系。③在运营层面，通过培养主播，与PGC（Professional Generated Content，专业生产内容）机构合作，为消费者提供了大量优质内容，顺应了娱乐化消费的大众心理。④在功能层面，触达内容—直播互动—对接商品和优惠—完成交易，消费者体验链路完整封闭，有较强的沉浸感和参与感，受外部环境影响小。

8.2.2 快手直播

1. 快手直播的发展历程

2016年1月，快手上线直播功能，进入了直播电商业务阶段。2016年10月后，快手推出成体系的营销产品功能，上线"粉丝头条""快手接单"等功能，开始帮助商家和"网络红人"对接。2018年6月，快手官方电商工具"快手小店"正式上线，支持自建小店，并接入了淘宝、拼多多、苏宁易购、有赞、魔筷、京东等电商平台。2018年7月，快手正式建立商业化团队，下设商品研发、创新业务中心、广告业务、商业生态、业务运行等多个二级部门，开展直播电商营销业务。2019年，快手打通了拼多多、京东供应链，孵化出日销售能力破亿元的"达人"主播。2020年，快手直播飞速发展，加快构建和完善快手直播内容生态体系。随着直播电商的爆发，快手加快商业变现，大力扶持广告营销、直播营销等商业模式，成为我国重要的直播电商平台。

2. 快手直播的特征

快手直播在平台属性、主播类型、商品属性和转化率等方面表现出鲜明特征。

（1）在平台属性方面。快手起源于短视频行业，具有天然的社交属性，在开展直播电商业务后加入了内容属性。快手的强社交信任属性使其用户黏性非常高。在开展直播营销的过程中，快手通过与淘宝、天猫、有赞、京东、拼多多等合作，构建了越来越完整的供应链体系。同时，打造快手小店、磨筷星选等平台，自建电商交易渠道，提升电商载体特性。

（2）在主播类型方面。基于流量分发普惠原则，快手上绝大多数是中小型主播。同时，头部主播逐渐形成,直播营销的影响力迅速扩大。"达人直播""打榜""连麦"等直播模式特色显著。"明星加快手达人"和"企业家加快手达人"模式已经成为快手直播带货的新"标配","文旅局长加快手达人"的新快手直播带货模式也在不断发展,局长参与提升了内容的专业度,最终实现地方文旅经济的发展和商业变现的双赢。以往快手直播带货在直播间进行的固有模式也被打破,走出直播间的快手直播带货或将成为新风尚。

(3)在商品属性方面。服装、美妆个护(以个护为主)仍占比最多,另外,珠宝玉石、家电、食品、家纺、母婴儿童类产品也快速增长。由于快手用户多分布在三四线城市,收入水平较低,消费能力有限,因此高性价比的白牌商品较多。其中,最典型的畅销白牌商品集中于食品饮料、家居日用、服装等行业,相比其他行业,这类商品更强调实用和口碑,一旦满足了这两点,用户便愿意下单,这也可以解释为什么缺少品牌知名度的酸辣粉、螺蛳粉、小火锅、洁面巾、卫生巾等能在快手销售火爆。

(4)在转化率方面。快手流量分发的普惠机制,有利于主播平稳、持续涨粉,可以保障主播的"粉丝"稳定性,同时,主播与"粉丝"之间的强交互性和高信任感更能增加用户黏性,直播营销更容易实现转化。另外,快手直播场景多以产地直播、基地直播为主,主播与用户信任度高,有助于提高直播转化率。

3. 快手直播的优势

(1)活跃主播数量多,用户留存率高。快手一直坚持普惠原则,普惠式流量分发机制不易制造爆款,但易造就独特的"老铁关系"。基于用户社交、关注兴趣的弱调控流量分发机制直接"链接"主播与"粉丝",加强双方黏性,沉淀私域流量,诞生了信任度较高的"老铁关系"。在商业变现方面,相比以广告营销为主的抖音,快手依托独特的"老铁关系",在直播领域更具优势。在分发策略上对中小主播的侧重,加上主播与用户间长期积累的信任关系,使得快手平台活跃主播数量远远超过其他平台。

(2)用户集中于城镇和乡村,商品价格较低。快手在三四线城市渗透率更高,用户遍布城镇和乡村。从收入和学历来看,快手用户学历较低、收入水平也较低。直播销售商品价格,30~50元的占比最多,其次是30元以下和50~80元的商品。据30日内热销榜,食品饮料、个人护理、精品女装类商品占总销量的63.3%。相比品牌知名度及产品口碑,快手用户更信赖主播的推荐,也更追求产品的高性价比和实用性。

(3)直播场景多样化,更接地气。快手有大量工厂、原产地、产业链上的主播,他们的直播内容也紧紧围绕自身属性。比如,很多主播会直播自家的果园、档口、店面,强调产品源自"自家工厂",这种直接展现产品源头、产地的销售方式,可以让消费者对产品有更直观的了解,从而提升他们对产品的好感和忠诚。

(4)业务场景多样化。快手拥有多样化的业务场景,包括连麦、PK、聊天室、KTV、游戏直播等,基本覆盖了目前音视频技术的各个主流细分场景。其中,直播PK赛是2020年在快手平台上逐渐成熟的一个营销标准化产品,也是快手作为头部视频平台商业化成熟的一个标志性产品。

(5)与主流电商平台合作,优化直播营销生态。2018年,快手联合阿里妈妈、京东联盟、拼多多三家主流电商平台,成立"电商价值联盟",宣布联盟成员将与快手在流量、数据、内容和社交等领域逐步展开合作,优化升级联盟成员和快手之间资源的合理分配与快速流通，努力打造用户体验和商业需求可持续发展的电商生态。2019年，快手宣布与拼多多、京东等购物平台对接，加上之前与淘宝、天猫等电子商务平台的对接，快手已与主流电子商务平台建立合作关系。另外，快手着手打造自身的电商直播体系，开通快手小店（见图8-3），全面打造直播电商生态系统。

图8-3　快手小店开店页面

8.2.3　抖音直播

1．抖音直播的发展历程

2018年3月，抖音直播间上线"直达淘宝"功能，开始尝试直播电商业务。2018年5月，抖音上线"网络红人"自有店铺入口。2019年4月，抖音与京东、网易考拉、唯品会打通，推出了线上快闪店、电商小程序、Dou+推广等功能，直播电商业务进入新阶段。2020年4月，罗永浩正式入驻抖音直播，成为抖音正式进军直播电商的标志之一。

2020年6月，抖音上线抖店App，牵手苏宁，打造直播电商IP。同时，其母公司正式成立了以电商命名的一级业务部门，统筹抖音等多个内容平台的电商业务运营，直播电商成为战略级业务。2020年10月，抖音直播电商第三方来源的商品不支持进入直播间购物车，这一举动意味着淘宝、京东的商品无法通过抖音直播获得销量。以此为转折点，抖音直播电商不再是"抖音直播—淘宝成交"，抖音平台开启了自建直播电商之路。

2．抖音直播的特征

抖音直播在平台属性、主播类型、商品属性和发展机会等方面具有鲜明特征。

（1）在平台属性方面。抖音作为头部短视频平台，拥有大批主播和"粉丝"，日活跃用户达6亿人次，生产大量内容，具有"社交+内容"属性。在直播变现过程中，抖音与淘宝、天猫、京东、有赞、拼多多等电商平台合作，同时开通抖店、魔筷星选，自建电商体系。

（2）在主播类型方面。抖音拥有头部主播200多人，腰部主播2000～3000人，长尾主播5万～10万人。抖音的流量偏公域，直播带货的数量较少，尚没有形成具有持续影响力的主播。

（3）在商品属性方面。美妆、服装、百货类商品占比最高，且品牌有一定知名度。抖音以一二线城市用户为主，用户的消费能力更高，流量的转化率较高。

(4)在发展机会方面。抖音流量巨大,具有变现的基础优势,帮助商家进行品牌曝光成为重要的流量变现机会。抖音直播通过优化个性化推荐,提高流量利用效率,让流量配比更合理、更稳定。同时,重视直播内容升级,丰富直播内容。抖音直播不仅有专属的头部主播流量扶持,还有针对不同生命周期的直播创作者的相应流量支持。

3. 抖音直播的优势

和快手缓慢的商业变现不同,从诞生之初,抖音就在布局商业化。

(1)重视 MCN 机构的参与。2017 年,抖音开始邀请 MCN 机构入驻,目前大禹、洋葱、贝壳等国内头部 MCN 机构都已经入驻抖音。这些 MCN 机构生产优质的视频内容,抖音则为合作的 MCN 机构提供流量、资源曝光等扶持政策。随着抖音用户数量的飞速增加,MCN 机构内容制作水平的提升,抖音"红人"内容生态不断完善。抖音上大火的很多账号都出自 MCN 机构之手。虽然和快手一样强调"普惠",但抖音并没有避讳 MCN 机构的重要性。MCN 机构凭借运营和制作能力,更容易制作出"爆款"视频,也为平台用户的拉新和留存贡献了力量。

> **知识拓展**
>
> **MCN、PGC、UGC 的内涵**
>
> MCN(Multi-Channel Network,多频道网络)是一种源于 YouTube 的多频道网络产品形态,就是将 PGC 的内容联合起来,在资本的加持下,保障内容的持续输出,最终实现稳定的商业变现。MCN 已经形成了一套适应市场的生产模式,依托内容生产业态和运营业态,提供专业的孵化管理服务。
>
> PGC(Professional Generated Content,专业生产内容)泛指内容个性化、视角多元化、传播民主化、社会关系虚拟化,也称 PPC(Professionally-produced Content)。PGC 模式分类更专业,内容质量也更有保证。
>
> UGC(User Generated Content,用户生产内容)并不是某种具体的业务,而是一种用户使用互联网的新方式。UGC 的优点是用户可以自由上传内容,丰富网站,但缺点是内容质量参差不齐。

(2)强大的平台算法支持。抖音是今日头条旗下的视频平台,今日头条的核心优势是其强大的平台算法,抖音放大了这一优势。通过算法进行深度用户分析,计算出用户兴趣,短时间内完成内容的挖掘与推荐。依靠推荐算法,点赞量、评论量大的视频会被算法自动投放进更大的流量池,被推送到更多人的手机上,实现裂变。

通过这套机制,一条视频可以在抖音上迅速传播,抖音神曲、舞蹈等具有传播点的视频也是这样诞生的,为抖音用户的快速拉新起到了重要作用。对于今日头条这家热衷打造 App 的公司来说,抖音也印证了这个分工明确的 App 工厂正在走向成熟。

(3)"流量+扶持+变现"的直播生态建设。为了增加流量,抖音通过各种方式吸引"粉丝"加入。影视明星纷纷入驻抖音并担任美好生活记录员,逐渐形成明星带货矩阵。

2019 年 4 月,抖音宣布引入 1000 家公会,并进一步开放流量入口、优化直播广场,给直播更多流量扶持。2020 年,抖音开始自建电商体系,开通抖音小店入驻绿色通道,提供官方专属培训，招募电商代运营等服务商，推出直播黑马计划等，切断淘宝、京东等第三方链接，更体现了抖音自建直播电商生态体系的决心。抖音电商平台提供多种直播形式，如图 8-4 所示。在直播和短视频双轮驱动下，强运营、轻"粉丝"，弱化社交属性，通过直播变现方式留住用户，探索流量变现渠道。

图 8-4　抖音电商平台页面

8.3　直播营销推广策略

随着供应链、物流和移动支付等基础设施的成熟，直播营销推广成为新零售重要的商业模式之一，其发展围绕人、货、场三要素展开，而人是这三要素中的关键节点。在直播营销推广过程中，吸引流量和提高转化率是非常重要的，同时，优化直播内容、避免进入营销误区也必不可少。

8.3.1　直播营销推广三要素

直播营销推广三要素包括人、货、场，三者缺一不可。

（1）人。人主要指直播间的主播，包括明星主播、"达人推荐"、"草根带货"等，在直播营销中起到关键的营销推广作用，能够针对"粉丝"实施精准营销，刺激用户消费，促使流量变现。一般来说，拥有持续带货力的主播，"粉丝"、内容专业度、直播转化力缺一不可。除了头部主播，也总会看到"名不见经传"的主播拥有极强的销售带货能力，他们在口碑"种草"和带货转化中可媲美头部主播。

（2）货。货是指直播营销的商品，利用现代信息技术精准匹配消费者需求。可以借助大数据选品，找准用户核心需求，通过直播方式全面展示商品信息，通过限时低价、秒杀等促销活动刺激消费者购买。低价格标准化商品的竞争进入白热化，提高非标准高价格商品的潜在线上渗透率成为未来发展趋势。显然，找对与用户对话的人，成为企业参与直播电商的第一抓手，而人和货往往不能割裂。对于成熟主播，也并非所有的产品都照单全收，主播对商品的要求，也正是企业对自己直播电商中商品的基础要求。

各个平台有不同的商品偏好侧重点，符合平台特性的商品，更容易打造爆款。淘宝、快手、抖音优先选择食品饮料类快速消费品，服饰、鞋靴常常作为专场直播推广，美妆个护、居家日用品也是重要的品类选择。

（3）场。场是指直播营销场景。直播营销已经不局限于直播间，更加多元化，因此打破时间限制与场地边界成为必然。直播营销通过原产地、供应链基地、档口等打造多元化垂直场景，并且强调时效性，如小茶婆婆每年要去云南茶山外景直播三个月。

8.3.2 直播营销推广法则

在直播营销推广过程中，主播发挥着至关重要的作用，因此，直播营销推广需要紧紧围绕主播开展，具体法则如图 8-5 所示。

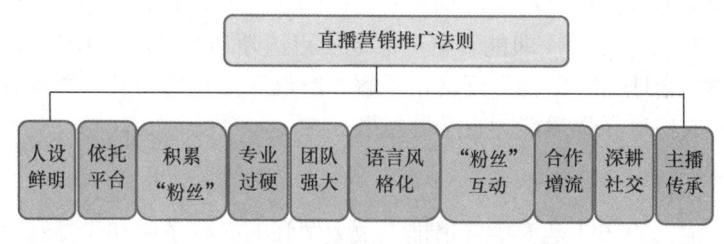

图 8-5 直播营销推广法则

1．人设鲜明

鲜明的人设是主播直播带货的先发条件。成功人设、勤奋人设、励志/逆袭人设在快手中最常见，并且用户的接受度也很高。而随着专业机构的入场和用户对优质内容需求的增加，专家/专业人设也越来越受欢迎。因此要想成为一名优秀的直播主播，一定要有鲜明的人设。

2．依托平台

找到与自身匹配的直播平台至关重要。各直播带货平台都有不同的特点，对于主播来说，找到最适合自己的平台，就离成功更近一步。淘宝、京东这样的电商平台，由于是天然的交易场景，供应链、物流成熟，信用体系和售后服务更加完善，因此更适合品牌商家和带货主播入驻。而快手、抖音、小红书等社交属性更强的平台对主播的内容输出要求更高，如快手的"粉丝"关注关系强，私域流量优势更加明显，小红书笔记"种草"转化效果好，女性用户占比更高，因此，更适合具备较强内容创作能力的 KOL、KOC 等入驻。

> **知识拓展**
>
> **KOL、KOC 的定义**
>
> KOL（Key Opinion Leader），即关键意见领袖，是营销学的概念，一般是指拥有更多、更准确的产品信息，被相关群体接受或信任，并对该群体的购买行为有较大影响力的人。与意见领袖不同的是，KOL 通常是某行业或领域内的权威人士，在信息传播中，他们即使不依赖自身活跃度，也容易得到承认并被识别出来。
>
> KOC（Key Opinion Consumer），即关键意见消费者，一般是指能影响自己的朋友、"粉丝"，使他们产生消费行为的消费者。相比 KOL，KOC 的"粉丝"更少，影响力更小，优势是更垂直、更便宜。

3. 积累"粉丝"

具备一定的"粉丝"基础，有利于直播营销快速完成冷启动。在直播营销前，如果主播能够在各社交平台积累一定数量的"粉丝"，那么在开展直播营销的最初阶段，这些"粉丝"将帮助主播快速完成冷启动，迅速积累人气和热度。很多影视明星拥有大量"粉丝"，在开展直播营销时，其"粉丝"成为重要的助力。

4. 专业过硬

主播带货的专业能力尤为重要，能讲"段子"的主播未必能带货。主播带货的专业能力是其在直播带货过程中能否吸引"粉丝"购买的关键因素之一。专业能力主要体现在以下几个方面。首先，商品讲解的专业性，即能否将产品地卖点清晰地传递给"粉丝"。其次，语言表达能力，即能否逻辑清晰地与"粉丝"互动，了解"粉丝"的购物心理，并进行良好的沟通。最后，主播在行业内的积累和学习能力也十分重要。

5. 团队强大

拥有一支背后强大的团队是直播营销推广做大做强的必备条件和主播营销成功的保障。团队最重要的几种能力包括选品能力、招商能力、供应链能力、管控能力和客服能力。对于一个优秀的电商带货团队来说，这些能力缺一不可。选品能力是团队最重要的能力，只有选出品质优良的商品，才有可能在直播营销中获得成功。招商能力主要反映了团队对于成本的控制，只有保证销售价格具备"高福利"的优势，才能激发用户的购买欲望。良好的供应链能力是直播营销可持续发展的保障。团队还要有细化分工、明确职责等管控能力，因此要求团队管理正规化和体系化。直播营销过程中，售前、售后等环节都考验客服的应变能力，客服能力直接影响团队的美誉度和直播营销口碑的传播。

6. 语言风格化

主播需要具备"标签化"的语言风格特色。"标签化"的语言风格也是主播成名的重要加分项，独特的语言风格可以加深用户的印象，增加主播在用户群体和媒体间的知名度，同时能够让主播更具话题性，保持热度和关注，吸引更多用户。

7. "粉丝"互动

主播与"粉丝"高频互动，有助于保持"粉丝"黏性。直播场景十分有利于主播与"粉丝"间的互动。通过互动，"粉丝"对商品的问题可以得到及时解答，主播也可以了解"粉丝"的想法，指导后期选品。互动也要掌握方法，如商品抽奖、试用、试吃的体验式互动往往更能拉近主播与"粉丝"之间的距离，为直播带货聚拢人气。另外，超低价商品限时抢购等活动也能营造紧张感，体现对粉丝的让利。

8. 合作增流

主播要常与其他KOL、明星等合作增流。在抖音、快手平台中，主播通过与其他KOL"连麦"，可以快速、高效地将KOL的大量"粉丝"引流向自己。另外，也可以通过两个主播"连麦PK"的方式，迅速提升双方直播间的人气，也能进一步带动"粉丝"的消费。邀请明星进直播间通常也是有影响力的主播经常采用的一种方式。明星的到来可以进一步为主播增加"粉丝"，并且通过明星、主播的共同宣传快速提升主播的影响力。主播也为明星代言的商品进行了推广和销售，实现双方共赢。

9. 深耕社交

主播需要在多平台"圈粉",持续提升影响力。主播在各个社交平台发布"种草"和直播预告等相关内容,一方面增加了各平台的"粉丝"量,另一方面可以有效为直播间引流,提升直播间的热度。另外,头部主播可以通过上微博热搜,积攒人气,大幅提升影响力,实现"破圈"。

10. 主播传承

培养新主播,形成主播品牌"连锁店",是直播营销持续发展的重要部分。头部主播利用好自己的"粉丝"资源和团队优势,通过"传帮带"的方式培养主播家族,利用壮大的家族式主播团队聚集"粉丝",是直播营销价值持续增长的重要保障。

8.3.3 直播营销发展策略

直播营销的直播间自带交易属性,主播通过展示商品为观众提供更真实的购物体验,不断提高直播间的购买转化率,突破了传统电商营销及线下推广营销的局限性。要促进直播营销的发展,就要根据直播营销的特性,采取更具针对性的营销策略。

1. 拓宽宣传渠道,不断扩大直播间流量池

流量是提高直播间购买转化率的基础,具有碎片化、个性化的特点。直播电商只有拓宽宣传渠道,不断扩大直播间流量池,才能吸引更多流量,构建一条完善的引流生态链,实现视频、音频、图文的全渠道覆盖。

直播营销常用的宣传推广渠道包括搜索引擎、社区营销、视频营销、微博推广、软文营销等,从各大平台向直播间吸引流量。直播间也要不断开拓特定的推广渠道,建立强强关系链。比如,微信具有良好的社交性及互动性,活跃用户众多,并且产品形态多样化,因此直播间就可以将微信平台作为拓展自身流量的重要渠道。可以通过关注公众号领红包、下载 App 送现金等利益引导法吸引用户关注直播间,当用户发现直播间购物特有的优势后,购买转化率自然会提高。

另外,直播间还可以靠产品内容本身吸引更多的流量,多输出价值高、对用户有帮助的商品信息,吸引用户主动来到直播间。当用户进入直播间后,商家要通过价值型裂变活动增强客户关系链,基于用户的角度向用户提供能够满足其需求的信息内容。

2. 促进主播与用户的交流和互动

主播要与用户加强交流,不断优化用户的购物体验,尽量减少信息不对称带给用户的负面影响,帮助用户最大限度地全面感受商品,及时解答用户的疑问。

主播还要及时获取用户的反馈信息,在线收集用户提出的与产品相关的建议、疑问及需求。主播还可以引导买过产品的用户在互动区与主播交流,分享使用产品的直观感受,为其他用户提供更客观的参考。直播营销商家还可以根据用户的反馈信息了解用户的真实需求,及时调整上架产品计划,提高商品信息传播的精准性;商家自身也可以获得更准确的资金预算,能够有效降低成本。直播营销要时刻关注用户的消费行为,降低用户筛选产品的时间成本,满足用户个性化的需求。比如,服装类销售主播可以通过试穿衣服满足用户的需求,帮助用户快速选择尺码或风格。

3．优化直播内容

直播营销要平稳、持续地发展，仅仅通过宣传推广引入流量是远远不够的，还要让用户真正参与进来，增强用户黏度，这就要求做好直播内容的运营，优化直播内容。内容运营要以用户的个性化需求为核心，发掘真正有价值的内容，甚至以直播内容指导供应链的建设，内容传达了直播营销商家的价值观、营销理念、服务宗旨等，能够最大限度地引起用户的共鸣。使优质的内容长期、稳定地接触用户，就会对用户产生潜移默化的影响，从而不断激发其购买欲望，触发其消费行为。直播间要不断构建更具创新性的虚拟消费场景，如"吸猫"直播、歌曲点播、旅行直播、游戏直播、美妆教学直播、知识教学直播等，与用户建立更精准的连接。

4．避免进入营销误区

直播营销作为一种新兴的营销模式还有待完善，在采取各种营销策略时要注意避免进入以下营销误区。

（1）避免过分追求个性化定位。通常，直播间会推荐品种类似的商品，以强化自身个性化的定位，但是这就会造成直播间同类型的商品之间出现竞争与干扰，反而弱化了直播推广的效果。因此，直播营销也要遵循"非业务冲突原则"的惯例，在特定的时期只服务于某类产品的某个客户，以避免形成业务冲突。

（2）直播间主播在推销产品时要避免不实信息。虽然直播营销是一种新型的在线购物方式，但在法律意义上仍然属于商业广告活动，直播间、带货主播需要承担"广告发布者""广告代言人"的责任，如果消费者在直播间买到与主播描述极不相符的产品，直播电商平台、主播也会被依法追究连带责任。因此，直播营销要避免用模棱两可的表达方式掩盖问题，否则不仅会失去观众对平台、对产品的信任，甚至平台、直播间及主播都可能要负法律责任。

（3）避免进入"为流量而流量"的误区。对于直播营销而言，"流量即王道"，但是直播营销不能片面追求直播内容的吸引性和趣味性而违背直播的原则。

本章实训

一、实训目标

1．熟悉主要直播平台的直播规则及流程。
2．掌握主要的直播流程，熟悉基本的直播方法和技巧。
3．了解直播数据的基本类型。

二、实训任务

◇实训任务一：开启抖音直播

1．打开抖音，开启视频直播。
2．设置直播信息，尝试抖音的道具、美化等功能。
3．尝试语音直播，了解与视频直播的不同之处。
4．尝试使用直播伴侣。

◇实训任务二：开启淘宝直播

1．下载淘宝主播 App。

2．按照提示开通淘宝主播权限。

3．开始淘宝直播，熟悉直播间规则和使用技巧。

4．了解淘宝直播的推广方法和技巧。

5．了解基地走播和机构签约孵化等淘宝直播策略。

◇实训任务三：学习直播技巧

1．选择一个主播的直播间，观看他们的直播过程。

2．分析他们的直播过程，重点分析标志性用语、对商品的描述过程、互动方式和技巧、上链接的时间及其他促销方法。

◇实训任务四：分析直播数据

1．搜索淘数据、灰豚数据、知瓜数据、蝉妈妈、直播眼、达人记、萤火虫等直播数据网站。

2．分析这些网站提供哪些直播数据。

3．根据这些数据，分析哪些直播网站观看人数较多，哪些主播的转化率较高。

三、实训总结及思考

1．总结分析开展直播营销时应该注意哪些问题。

2．根据你的实训过程感受，简要分析直播电商未来的发展趋势。

课后习题

一、名词解释

直播营销　直播客户端

二、单项选择题

1．下列（　　）不是直播营销的特点。

  A．可以与"粉丝"互动　　B．增强临场感　　C．传播精准　　D．适合所有产品

2．直播中的核心指标主要是（　　）。

  A．直播次数　　　　　B．直播时长　　　C．直播时间　　D．直播销售额

3．下列（　　）不是直播营销推广的要素。

  A．主播　　　　　　　B．商品　　　　　C．场景　　　　D．道具

三、判断题

1．选择合适的直播平台是关键。（　　）

2．在淘宝直播的核心产品逻辑中，涉及的主要角色有商家、主播、消费者。（　　）

3．直播营销的前期运营工作主要集中在主播孵化和内容增长上。（　　）

4．快手源于短视频行业，具有天然的社交属性，开展直播电商后加入了内容属性。（　　）

5．抖音依靠推荐算法，点赞量及评论量大的视频会被算法自动投放进更大的流量池。（　　）

四、简答题

1. 简述直播营销的整个流程。
2. 淘宝直播的主要特征有哪些?
3. 快手直播有哪些优势?
4. 抖音直播有哪些优势?
5. 简要分析直播营销推广的十大法则。

第 9 章

大数据营销

章节引言

随着互联网的普及和快速发展，网络上出现海量的信息和数据，我们进入了大数据时代。企业借助大数据充分了解人们的需求，从而提供更加精准的服务。人们生活的每个场景几乎都离不开大数据的支持——叫外卖，系统通过用户在网络上的点餐习惯等数据推荐餐厅；网上购物，系统根据用户的购物历史记录等数据推荐商品；看新闻，系统根据用户的阅读偏好等数据推荐资讯。这些推荐结果可能都是"广告"，但是即使用户知道，往往也不会拒绝，因为根据大数据精准推送的广告迎合了用户的爱好，帮助用户更快地获得所需的产品和服务。因此，大数据营销已经成为现代网络营销与推广不可或缺的重要工具。

引导案例

海尔的大数据营销

海尔推出帝樽空调后，为了精准地预测还有哪些客户可能选购，以便提供个性化的服务方案，海尔通过 SCRM 会员大数据平台，提取数以万计的海尔帝樽空调用户数据，与中国邮政的名址数据库匹配，建立 "look-alike" 模型。这个模型可以将已经购买帝樽空调的几万名用户所在的小区分成几类，并打上标签，再把这些数据标签映射回中国邮政的名址数据库，找到有相似特点的所有小区，这类小区在北京就有 65 处，景泰西里小区就是其中之一。这一数据处理过程有点"物以类聚、人以群分"的意味。然而，同样住在北京景泰西里小区的业主，谁更关注"健康"，在乎"舒适"，或者偏爱"智能"？

海尔 SCRM 会员大数据平台同几家旅游、健康类杂志合作，不仅可以为北京地区杂志订户提供购买帝樽空调的优惠，实现双赢，还可以通过用户订阅的杂志类型判断他的特点，并以此进行精确营销。通过这种方法，海尔找到了陈然，一位订阅旅游杂志的北京景泰西里小区住户。显然，他对环境和自然感兴趣。海尔 SCRM 会员大数据平台由此预测：陈然极有可能对帝樽空调除 PM2.5 功能感兴趣。几天后，陈然收到了海尔投递的一封直邮单页，除了介绍公益环保知识，还重点介绍了帝樽空调的除 PM2.5 功能。之后，陈然带着收到的直邮单页来到国美电器北京洋桥店，现场体验海尔帝樽空调后，他付款购买了一台。成交后，陈然登录海尔官方网站，自主注册为海尔梦享会员。通过海尔的精准营销，陈然享受到了个性化服务。

海尔认为，成交不是销售的结束，而是互动的开始。通过陈然留下的手机号码，海尔对陈然进行了回访，告知他不仅可以通过购买获得会员"消费积分"，而且可以通过互动获得会员"创新积分"。交流中，陈然透露出还打算购买电视。当天，陈然关注了海尔官方微博。海尔 SCRM 大数据平台获取了他在微博上的公开数据，并且利用智能语义分析工具，从陈然的微博中不断出现的人名——格隆（格隆是厄瓜多尔的一位足球名将），推测出陈然是一名足球爱好者，他一定常看电视体育节目，也一定十分看重画面的流畅度。很快，海尔 SCRM 会员大数据平台将海尔智能电视精准地推送给了陈然。

同时，海尔 SCRM 会员大数据平台有严格的消费者隐私保护与数据安全规范。其获取的数据来源于用户、服务于用户。海尔分析这些数据只有唯一的目的：预测用户需求，优化用户体验，就如帮助陈然省下寻找满意的空调和彩电的时间。

案例思考题
1. 海尔的大数据营销是如何精准找到客户的？
2. 海尔对客户的数据挖掘体现出了大数据营销的哪些优点？
3. 大数据营销的应用对于海尔的发展具有怎样的意义？

9.1 大数据营销概述

随着数字生活空间的普及，全球的信息总量呈现爆炸式增长，大数据、云计算等新概念和新范式广泛兴起，引领新一轮互联网风潮。其中，对大数据的挖掘和应用正在成为提升企业市场占有率和竞争力的重要途径。

9.1.1 大数据营销的含义

所谓大数据营销，主要是指营销人员运用大数据技术和分析方法，将不同类型或来源的数据进行挖掘、组合和分析，发现隐藏其中的模式，如不同消费者群体的用户画像、沟通交互方式，以及这些模式如何影响消费者的购买决策；在此基础上，企业有针对性地开展营销活动，以迎合消费者的个人喜好，为消费者创造更大的价值。简单来说，大数据营销就是从搜集、分析数据，到基于数据挖掘开展营销活动，以此提升消费者体验，增强营销效果，支撑营销管理决策的过程。

大数据营销基于多平台的大量数据，依托大数据技术，其核心在于在合适的时间，通过合适的载体，以合适的方式，将营销信息投给合适的人。

知识拓展

大数据的内涵

大数据是一个 IT 行业术语，一般是指无法在一定时间范围内用常规软件工具进行捕捉、管理和处理的数据集合。

麦肯锡全球研究所认为，大数据就是一种规模大到在获取、存储、管理、分析方面大大超出了传统数据库软件工具能力范围的数据集合，具有海量的数据规模、快速的数据流转、多样的数据类型和价值密度低四大特征。

9.1.2 大数据营销的特点

与其他营销方式相比,大数据营销具有明显的特点。

1. 多平台数据采集

大数据的来源通常是多样化的,多平台数据采集能使企业对网民行为的刻画更加全面而准确。多平台采集可包含互联网、移动互联网、广播电视网、智能电视,未来还有户外智能屏等数据采集方式。

2. 强调时效性

网络时代,网民的消费行为和购买方式极易在短时间内发生变化。在网民需求点最高时及时进行营销非常重要。全球领先的大数据营销企业 AdTime 对此提出了时间营销策略,通过技术手段充分了解网民的需求,并及时响应每个网民的需求,让他在决定购买的"黄金时间"内及时接到商品广告,这种广告就是建立在分析网民大量信息的基础上的。

3. 营销个性化

网络时代,广告主的营销理念已从"媒体导向"向"受众导向"转变。以往的营销活动须以媒体为导向,选择知名度高、浏览量大的媒体投放。如今,广告主完全可以以受众为导向进行营销,因为大数据技术可让他们知晓目标受众身处何方,关注着什么位置的什么屏幕。大数据技术可以做到当不同受众关注同一媒体的相同界面时,广告内容有所不同,由此实现对受众的个性化营销。

4. 性价比高

和传统广告"一半的广告费被浪费"相比,大数据营销在最大限度上让广告主的投放有的放矢,并可根据实时的效果反馈及时调整投放策略,因此一方面能够精准控制营销成本,另一方面能够及时监测营销效果,从而获得较高的性价比。

5. 广告关联性强

大数据营销的一个重要特点在于广告与广告之间的关联性。企业在采集大数据的过程中可快速得知目标受众关注的内容,以及目标受众身在何处,这些信息可让广告的投放产生前所未有的关联性,即目标受众看到的上一条广告可与下一条广告进行深度互动,从而引导目标受众开展相关的购买行为。

9.1.3 大数据营销的主要功能

在互联网中,用户的行为都能转化为数据,企业通过分析这些数据,挖掘消费者的潜在需求,运用信息技术进行精确的、个性化的广告投放,实现精准营销。因此,大数据营销表现出不同于传统营销的功能,如图 9-1 所示。

1. 基于用户需求定制和改进产品

在传统的营销中,企业在生产产品与进行市场广告宣传时,只能确定一个"模糊"的目标定位。而大数据则可以为企业提供强有力的数据支撑。在互联网上,消费者的浏览足迹会被后台自动记录,并且与众多浏览信息一起被系统分析。企业就可以根据这些信息确定生产什么样的产品，以及在什么时候进行生产和市场投放。以服装生产为例，企业可以根据众多消费者的网络浏览信息明确当前消费者喜欢什么风格、颜色及样式，从而生产与消费者喜好重合的产品。同样，根据消费者的浏览时间，可以得知从什么时间开始消费者对某款服装的浏览量大增，从而确定某款服装在这一时间受到消费者的喜爱。基于这些数据，企业的经营效率将更高。

大数据营销的主要功能
A 基于用户需求定制和改进产品
B 增强营销的精准性
C 支持客户分级管理
D 改善用户体验
E 支持市场预测与决策分析

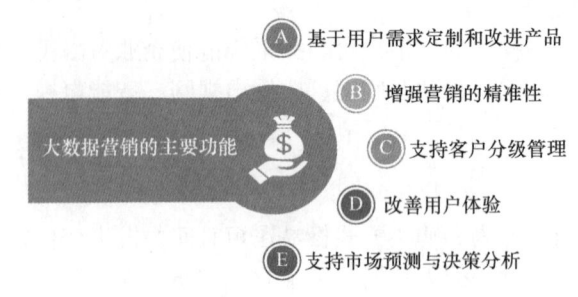

图9-1　大数据营销的主要功能

2．增强营销的精准性

企业的营销可以更精准，从而更好地将不同的商品销售给有需要的消费者。以大数据为基础的精准营销活动可以分为三种。

（1）企业根据消费者的浏览习惯为其提供针对性的商品。比如，某电子产品销售企业通过大数据分析得知 A 消费者经常浏览价位在 1000 元以下的手机。这时，企业就可以将当前主要知名品牌的千元以下智能机信息传递给 A 消费者。这样，A 消费者进一步浏览该信息的可能性大增，而且购买的可能性也较高。

（2）企业根据消费者的购买习惯为其提供合适的产品。比如，在大数据背景下，企业发现 B 消费者经常在互联网上购买中等价位的食品，主要是进口食品或干货类食品等。企业就可以为其整理一些价格中等的进口食品或干货类食品，并将这些信息发送给 B 消费者。这样 B 消费者的点击率和购买率也将提高。

（3）企业根据消费者在消费过程中对促销的热衷程度引导消费。比如，企业利用大数据分析得知优惠券促销时产品的销售状况，明确优惠券促销对促进销售的作用，从而适时推出优惠券等促销活动刺激消费，这也是一种精准营销。

3．支持客户分级管理

许多企业不明白，在企业的客户、好友与"粉丝"中，哪些是最有价值的？有了大数据，客户分级就有了事实支撑。从客户访问的各种网站，可判断其最近关心的东西是否与企业相关；从客户在社会化媒体上发布的各类内容及与他人互动的内容中，可以找出千丝万缕的信息，利用某种规则关联及综合起来，就可以帮助企业筛选重点的目标客户。同时，大数据可以分析"粉丝"的公开内容和互动记录，将"粉丝"转化为潜在客户，并对其进行多个维度的画像，筛选出目标群体，做精准营销。传统客户关系管理结合社会化大数据，丰富客户不同维度的标签，动态更新客户生命周期数据，保持信息新鲜有效。

4．改善客户体验

高效、可信任的大数据分析结果，让客户更加自如地做出购买决定，减少了客户的工作量，改善了客户体验。比如，在淘宝购物过程中，客户借助淘宝提供的信用评价，可以直观地看到店铺的信用等级。信用包括好评率、服务数据、物流数据、交易数据的综合评分，都是大数据分析的可靠结果。

移动设备已经成为非常重要的网络营销渠道，其使用的地理位置定位技术，可以改善客户体验，实现产品的精确营销，将合适的信息在合适的时间、地点传递给合适的人。随着移动设备的普及，大数据分析结合移动技术的大数据营销将进一步改进营销人员与客户、潜在客户的互动方式，未来会成为改善客户体验的主要渠道。

5．支持市场预测与决策分析

基于大数据的分析与预测，对于企业洞察新市场、把握经济走向有极大的支持。大数据可以帮助企业调整与优化营销决策；发现机遇，如新客户、新市场、新规律；回避风险、潜在威胁等。企业如何驾驭大数据，利用大数据更好地预测市场、做出决策，是形成差异化竞争优势的关键所在。大数据时代，数据的规模大、类型多的特征对数据分析与数据挖掘提出了新要求，更全面、更及时的大数据分析与挖掘，必然对市场预测及决策分析提供更好的支撑。

9.1.4 大数据营销的意义

1．大数据营销让社交平台网络营销渠道更具价值

通过大数据抓取用户，让社交平台价值倍增。大数据营销不仅起到了连接社交平台，精准抓取用户的作用，而且通过数据整理，企业可以提炼大众意见和用户需求，设计出新的产品。众多参与者就是最原始的购买群体，能够很快打开销售局面。

2．大数据营销让广告投放更合理

互联网媒体资源在数量及种类两个方面快速增长，不同广告主的需求也日益多元化。大数据营销通过受众分析，帮助广告主找出目标受众，然后对广告投放的内容、时间、形式等进行预判与调配，完成广告投放的整个过程。企业通过大数据营销，可以更加了解自己的目标用户，并精准地进行产品定位，从而做出极具针对性的广告设置，令广告投放更合理。

3．大数据营销有助于实现线上线下结合

目前的数据挖掘更多还停留在对互联网的线上数据的分析和挖掘上。未来的关键点在于如何能够实现线上和线下实体营销数据的打通。一旦线上的数据和广告主的第一方数据相结合，大数据营销就会在更加精准的基础上实现营销人群数量的扩大，从而扩大营销范围，实现更好的营销效果。

4．大数据营销是实现高效转化的基础

在以移动、社会化为代表的"互联网 3.0"时代，营销的核心是实现"大规模的个性化互动"。这里的"互动"指的是更加广义的接触点策略，如更有针对性的传播内容、更加人性化的客户服务、千人千面的个性化页面。而实现这一核心的基础就是消费者大数据的管理。大规模代表效率，个性化代表更好的转化效果。因此，大数据营销的价值就在于能够实现更加高效的转化。

5．大数据营销让营销更加精准、有效

营销过程中的数据多而杂，这就需要过滤无效数据，如行为噪声、重复数据、非目标用户数据等。在大数据时代，数据的处理能力不再是主要矛盾，主要矛盾是如何从数据中获取想要的信息，也就是数据建模即挖掘能力。目前的大数据技术虽然可以让营销更加精准、有效，但做起来并不容易。随着大数据技术的发展，大数据营销的精准性和有效性将带来更多商业价值。

9.2 大数据营销的主要应用

大数据营销使营销活动目标明确、可追踪、可衡量、可优化，造就了以数据为核心的营销闭环，营销活动进入良性循环，从而实现精准化的营销推广。

9.2.1 大数据营销的应用模式

数据是大数据营销的关键资源。在大数据营销的推广过程中发挥着举足轻重的作用，根据获取的数据，大数据营销有不同的应用模式和场景。

1. 基于数据产品开展营销推广

完整地开展大数据营销对于中小企业难度很大，一般中小企业很难建立大规模、功能齐全的大数据营销推广部门和完整的大数据营销闭环。对于没有知识、数据、人才储备的中小企业而言，一个标准化的数据产品是最有效的。中小企业通过各种途径获取客户数据后，基于某些应用场景将数据用于营销推广、电商引流和数据分析，从而实现大数据营销。市场上常见的数据产品主要有以下几种。①百度关键词，针对使用百度搜索某些关键词的客户，在搜索展示页中优先列出某些网站。②腾讯广点通，整合客户在互联网上的行为，在微信中进行广告推送。③新浪微博粉丝通，基于微博数据，提供精准广告推送。④淘宝直通车，这是基于淘宝网站的大数据营销推广工具，如图 9-2 所示。

图 9-2 淘宝直通车

2. 营销自动化

大企业的大数据营销过程复杂得多，因此可以选择营销自动化模式，通过大数据营销工具的应用，设置营销接触点，将营销内容自动发送给客户，并通过实时营销工具跟踪客户对营销行为的反馈。比如，电商企业有上百万名客户，为了清楚地知道客户的需求，该电商向所有客户发送某促销活动的电子邮件或其他信息。追踪发现 10 万名客户点击了该信息，根据营销自动化设置，这 10 万名客户后续会收到与该信息相关的促销信息。再次追踪，发现 10 万名客户中又有 2000 名点击了促销信息，这些客户就能收到更详细的促销信息。这样层层筛选，就能够找到最终客户。

营销自动化的关键是注重营销协同，保证各个销售部门具有协同性，同时要做到个性化营销，向不同客户推送不同内容，提升营销效率。当然，前提是要对客户信息进行充分的整理和细分。

3．精准的营销信息推送

大数据营销成功的一个重要条件是精准的营销信息推送，即将相关的产品广告、促销活动等信息向目标受众推送，引发其关注，并产生点击、阅读等行为，从而进一步吸引其购买产品。它包含两方面，一是目标受众，即营销信息应该推给谁；二是信息内容，即向其推送怎样的信息。以前，企业难以获取足够的用户信息，因此无法采取有针对性的传播内容，浪费了大量广告资源。

大数据时代，企业可以搜集大量的用户信息并进行分析，从而判断出企业的目标受众，进行个性化的定向广告推送，大大提高了广告效率，节约了广告成本。另外，基于大数据的程序化购买模式能够极大地改进广告投放策略，它旨在通过分析用户数据，在合适的时间、合适的环境中覆盖合适的用户，提高数字广告的投放效率，为企业提供高度定制化的广告。比如，腾讯广告平台利用其庞大的用户数据，可以进行精准的广告投放，如图9-3所示。

图9-3　腾讯广告平台

4．用户忠诚度平台

打动用户进行购买是一个漫长的过程，而且用户行为也有很大的差异性和随意性，很少有单支广告或单次营销活动能打动用户，产生即时购买。用户忠诚度平台就是将没有立刻购买，但未来可能购买的用户引导到一个互动平台，它同时具备收集用户数据、用户互动、用户推荐、引导销售的功能，并通过积分制度激励用户持续关注。

完整的用户忠诚度平台包括三个主要平台：官网、App和社交媒体。三个平台的数据是连通的，当用户在一个平台上注册时，同样的用户名和密码也可以在其他两个平台上使用。用户忠诚度平台自带营销功能，可以导入、管理营销内容，进行营销策划，筛选目标用户，并且可以对接第三方营销资源。连通用户销售数据后，用户忠诚度平台还可以分析数据，追踪营销活动，进行营销效果分析。另外，用户忠诚度平台还可以进行用户管理，通过设计优惠活动，提高用户参与度。

5．市场研究

当企业遇到经营问题时，可以通过初步研究和次级研究获取相关数据，并进行分析。市场研究通常包括市场容量及份额研究，从企业产品角度，了解市场容量和当前市场份额，并且具体到不同细分行业，帮助企业制定细分行业的资源投入方向。市场研究还可以帮助企业了解主要竞争对手的最新动态，包括产品、细分市场、业务策略、销售大单等多个层面的竞争情况；

了解企业主要竞品及代理商在市场上的定价策略,帮助企业进行价格控制和竞争定价;还可以进行渠道调研和大客户研究等。

另外,大数据营销还可以为传统的市场研究提供数据支持,以及标准化的市场研究工具。比如,百度的市场研究工具百度司南,使用百度自身的搜索数据、百度地图数据和百度生态圈中各合作伙伴的数据,为企业提供市场研究支持。

> **知识拓展**
>
> **百度司南**
>
> 百度司南是百度于 2010 年推出的一款应用于内部大客户和营销策划人员的大数据分析工具平台。百度司南依靠百度强大的技术实力,通过对百度搜索数据和其他数据的挖掘,为各类型企业提供精确的方向指引与数据支持。
>
> 百度司南有五个主要版本,包括司南专业版、司南大众版、司南户外版、司南舆情分析和司南精算。
>
> (1)司南专业版。百度经典数据产品,最适合品牌客户的专业分析工具。
> (2)司南大众版。专业的中小型企业数据分析入门产品。
> (3)司南户外版。基于大数据处理能力和地理位置数据挖掘技术的O2O分析平台。
> (4)司南舆情分析。专业的企业舆情监控工具。
> (5)司南精算。专业的广告效果精准衡量平台。

9.2.2 大数据营销应用的优点

1. 受众精准

大数据技术为企业找到更能满足业务需求的受众。对数据进行整合分析,可以得出清晰的用户画像,了解用户的个性与需求,企业可以更加精准地找出目标受众,从而实现一对一的营销信息投放和客户服务。比如,拥有强大的数据管理平台的 TalkingData,能对移动受众人群的数据进行汇聚、清洗、萃取,结合一系列算法模型,输出人群分类标签数据体系和目标受众分析工具。

2. 投放精准

大数据技术使广告投放更加精准,提高了广告的转化率和回报率,大大节约了成本。在大数据的支持下,企业能挖掘大量与用户相关的数据信息,从中分析出用户的基本属性、兴趣爱好、消费习惯、消费需求等,更加准确地定位目标受众并进行细分;再运用人群定向技术,精准地向受众投放针对性的广告。这样的精准投放改变了以往大范围、无目的的广泛投放模式。同时,精准的广告信息往往能主动迎合用户的需求,更容易使其对产品和服务产生好感,从而提高了广告的转化率和回报率。企业通过大数据进行精准营销,可最大限度地降低营销成本,提升品牌价值。

3. 效果更佳

运用大数据对用户的需求进行筛选与聚合,可以得到清晰的目标受众定位,有效细分人群,提供针对性较强的个性化聚合服务,改变了以往营销提供综合化服务的局面,取得了更佳的营销效果。比如，卓战科技通过对用户线上线下的数据进行智能筛选，为不同的使用情境建构了不同的推荐机制，使推荐引擎从以往的综合化服务转向个性化聚合服务。由此，商品导购更加智能，增加了用户好感，有效扩大了产品和服务的销售，增强了营销的效果。

9.2.3 大数据营销的应用支持系统

大数据营销离不开相关应用支持系统，这些系统主要包括社会化客户关系管理、竞争对手数据流监测、品牌危机大数据即时预警和发现未来发展机会等。

1. 社会化客户关系管理

大数据营销的一个重要应用就是挖掘和分析客户数据。通过对客户搜索行为、搜索习惯、浏览轨迹、点评数据、购物车列表等信息的分析与挖掘，识别客户的购物偏好与潜在需求，这个过程就是与客户建立联系、保持沟通的客户关系管理过程。大数据营销的整个过程都离不开与客户的沟通与交流。

社会化客户关系管理（Social Customer Relationship Management，SCRM）是指通过建立企业与客户之间的数字连接，基于数据为客户提供一对一的个性化服务，包括营销、销售和服务等。社会化客户关系管理利用数据分析可以加深对客户的了解，洞察客户需求，挖掘潜在客户，带动企业产品销售。微博、微信等社会化媒体的普及，使越来越多的企业在网络营销与推广中发生了变化，打破了传统营销向客户单向灌输信息的模式，使客户拥有了更多话语权和选择权。社会化客户关系管理强调企业与客户的交互影响，通过社会化媒体构建客户数据库，与客户建立有黏度的强关系，跟进客户运营服务，提升客户体验，减少客户流失。

2. 竞争对手数据流监测

企业在发展壮大的过程中，必须时刻了解竞争对手的状态，持续关注市场中的竞争对手。竞争对手数据流监测包含的信息范围广泛，如市场动态、企业市场份额、产品产量增加和减少、营销范围、产品或服务缺点等。因此，企业需要建立大数据情报搜集系统，特别是利用互联网技术挖掘隐性信息，将信息转变为有价值的决策支持情报。信息来源可以是多样化的，如通过网络搜集新闻、行业内产品最新数据等，还可以通过线下展览会等多种途径搜集信息，帮助企业构建大数据情报系统，在市场竞争中占据优势地位。

3. 品牌危机大数据即时预警

越来越多的企业管理决策人员开始利用大数据，提高决策的针对性和有效性，从而进行预见性的管理，因此，大数据营销对危机预警具有重要意义。新媒体时代的品牌危机爆发速度快，传播范围广，令企业难以应对。大数据为企业应对危机带来了新的选择。在品牌危机爆发的过程中，通过高频次"7×24小时"实时大数据舆情分析，跟踪危机传播趋势，识别重要参与人员是企业快速应对危机的必然选择。大数据可以采集负面传播内容，及时启动危机跟踪和报警。在这个过程中，大数据按照人群社会属性分析、聚类危机事件中各方观点，识别关键人物及传播路径，帮助企业找到危机源头和关键节点，快速、有效地处理危机，保护企业和产品声誉。

4. 发现未来发展机会

事物的发展变化都是有规律的，大数据分析可以发现这种规律，洞察先机，找到新市场。

比如，阿里巴巴电商平台每天产生数亿元交易额，客户通过搜索寻找自己心仪的产品，而大量使用的搜索关键词就成为阿里巴巴数据库中的重要信息。通过数据库分析，阿里巴巴能够发现当前热销产品的品类，预测即将火爆的产品，并根据分析结果针对性地投放广告，提升网站的转化率。图 9-4 展示了阿里集团的数据分析工具——数智牛，为企业提供竞争对手及市场供需等大数据服务，帮助企业更好地把握市场机会。

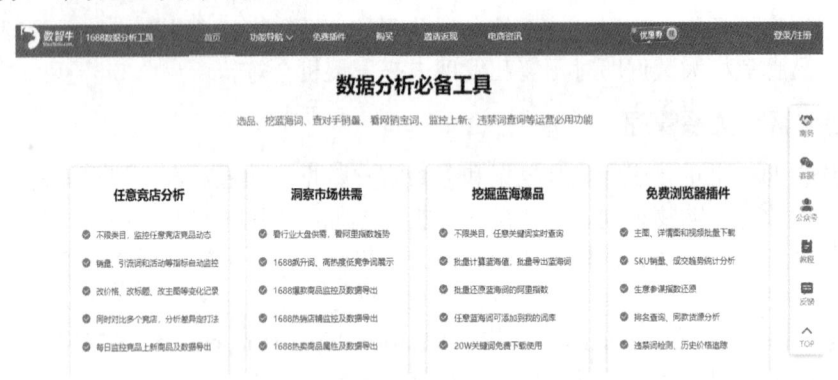

图 9-4　阿里集团的数据分析工具——数智牛

与传统的数据收集以抽样代表总体不同，大数据利用海量的原始数据，经过恰当的分析，发现其中的价值。随着大数据分析技术的发展，企业积累的大量客户数据有可能发挥新的作用。大数据分析、精准化营销，归根结底就是培养客户的忠诚度，并从中挖掘每个客户的潜在需求，从而发现企业的发展机会。

9.3　大数据营销的步骤

9.3.1　大数据营销的基本流程

1. 采集用户数据信息

数据采集主要分为线上和线下两方面。线下数据采集一般包括门店数据采集、特殊场景数据采集等。随着网络用户数量的飞速增加，线上数据采集成为最主要的数据来源。企业可以通过微博、微信、QQ、论坛及自有网站等网络工具广泛收集用户的相关数据，并且图片、文本、视频、语音等信息都可以作为数据资料。同时，利用 LBS（Location Based Service）技术，通过地域区分获取的数据对于提供本地服务及进一步细分用户具有重要作用，成为当前企业网络营销与推广中重要的数据来源。

2. 分析处理数据信息

原始数据采集上来时往往都是不规则、非结构化的数据，而且大量存在重复、缺失、错误等问题，所以需要进行数据处理，并将处理的结果传输到分析及运用系统中以供使用。原始数据中可能有一些与用户隐私相关的数据，需要通过标签化、分类化等方式处理。对于非结构化的数据，也需要通过大数据平台进行数据建模及数据治理等，将其转化为结构化数据，这样才能提高后续分析速度。另外，企业需要将数据输入大数据营销模型中，并利用大数据挖掘技术等具体手段进行详细分析，从中提取用户消费行为特征等有效信息。

3. 有针对性地制定和执行具体营销策略

以上两点只是大数据营销的基础环节，最重要的是如何利用获得的数据取得更好的营销效果。在提取的有效信息基础上，企业可以有针对性地制定具体营销策略并贯彻执行。数据可视化是数据分析及运用环节中十分重要的窗口，这个窗口可以让更多的环节和部门发挥数据的价值，并使数据在工作决策中发挥重要作用。除了数据可视化，用户画像分析也是重要的大数据营销手段，通过线下数据和线上数据的综合分析，精准描述用户的一系列主要特征，如购物喜好、浏览习惯、消费能力等，根据这些特征制订符合用户个性化需求的营销方案，以达到营销效果最大化。

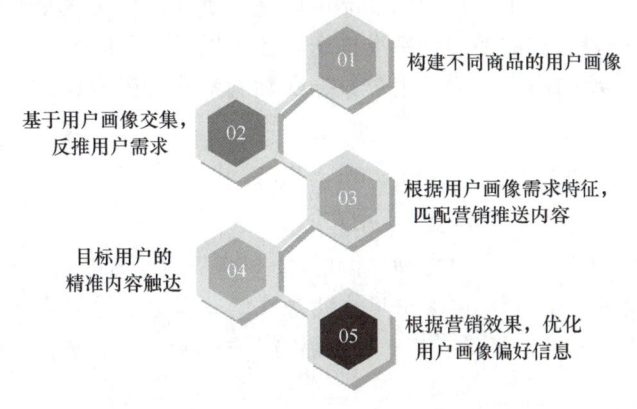

9.3.2 商品偏好分析的大数据营销步骤

对于单个企业、店铺来说，在流量达到一定瓶颈时，老客户的转化留存就显得非常重要。一方面，利用老客户信息，对老客户做商品偏好分析，挖掘其潜在需求，推断其感兴趣的商品并推送，可以有效提高老客户的复购率，减少客户流失。另一方面，通过商品偏好分析对老客户实现个性化推荐，有效提高商品的交叉销售，可以创造更多的价值。同时，对于一味做流量推广（钻展/直通车等），推广费用越来越高，转化率却越来越低的情况，老客户的挖掘能够节约推广成本，提升转化率。因此，做好商品偏好分析的大数据营销具有重要意义。一般来说，商品偏好分析的大数据营销主要有五个步骤，如图9-5所示。

图 9-5　商品偏好分析的大数据营销步骤

1. 构建不同商品的用户画像

要做好商品偏好分析，首先一定要有用户基础分群，最常用的就是基于用户购买信息的分群。从购买数据、使用数据、地址数据、行为数据等几点，总结购买不同商品的用户的需求特点，以此构建不同商品的用户画像。比如，购买口红的用户，购买数据可能包括同时购买了眼影、眉笔、睫毛膏等产品；使用数据的关键词可能是学生、上班族、送人等；地址数据可能包括大学、美容店、小区等；行为数据可能包括同时浏览了眼影盘、美容工具等。

2. 基于用户画像交集，反推用户需求

上一步中的用户画像比较简单，仅从单一的用户画像很难判断用户偏好，需要综合多种数据判断，因此，需要对用户画像进行多重交集，将用户画像描绘得更加清晰。通过尽可能多的维度回溯用户画像，将收集的数据集重合交叉，可以得到更加精准的用户画像，进而反推用户

需求。比如，购买口红的用户嘴唇有干皮，他们可能需要滋润的口红或润唇膏；同时购买了口红和高光笔的用户，可能有更多的彩妆方面的需求。这样就可以得出多个具体的用户画像，获得的数据越准确，标签越多，那么反推出的需求就越精准。

3．根据用户画像需求特征，匹配营销推送内容

根据上一步反推出的用户需求，匹配与用户沟通的信息，策划出与需求相匹配的营销推送内容。比如，根据滋润的口红或润唇膏的需求，可以匹配推荐滋润型口红，送优惠券，或者推荐爆款的润唇膏，送优惠券等。这样，通过一层层的用户画像拆解、组合、反推和匹配，就可以获得用户的准确需求，并精准制定营销推送的内容。

4．目标用户的精准内容触达

在用户触达过程中，如果条件允许，可以做分组测试，即根据不同的需求分别推送不同的内容，同时考虑到用户体验，一次不要推送太多信息。这样可以反复迭代，找到最佳的推送方式。

5．根据营销效果，优化用户画像偏好信息

通过多组用户画像的交集，可以得出一个较为清晰的用户画像，并且根据画像反推出用户需求，然后根据分组迭代的效果进行比较分析，根据转化率高低，可以判断出哪种营销效果更好。因此，在做用户商品偏好分析时，需要根据掌握的标签信息和效果数据，不断优化用户画像，最终形成典型的用户画像。

在商品偏好数据分析过程中，推荐的商品可以是同类的，如买洗发水推荐护发素，结合行为数据和购买数据，一般比较容易做到精准推送；还可以推荐关联商品，这类推荐更注重通过大数据挖掘出用户深层次的需求，通过用户数据回溯洞察其潜在偏好。

> **知识拓展**
>
> **用户画像**
>
> 用户画像又称用户角色，是一种勾画目标用户、联系用户诉求与设计方向的有效工具。
>
> 在大数据时代背景下，用户画像将用户的每个具体信息抽象成标签，利用这些标签将用户形象具体化，从而为用户提供有针对性的服务。

9.4 大数据营销策略

大数据营销本质上是数据驱动类营销，这种新型营销手段以驱动消费者高效参与、实现对消费者的一对一营销为目标，通过大数据挖掘技术对企业收集的大量消费者数据进行分析，并根据分析结果优化企业营销策略。因此，在开展大数据营销的过程中要注重对数据的收集整理，同时重视消费者的参与。

9.4.1 强化大数据收集与数据库建设

1．强化大数据收集

要想发挥大数据对营销的支持作用，前提必须是有大数据。传统营销中使用的数据大多是第一方数据，即客户留下的联系方式、客户名片等。互联网环境下，数据收集技术和方式越来

越多。如网络爬虫技术，很多网站的页面结构都是固定的，爬虫工具可以抽取页面表格的内容，存储到数据库对应的字段中，一台计算机一天内下载电商网站上的数百万条数据也并非难事。又如，Cookie 分析是当前网络营销收集用户数据的主流技术。Cookie 基于浏览器记录信息，这意味着用户使用浏览器时的浏览行为都能被记录下来，包括 Cookie ID、用户名、浏览页面 URL、服务器、购物车商品、浏览路径等。基于以上数据，企业可以通过用户浏览过的网页绘出非常详细的用户画像。

2. 强化数据库建设

收集的大数据必须有一个系统的管理和存放体系，所以企业必须强化数据库建设。只有拥有自己的数据库，才能真正发挥大数据的作用，实现大数据下的企业营销创新。因此，企业要通过自身技术研发或借助外部力量等建设自己的数据库。在设计数据库时，需要考虑数据抓取的难易程度及行业特点，从而设计出与企业营销需求相匹配的数据库。另外，数据库在设计时还要考虑到优化升级的需要，为改进留下空间。企业在搭建了自己的数据库后还要合理管理，从而提高数据库的使用效率，真正发挥大数据对企业营销的支持作用。企业有必要培养一批专业的数据库维护与数据分析人才，提高对数据库的管理和使用能力。

9.4.2 提高消费者营销参与度

大数据为企业探索消费者需求提供了可能，但消费者才是这一过程的主角，只有消费者充分参与到大数据营销中，企业才能全方位、实时地掌握最新消费者需求信息，为消费者提供更优质的产品及服务。与传统营销有所不同，网络营销需要消费者留下购买痕迹，全程参与其中，这样企业才能更好地践行大数据营销，实现满足消费者需求的更准确的销售，获取最精准的消费者需求。

9.4.3 建立营销数据共享机制

获取客户信息是企业最重要的营销步骤之一。目前仍有很多企业面临客户信息获取难这一问题，尤其是小规模企业。在大数据时代，要想实现全行业的共赢发展，最重要的就是建立数据信息共享机制。在此之前，企业要树立共享的理念。在不违背法律、不泄露客户信息的情况下，信息共享有助于厂商生产适销对路的产品，有助于产品创新，有助于行业的快速发展，也有助于企业的精准营销。鼓励大企业牵头建立大数据共享平台或行业数据共享平台，是新一轮互联网技术革新的机遇，让精准营销成为可能，使客户充分享受到精准营销的好处，积极参与营销的全过程，促成良性循环。

9.4.4 构建新型营销沟通体系

企业在依据自身平台优势获取第一手资料时，积极掌握共享数据资源，通过数据采集与用户画像分析技术，准确把握市场动态，在此基础上充分建立客户与企业的双向沟通机制，有效规避过去单一推送的弊端，减少无效交流，实现超高的客户服务满意度。及时的信息反馈也是企业能够通过大数据精准提供个性化服务的关键，对企业实现精准营销具有重要意义。

9.4.5 提供个性化产品或服务

基于生活水平和经济水平不断提升，个性化消费或服务逐渐得到了大多数客户的认可。大数据营销需要准确把控客户消费需求，并且尽可能实现服务及产品的个性化。所以，在大数据营销的过程中，需要做好对客户需求的分析工作，及时推送定制化信息及促销活动，保证营销的个性化与精准性。由于这种方法实施成本较高，企业可以利用大数据技术将客户合理分组，为同一个组别的客户推送定制信息，发放购买优惠券，使客户能亲身体验信息的个性化服务。建设客户定制服务平台，提供专属定制服务，以此从根本上满足客户的个性化需求。

未来，随着信息化发展的深入，企业之间的竞争将逐步转变为数据的获取与分析能力的竞争。企业只有及时、准确地为客户提供所需商品的信息，了解客户行为，掌握消费发展趋势，才能赢得客户。随着大数据在营销管理领域的广泛应用，企业间利用数据进行的竞争将日趋激烈，良好的大数据营销也为企业提高市场占有率，在市场竞争中胜利提供重要保证。

本章实训

一、实训目标

1. 了解提供大数据营销服务的平台。
2. 掌握主要大数据营销平台的主要功能和应用领域。
3. 了解大数据营销的主要应用方式。

二、实训任务

◇实训任务一：百度司南大数据营销

1. 登录百度司南大数据营销决策平台。
2. 点击首页中百度司南的不同版本，了解各个版本的不同功能。
3. 点击浏览百度司南专业版和大众版的演示，了解和熟悉其提供的品牌分析、人群分析和媒体分析功能。
4. 点击百度司南舆情分析，尝试申请试用，了解其各项功能。

◇实训任务二：新浪微博粉丝通推广

1. 登录微博广告中心，点击广告产品，选择超级粉丝通，了解其产品优势，点击立即使用，尝试使用。
2. 选择 DMP 平台，了解其优势，并尝试使用。
3. 选择粉丝头条，了解其优势，并尝试使用。

◇实训任务三：阿里妈妈网站推广

1. 登录阿里妈妈大数据营销平台，浏览其主页，了解其提供的主要产品和工具类型。
2. 点击主页工具中的达摩盘，了解其主要功能，并尝试注册使用。
3. 点击主页产品中的直通车，了解淘宝/天猫直通车，点击多种投放方式中的标准推广，了解其主要功能。

三、实训总结及思考

1. 分析实训任务中的几种大数据营销平台的特点。
2. 通过本章学习和实训，你认为未来大数据营销的发展趋势如何？

课后习题

一、名词解释

大数据　大数据营销　社会化客户关系管理

二、单项选择题

1. 下列（　　）不是大数据营销的特点。
 A．多平台数据采集　　　B．强调时效性　　　C．营销个性化　　　D．性价比低
2. 下列（　　）是大数据营销的优点。
 A．受众不准确　　　　　B．成本较难控制　　　C．效果精准　　　　D．性价比低
3. 做好大数据营销的意义是（　　）。
　　A．让营销更加精准　　　　　　　　B．实现客户服务统一化
　　C．做好商品供给　　　　　　　　　D．进行营销效果评价
4. 大数据营销可以实现的功能不包括（　　）。
　　A．低价营销　　　　B．提高营销精准性　　C．客户分级管理　D．改善用户体验

三、判断题

1. 大数据分析结合移动技术的大数据营销将进一步改进营销人员与客户、潜在客户的互动方式。（　　）
2. 大数据营销可以实现定制化的广告推送。（　　）
3. 大数据营销的一个重要应用就是挖掘和分析客户数据。（　　）
4. 品牌面临危机时，大数据可以即时预警。（　　）
5. 商品偏好分析的大数据营销中，推荐的商品可以是同类商品和关联商品。（　　）

四、简答题

1. 大数据营销具有哪些功能？
2. 大数据营销的应用模式有哪些？
3. 简述大数据营销的基本流程。
4. 商品偏好分析的大数据营销一般包括哪些步骤？
5. 开展大数据营销可以采用哪些策略？

第 10 章

网络营销策略组合

章节引言

　　网络营销不是一些操作方法的简单组合，而是关系到多个层面的系统性工程。如果缺乏总体策略的指导，常规的网络营销方法起到的作用是很有限的，有些甚至无法取得明显效果，因此很有必要将对网络营销的研究提升到总体营销策略层面。网络营销策略就是为有效完成网络营销任务，发挥网络营销应有的职能，从而最终实现扩大销售和保持竞争优势所制订的方针、计划，以及实现这些方针、计划需要采取的方法。

引导案例

凡客诚品卖 T 恤：29 元的定价玄机

　　"五一"劳动节假期后气温骤升，各服装品牌的夏装大战一触即发。节后第一天，凡客诚品（VANCL）的网站显示，T 恤从 59 元大幅降至 29 元，率先拉开了"T 恤大战"。这是凡客诚品针对日本著名服装零售品牌优衣库 5 月中旬大量 T 恤上市而提前发动的一场价格战。

　　优衣库的上海旗舰店即将开业，主打产品为 T 恤，价格在 59～99 元。为了狙击优衣库，凡客诚品抢先 10 天推出 29 元 T 恤，其品质与设计均与优衣库不相上下，而价格却极具竞争力，令对手几乎没有反击的机会。

　　凡客诚品在全球征集了数十位设计师，首批推出 500 余款 T 恤，款式数量与优衣库相当，并准备了大量资金积极筹备生产，谋求通过互联网横扫夏季 T 恤市场。凡客诚品没有实体门店，作为一家依托互联网推动销售的网络直销公司，随着消费者信任度的增加、产品口碑的积累，凡客诚品销售额已经位居服装类 B2C 企业前列，并获得了投资商的青睐。为了达到投资商对销售额的考核要求，凡客诚品的营销思路也有了变化，通过大规模广告投放及 29 元 T 恤，与传统服装品牌展开了全面竞争。

　　无论是学生族还是上班族，T 恤都是夏天的"常备单品"。T 恤这种"大众化"特质，与凡客诚品的市场思路很契合。更重要的是，T 恤的布料和板型更标准化，短时间量产比衬衣容易。当 T 恤列入凡客诚品产品计划时，其开发思路与其他产品线的思路基本一致：性价比取胜。将生产和流通环节的成本优势转给消费者受益，是凡客诚品作为互联网销售的服装品牌能立足于中国服装行业的核心竞争力。"29 元"的大 LOGO 开始在营销推广时被"放大"。

跟踪订单，可以发现一些有趣的现象：订单不少来自大学校园，还存在拼单的迹象，一张订单里七八件全是 T 恤；而因为买满 200 元免运费的配送政策，为了凑单免运费，一些金额接近 200 元的其他产品的订单中，会夹带一件 T 恤。在产品上线的第一周，凡客诚品的 T 恤销量达到了 60 万～70 万件，而后续的销量大致维持在这一水平。"我们不知道款式的吸引力如何，但是 29 元的标价足以让消费者动心。当他（消费者）进入网站挑选的时候，从 500 款 T 恤中总能挑到一两款喜欢的。"凡客诚品的相关负责人说。

案例思考题
1. 你认为凡客诚品 T 恤的网络价格策略有何特点？
2. 凡客诚品采用了怎样的网络营销策略组合？

10.1　网络营销产品策略

企业的营销活动以市场为核心。产品作为市场营销组合中的首要因素，是市场营销活动的核心，企业能否生产满足消费者需求的产品，直接关系到企业自身的生存和发展。因此，企业在制定产品策略时应满足消费者的需求，并适应其发展趋势。

10.1.1　网络营销产品概述

1. 网络营销产品的含义

网络营销的目标是为消费者提供满意的产品和服务，从而实现企业盈利。网络营销产品是指企业在网络营销过程中为满足网络消费者的某种欲望和需要而提供的企业网站、相关资讯、生产的产品与服务的总和。

网络营销产品的层次比传统营销产品的层次大大扩展了。传统市场营销中，产品主要满足消费者的一般性需求。网络营销强调以消费者为中心，企业根据消费者需求设计并开发产品，以满足消费者个性化的需求。

2. 网络营销产品的分类

网络营销产品分为实体和虚体两大类，主要根据产品的形态区分。实体产品是指具有物理形状的物质产品，如书本、服装、食品等。虚体产品与实体产品的本质区别是虚体产品一般是无形的，即使表现出一定的形态，也是通过载体表现出来的，而产品本身的性质和性能必须通过其他方式才能表现出来。

在网络上销售的虚体产品可以分为两大类：软件和服务。软件包括计算机系统软件和应用软件及数字化资讯与媒体商品，前者如 App、WPS 软件等，后者如电子报纸、电子杂志等，是非常适合通过互联网营销的。线上软件销售商常常可以提供一段时间的试用期，允许用户尝试使用并提出意见。服务大致可分为三类：第一类是情报服务，如股市行情分析、金融咨询、电子新闻、电子报刊、资料库检索等；第二类是互动式服务，如网络交友、计算机游戏、远程医疗、法律救助等；第三类是网络预约服务，如火车票预订、入场券预订、旅游服务预约、医院预约挂号等。通过网络媒介，顾客能够尽快得到需要的服务，免除排队等候等时间成本。表10-1为网络营销产品的分类。

表10-1 网络营销产品的分类

一级分类	二级分类	三级分类	举 例
实体产品	物质产品	无	书本、服装、食品等有形产品
虚体产品	软件	计算机系统软件和应用软件	App、WPS软件等
		数字化资讯与媒体商品	电子杂志、电子报纸等
	服务	情报服务	股市行情分析、电子新闻等
		互动式服务	计算机游戏、远程医疗、法律救助等
		网络预约服务	火车票预订、旅游服务预约等

10.1.2 网络营销产品具体策略

1. 产品定制策略

产品定制是网络时代企业营销的典型模式。一方面，网络时代消费者有自己独立的需求，要求企业能够生产定制的产品，他们会把自己对产品外形、颜色等方面的要求直接传递给生产者，而不愿再接受商店内有限范围的选择；另一方面，以顾客为导向的营销理念，也要求企业满足不同消费者的个性化需求。

网络在为消费者提供针对性的服务方面有得天独厚的优势。企业应了解消费者的要求和愿望，将大规模营销改进为分众营销，甚至一对一营销，为消费者提供个性化的信息和产品，使企业营销具有更多的人性化关怀。比如，蓝色尼罗河珠宝公司是一家网络珠宝零售商，该网站为消费者提供定制戒指服务。

2. 产品组合策略

产品组合是指一个企业生产或经营的全部产品线、产品项目的组合方式。企业在进行产品组合时，有三个层次的问题需要做出抉择：第一，是否增加、修改或剔除产品项目；第二，是否扩展、填充和删除产品线；第三，哪些产品线需要增设、加强、简化或淘汰，以此确定最佳的产品组合。三个层次问题的抉择应该遵循既有利于促进销售，又有利于增加企业总利润这个基本原则。网络营销在建立和维护客户关系方面具有独特优势，企业可以利用核心产品发展高度忠诚的客户群体，并围绕这个群体增加产品系列或项目，扩大经营范围。这有利于综合利用企业资源，扩大经营规模，降低经营成本；有利于满足客户的多种需求，进入和占领多个细分市场。

3. 产品延伸策略

网络在帮助企业进行产品延伸方面也有重要意义。每家企业经营的产品都有其特定的市场定位。产品延伸策略是指全部或部分地改变企业原有产品的市场定位，具体做法有向上延伸（由原来经营低档产品改为增加经营高档产品）、向下延伸（由原来经营高档产品改为增加经营低档产品）和双向延伸（由原来经营中档产品改为增加经营高档和低档产品）。

比如，总资产和年销售额都曾排名世界第一的美国通用汽车公司的网站上不仅销售新车，还提供二手车交易服务。欲购二手车者可进入标有"经 GM（通用汽车公司）认可确保质量的二手车"字样的网页进行选择。此举如今已被众多汽车经销商或网络公司仿效，纷纷利用网站进行二手车交易。

10.1.3 构建网络品牌

1. 网络品牌的内涵

广义的网络品牌是指企业、个人或组织通过网络建立的产品或服务在人们心目中的良好形象。网络品牌由两部分组成：一部分是在网络上兴起的品牌，另一部分是原有品牌通过网络渠道影响网民，如纸媒转换为数字媒体，从而实现原有品牌的网上销售。第一部分的网络品牌又可以分为两类：一类是与互联网直接有关的品牌，如搜索引擎、社交网站等，只存在于网络中；另一类是没有线下销售渠道，只有网络渠道的品牌，如新兴的网络服装品牌等。

网络对原有品牌来说是一把"双刃剑"。一般来说，消费者对原有品牌会更信任，然而，这种忠诚度也会下降，因为网络会促使消费者尝试其他品牌。原有品牌，即便一些知名品牌，在网络上对年轻消费者的影响也小得多，这也促使许多线下的知名品牌在进行网络销售时更换品牌，以网络新品牌的形象重新面对消费者。

2. 网络品牌建设

（1）品牌建设的步骤。凯勒强调，建设强势品牌需要按照如下四个步骤进行，其中每步都建立在前一步成功实现的基础之上，如图 10-1 所示。这四个步骤体现了消费者普遍关心的以下基本问题：①这是什么品牌（品牌识别）？②这个品牌的产品有什么用途（品牌含义）？③我对这个品牌产品的感觉如何（品牌响应）？④你和我的关系如何？我们之间有多少联系（品牌关系）？

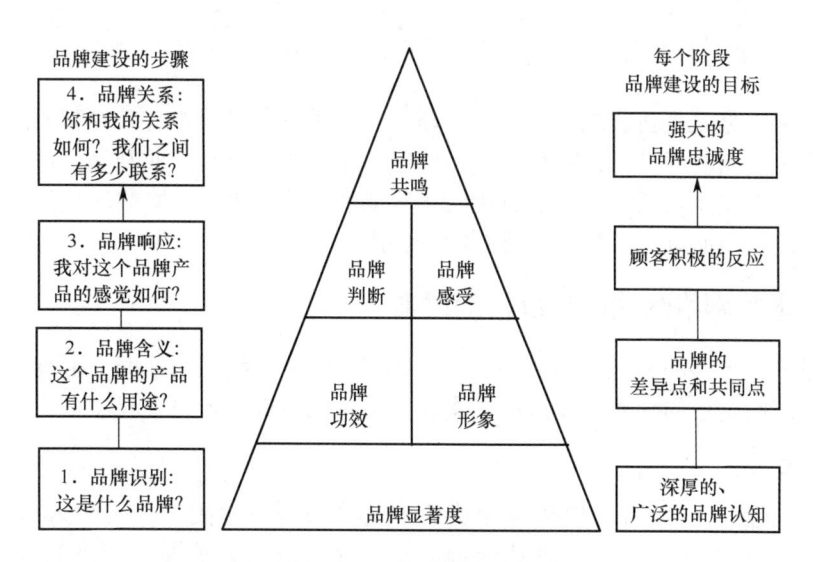

图 10-1 品牌建设金字塔

在图 10-1 中，只有当品牌处于金字塔塔尖时，才会产生具有深远价值的品牌资产。金字塔左侧代表建立品牌的"理性路径"，右侧则代表建立品牌的"感性路径"。绝大多数强势品牌的建设是通过这两个路径"双管齐下"实现的。

（2）建设品牌的六个阶段。依据品牌构建金字塔的步骤，建设品牌一般经过以下六个阶段。

① 品牌显著度。品牌显著度测量了品牌的认知程度，如在不同情形和环境下，品牌出现的频率如何？品牌能否很容易地被回忆或认出来？需要哪些必需的暗示或提醒？品牌的认知程度有多高？品牌认知是在不同情形下消费者回忆和再认该品牌的能力，并在记忆中将品牌名称、标识、符号等元素与具体品牌联系起来。

② 品牌功效。品牌功效是指产品或服务满足顾客功能性需求的程度，如品牌在何种程度上满足了消费者实用、美学和经济方面的需求。

③ 品牌形象。品牌形象是指人们如何从抽象的角度，而不是从现实的角度理解一个品牌。一个品牌会有许多种无形资产：用户形象，购买及使用情境，个性与价值，历史、传统及体验。

④ 品牌判断。品牌判断是指消费者对品牌的个人喜好和评估。它涉及消费者如何将不同的品牌功效与形象联想结合起来，以产生不同看法。判断类型包括品牌质量、品牌信誉和品牌优势。

⑤ 品牌感受。品牌感受是指消费者在感情上对品牌的反应。品牌感受与由该品牌激发出来的社会流行趋势有关，这种感情可以在购买或使用该产品时强烈地感受到。

⑥ 品牌共鸣。品牌共鸣是指这种关系的本质，以及消费者感受到与品牌同步的程度。品牌共鸣是通过消费者与品牌的心理联系的深度和强度来衡量的，也通过行为的忠诚度来体现，如重复购买和消费者搜寻品牌信息的程度等。品牌共鸣位于品牌建设金字塔的塔尖，是影响决策的焦点和重点。在建设品牌时，营销者应该以品牌共鸣为目标和手段，以此开展与品牌相关的营销活动。

10.2 网络营销价格策略

产品的销售价格是企业市场营销组合策略中十分敏感而又最难有效控制的因素。定价是否恰当直接关系到消费者对产品的接受程度，影响着市场需求量和企业利润。在网络营销中，价格的形成不仅极其复杂，而且受到多种因素的影响和制约。因此在网络环境下，企业要制定出科学合理的价格，就必须对各种因素进行综合考虑。

10.2.1 影响网络营销产品价格的因素

网络营销产品价格的形成受到许多因素的影响，一些传统营销环境下影响产品价格的因素也是影响网上产品定价的因素，而这些因素在网络环境下有了新的表现。

1. 需求因素

从需求方面看，市场需求规模及消费者的消费心理、感受价值、收入水平、对价格的敏感程度、议价能力等都是影响企业定价的主要因素。也就是说，产品的价格不能高到无人购买，当然也不能低到不顾成本。因此，企业给产品定价时，不但要考虑营销目标、生产成本、营销费用等因素，还要考虑需求弹性等因素。需求弹性是指因价格和收入变动而引起的需求的相对变动率，包括需求收入弹性、需求价格弹性、交叉价格弹性和消费者议价能力等。

> **知识拓展**
>
> 需求因素指标
>
> 需求收入弹性衡量消费者对某种商品或服务的需求量随收入改变的反应程度，一般用需求变化量百分比除以收入变化量百分比所得的比率表示。普通商品的需求收入弹性为正，收入增加，普通商品需求也增加。
>
> 需求价格弹性指市场商品需求量对于价格变动做出反应的敏感程度，通常用需求量变动的百分比对价格变动的百分比比值，即需求价格弹性系数表示。
>
> 交叉价格弹性指某种商品的供需量对其他相关替代商品价格变动的反应灵敏程度。其弹性系数定义为供需量变动的百分比除以其他商品价格变动的百分比。交叉价格弹性系数可以大于0、等于0或小于0，它表明两种商品之间分别呈替代、不相关或互补关系。
>
> 消费者议价能力主要表现在能否促使卖方降低价格、提高产品质量或提供更好的服务。

2. 供给因素

从供给方面看，影响企业定价的主要因素包括产品的生产成本和营销费用。产品的价格必须能补偿产品在生产、分销、促销过程中发生的支出，并且有所盈利，即产品的成本是定价的最低界限，包括固定成本和变动成本。固定成本是指在一定限度内不随产量或销量变化而变化的成本；变动成本是指随着产量和销量增减而增减的成本。二者之和就是产品的总成本，产品的最低定价应能收回产品的总成本。而在线数字化产品的成本由于具有特殊性，生产成本很高而复制成本很低，因此生产越多，生产的平均成本就越低，企业就需要为其制定一种全新的定价方式。

3. 供求因素

企业的定价策略应遵循价值规律，供求关系也是影响产品价格形成的基本因素。当企业的产品在市场上处于供大于求的买方市场条件时，企业的产品可以实行低价策略；当企业的产品在市场上处于供小于求的卖方市场条件时，企业的产品可以实行高价策略；当企业的产品在市场上处于供给等于需求的均衡市场条件时，产品价格也等于均衡价格。要注意，企业的定价不能过度偏离均衡价格。

4. 竞争因素

市场竞争格局在一定程度上也会影响网络营销产品的定价。对于质量近似的产品，消费者总会选择价格较低的那种。因此，企业在定价时还应考虑竞争者的产品价格和质量。如果自己的产品与竞争者的产品相似，那么所定价格也应相似；如果比竞争者的产品质量差些，则价格就低些；如果比竞争者的产品质量好，则定价要高于竞争者。不过，企业必须预见到竞争者可能调整价格，自己的定价应及时做出反应。

10.2.2 网络营销产品价格的特点

与传统营销产品价格相比，网络营销产品价格具有如下特点。

（1）低价。网络经济是直接经济，因为减少了交易的中间环节，所以能够降低产品的价格。另外，由于网络信息的共享性和透明性，消费者可以方便地获得产品的价格信息，因此要求企业必须以尽可能低的价格向消费者提供产品或服务。如果产品定价过高或降价空间有限，那么该产品就不太适合在网上销售。

（2）消费者主导定价。消费者主导定价是指消费者通过充分的市场信息来选择购买或定制自己满意的产品或服务，同时以最小代价（购买费用等）获得这些产品或服务。在网络营销过程中，消费者可以利用网络的互动性与商家就产品的价格进行协商，这使得消费者主导定价成为可能。

（3）价格透明化。在网上，产品的价格是完全透明的。网络消费者足不出户，轻点鼠标就可以查询同一产品不同商家的报价信息，如果商家的定价过高，产品将很难销售出去。

10.2.3 网络营销定价策略

虽然传统营销定价的基本原理也同样适用于网络营销，但由于网络市场与传统市场存在较大区别，网络营销的定价方法与传统营销的定价方法也不尽相同。企业为了更有效地促进产品在网上销售，或者将传统的定价方法加以改造，或者利用网络特点制定新的定价策略，从而适应网络环境。网络营销定价策略主要有以下几种，如表 10-2 所示。

表 10-2　网络营销定价策略

定 价 策 略	具 体 类 型
低价定价策略	直接低价定价
	折扣定价
	促销定价
定制生产定价策略	按需求定价
使用定价策略	按使用次数或时间定价
拍卖竞价策略	竞价拍卖
	竞价拍买
	集体议价
免费价格策略	完全免费
	限制性免费
	部分免费
	捆绑式免费

1．低价定价策略

低价定价策略是指企业利用网上价格的可比性，在对产品进行定价时，先在网上查询，充分掌握市场上同类产品的价格底线，然后与同类、同质产品相比，取略低的定价确定自己产品的在线价格。这样确定的价格不仅具有可比性，还具有较强的竞争力和优势。具体方式有以下几种。

（1）直接低价定价。企业在定价时大多将成本加上一定利润，有时甚至是零利润，这样定出的价格往往比同类产品低。一般制造业企业在网上进行直销时会采用这种定价方式，如戴尔公司计算机定价比同性能的其他公司计算机低 10%～15%。这主要由于网络的应用使企业节省了大量的成本费用。

（2）折扣定价。折扣定价是指在原有价格的基础上进行折扣来定价。企业通常发布的产品价格是线上、线下销售的统一价格，对于线上消费者，又在原价格基础上标明一定的折扣，这样就可以让消费者直接了解产品的降价幅度,以促进消费者的购买。这种价格策略主要由一些网络零售商采用,如当当网的图书价格一般都有折扣,而且折扣能达到3~5折,如图10-2所示。

(3)促销定价。当产品价格不具备竞争优势时,企业通常采用网上促销定价策略来拓展网络市场。因为网络消费者覆盖面广,具有很强的购买能力,所以企业通过采用临时的促销定价策略,不仅能够打开网络销售局面,还可以向更多的消费者推广新产品。促销定价除直接打折外,比较常用的还有有奖销售和附带赠品销售。

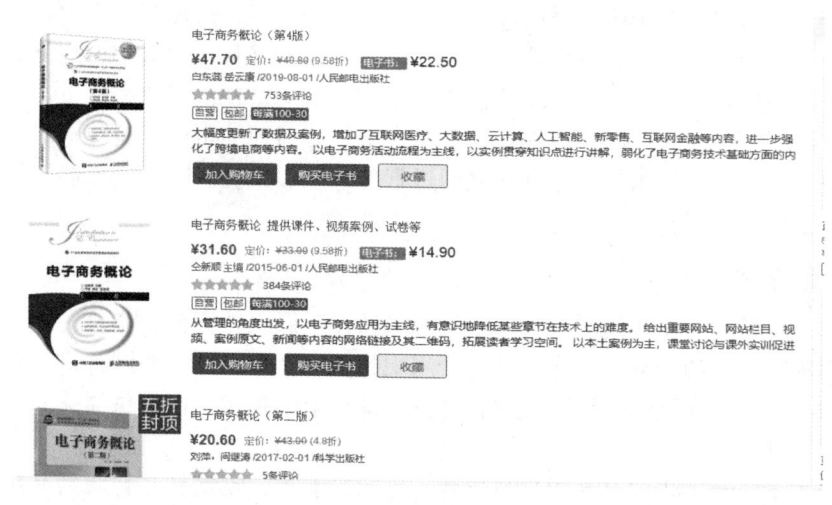

图 10-2 折扣定价

2. 定制生产定价策略

定制生产定价策略即按需求定价,是在企业进行定制生产的基础上,利用网络技术和辅助设计软件帮助消费者选择配置或自行设计个性化产品,同时消费者承担自己愿意付出的价格。因此,定制生产定价策略可以帮助企业通过细分市场分别定价,从整个市场获得最大利润。然而,要有效地实施定制生产定价策略,企业必须掌握多方面的信息,如不同消费者对产品消费价值的看法、消费者需求的价格弹性、最佳规模效益、销售量变化对成本的影响等。比如,戴尔公司专门针对中国市场设计了可进行定制订购的页面,用户可以根据自己的具体需要选择配置,戴尔公司给出不同配置的价格,如图10-3所示。

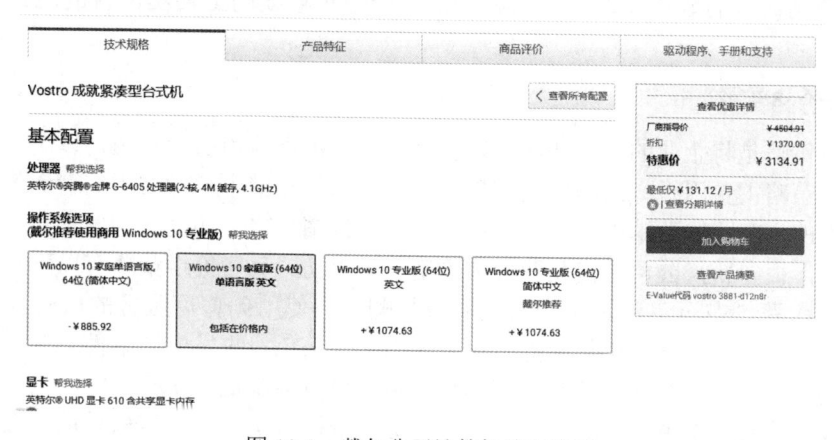

图 10-3 戴尔公司计算机选配页面

3．使用定价策略

使用定价策略是指消费者通过互联网注册后可以直接使用某公司的产品，消费者不需要完全购买产品，只需要根据使用次数或时间付费。通过付费，消费者拥有有限次数或时间内的产品使用权，而不拥有产品。这样一方面可以降低浪费，提高产品利用率，另一方面还可以吸引有顾虑的潜在消费者使用产品。比如，很多软件公司将软件产品放置到网站上并提供免费下载，用户通过注册使用，按使用次数付费。

采用使用定价策略时要考虑两个问题。第一，产品是否适合通过互联网传输，是否可以实现远程调用。目前，比较适合的有软件、音乐、电影、电子书刊、数据库、网上娱乐、专业咨询等数字化产品和服务。比如，用友软件公司推出网络财务软件，用户在网上注册后就可以直接处理账务，而无须购买软件和担心软件的升级、维护等烦琐的事情。第二，对互联网的带宽有更高的要求，因为许多信息都要通过互联网进行传输，如果互联网带宽不够，将影响数据传输，势必影响消费者使用和观看。

4．拍卖竞价策略

网上拍卖是目前发展比较快的领域，由消费者通过互联网轮流公开竞价，在规定时间内出价最高者赢得拍卖品。拍卖网站允许商品公开网上拍卖，竞价者只需在网上进行登记，拍卖方要将拍卖品的相关信息提供给网站，经审查合格后即可上网拍卖。根据供需关系，网上拍卖竞价方式有以下几种。

（1）竞价拍卖。最大量的是 C2C 的交易，包括二手货、收藏品，普通商品也可以通过拍卖的方式出售。比如，惠普公司通常将公司的一些库存积压产品放到网上拍卖。

（2）竞价拍买。这是竞价拍卖的反过程，消费者为求购某商品而提出一个价格范围，然后由商家出价，出价可以是公开的或隐藏的，消费者将与出价最低或接近最低的商家成交。

（3）集体议价。在互联网出现以前，国外多数零售商经常结合起来，向批发商（或生产商）提出以数量换价格。互联网出现后，普通的消费者也可以运用这种方式购买商品，即集体议价。目前在国内网络竞价市场中，这还是一种全新的交易方式。

目前拍卖竞价针对的购买群体主要是消费者，个体消费者是拍卖市场的主体。因此，拍卖竞价并不是企业目前首要选择的定价方法，因为拍卖竞价有可能破坏企业原有的营销渠道和价格策略。采用网上拍卖竞价，比较合适的是一些库存积压产品；也可以是一些新产品，通过拍卖竞价起到促销的效果。许多公司将产品以低廉价格在网上拍卖，目的就是吸引消费者的关注。

5．免费价格策略

免费价格策略是将企业的产品和服务以免费的形式提供给消费者使用，以满足消费者的需求。免费价格策略主要用于产品的促销和推广，它是市场营销中一种常用的营销策略，一般是短期和临时性的。在网络营销中，免费不仅仅是一种促销策略，还是一种非常有效的产品或服务的定价策略，很多新兴公司凭借免费价格策略一举成功。免费价格策略有以下几种类型。

（1）完全免费。完全免费是指产品或服务从购买、使用到售后服务的所有环节都免费提供。如免费电子邮箱，网络用户每天都可以登录电子邮箱免费收发电子邮件。

（2）限制性免费。限制性免费是指产品或服务可以有限次地或在有限时间内免费使用，超过一定期限或次数后就不再享受免费。如瑞星公司免费提供 1 个月杀毒软件的升级服务，过期后要想继续使用，消费者就需要支付费用了。

（3）部分免费。部分免费是指对产品整体的某部分或服务全过程的某环节的消费可以享受免费的定价策略。如一些著名研究公司的网站会公布部分研究成果，如果要获取全部成果，必须付款成为公司的客户。

（4）捆绑式免费。捆绑式免费是指消费者购买某产品或服务时会被赠送其他产品或服务。这种定价策略不仅可以使消费者感觉组合产品的价格小于各个产品的价格之和，还可以使企业突破网上产品的最低价格限制，利用合理、有效的手段，减少消费者对价格的敏感程度。

网络营销实施免费定价策略会受到一定的制约，并不是所有的产品都适合免费定价策略。一般来说，适合免费定价策略的产品具有制造成本为零，营销效果具有冲击性，产品无形化和传输数字化，具有成长性和收益间接等特点。

> **知识拓展**
>
> **传统营销的定价方法**
>
> （1）成本导向定价法。以产品的总成本为中心，分别从不同角度制定对企业最有利的价格。成本导向定价法是企业最基本、最普通和最常用的定价方法，具体包括成本加成定价法、盈亏平衡定价法、边际贡献定价法。
>
> （2）需求导向定价法。需求导向定价法包括购买者理解价值法和需求差别法。
>
> （3）竞争导向定价法。为了应付竞争，以竞争者的价格水平作为定价的基础，以成本和需求作为辅助的定价因素。主要包括随行就市定价法、产品差别定价法、密封投标定价法。

10.3 网络营销渠道策略

与传统营销渠道相比，网络营销渠道费用更低、结构更简单，提高了买卖双方的沟通效率，具有交易、物流、促销等功能。因此，网络营销渠道的建设与管理对于网络营销的开展具有重要意义。

10.3.1 网络营销渠道概述

1. 网络营销渠道的含义

营销渠道是指某种产品或劳务从生产者向消费者或用户转移的过程，即产品从生产领域向消费领域转移经过的通道，涉及信息沟通、资金转移和实物转移等。网络营销渠道是指以互联网为通道，实现商品或服务从生产者向消费者的转移过程。

狭义的网络营销渠道是指生产者借助计算机、网络软硬件技术创建网络平台，并依靠这个平台将产品或服务从生产者转移到消费者，能够实现营销渠道涉及的商流、物流、资金流、信息流的传递。

广义的网络营销渠道还包括营销过程中的各个环节，这些环节都不同程度地使用网络及管理系统，并促进营销过程中商流、物流、资金流的传递。

2. 网络营销渠道的特点

（1）渠道缩短。任何产品或服务，从生产商到达消费者经过的渠道越长，中间环节越多，产品的加价率就越高，因而消费者希望能够直接向生产商购买所需商品，生产商也希望能够直接把商品提供给消费者。网络正是这样一种分销渠道。互联网起到了分销商的作用，其直接模式代替了传统的迂回模式，分销链比传统渠道短。生产商与消费者可以在网上直接交流，大大降低了各种成本，提高了分销的效率。

（2）关系单一。网络营销渠道的管理可以简化为网络这一单层次的管理。传统营销涉及生产者、代理商、中间商（一级中间商、二级中间商、三级中间商）、最终消费者等多层次、全方位的管理，而互联网能使企业跳过价值链中的部分环节，主要绕过中间商。互联网的发展和商业应用，使得传统营销中间商凭借地缘原因获取的优势被互联网的虚拟性取代，同时互联网高效率的信息交换，改变了传统营销渠道的诸多环节，将错综复杂的关系简化为单一关系。

（3）配送社会化。企业进行网络营销时要保证商品在最短的时间内由最近的分销网点送到消费者手中，而这一切必须依靠现代化的物流配送体系才能完成。目前较为流行的物流配送模式是第三方物流，即由与货物有关的发货人和收货人之外的专业企业，即第三方物流企业来承担物流活动。

10.3.2 网络营销渠道的功能

网络营销渠道借助互联网，一方面，要为消费者提供产品信息，方便消费者进行选择；另一方面，在消费者选择后要能完成相关的交易手续。因此，完善的网络营销渠道应具备三大功能：交易功能、物流功能和促进功能。

1．交易功能

交易功能指的是与消费者接触，利用各种营销沟通手段让消费者了解产品，寻找符合消费者需要的产品，商议价格，完成订货、结算等交易环节的工作。

首先，互联网提供了一种新的、非常有效的、与消费者接触的渠道，可以更好地满足消费者的个性化需求。同时，网络营销提供了许多新形式，方便买卖双方协商，如消费代理，在价格协商中代表消费者的利益，可以将企业出价按照从低到高的顺序排列。

其次，网络营销渠道提供订货系统，为消费者提供产品信息，同时方便企业获取消费者需求信息，以达到供求平衡。一个完善的订货系统，可以最大限度地降低库存，减少销售费用。消费者在做出购买决策后，可以通过多种方式方便地付款，商家也应该向消费者提供多种结算方式。以支付宝、微信支付为代表的互联网支付和移动支付的第三方支付发展迅速。渠道中间商提供的结算方式越来越多，消费者支付的方便程度越来越高。

2．物流功能

物流功能指的是产品的运输、储存和收集等工作。物流工作一般外包给第三方物流企业。

一些数字产品，如文件、图片、音频和视频等，可以以较低的成本通过互联网传递到消费者手中，而大多数通过网络销售的产品依然是通过传统的实体渠道递送的。渠道中介可以从多个供应商那里进货，方便消费者在一地购买多种产品。网络营销渠道通过互联网更加高效地实现了产品整合。

在网络市场上，企业既要降低库存量，又要及时向顾客送货，这两者往往是冲突的，所以许多企业把存货委托给第三方物流企业保管，有的甚至由第三方管理供应链，提供产品加工和整合等增值服务。物流企业还可以帮助处理订单、补充库存、编制订单跟踪号码，这样就方便了顾客跟踪订单。

3. 促进功能

促进功能包括市场调研和支付保障。

（1）市场调研。市场调研是分销渠道的主要功能之一。市场调研就是要确切地了解目标受众的规模和特征。渠道中介收集的信息有助于生产商规划产品开发和营销沟通活动，可参考本书第 2 章内容。

（2）支付保障。为一笔交易提供支付保障是渠道中介的一项重要的促进功能，包括消费者市场和企业市场。大多数网络消费者的交易活动都是通过信用卡、网银或其他支付保障系统进行的，这与实体店铺的交易是相似的。消费者会担心自己的信用卡或网银密码被盗，因此，安全问题成为消费者最关注的问题。企业和消费者都可以通过第三方支付来验明身份，以此为交易提供保障。这种沟通是自动进行的，对于企业和消费者不存在技术障碍。有了这种信用的保障，网络购物的交易风险大大降低，网络渠道的吸引力也更大了。

10.3.3 网络营销渠道的建设与管理

1. 网络营销渠道的建设

在建设网络营销渠道时，企业把整个营销渠道运作过程看作一个系统，以消费者或用户需求为出发点，从增强营销过程的整体性和系统性，减少环节之间的障碍与矛盾并降低风险的角度出发，达到降低运营成本，提高营销效率和顾客满意度的目的。因此，网络营销渠道建设主要通过整个营销渠道建设过程的观念创新、运行机制创新和技术创新，实现营销渠道过程的整体决策优化。

（1）观念创新。与以生产者或产品为起点的传统营销渠道模式不同，网络营销模式以整个渠道系统过程为起点，以市场用户需求为拉动力。在这种渠道模式下，渠道系统的各方从实现有效率的需求出发，努力减少或降低对实现顾客总价值作用不大或不必要的流转成本，从而使用户和营销渠道系统各成员共同受益。

（2）运行机制创新。与渠道系统中企业各自为政、多环节分散管理的传统渠道模式不同，网络营销模式强调超越各个企业的界限，实现供应商与中间商（包括批发商、零售商）的合作，承认供应商和中间商都是营销渠道系统的一部分，以合作、联盟或分销规划的形式达到营销组织的系统化、一体化，从而保证营销渠道的畅通和快捷。

（3）技术创新。在网络营销模式下，以建立计算机网络系统为基础，通过中央计算机处理系统组成的内部局域网，随时了解各销售点信息，通过互联网及时向供应商提出订货要求，并通过供应商配送系统或中心完成补货，从而大量减少分销系统的库存，降低成本。由于有了电子订货系统（Electronic Ordering System，EOS）、电子数据交换（Electronic Data Interchange，EDI）、电子资金转账（Electronic Funds Transfer，EFT）、条形码（Bar Code，BC）等现代信息技术，信息传递更加准确，提高了营销渠道运行效率。

2. 网络营销渠道建设注意事项

（1）从消费者的角度设计渠道。只有采用消费者比较放心、容易接受的方式建设网络营销渠道，才有可能吸引消费者网上购物，以克服网上购物"虚"的感觉，如货到付款或第三方支付的方式更让人认可。网络营销渠道管理的首要因素应该是时间。网上购物的时间观念不再是以分钟来计算，而是以秒来计算的。因此，企业必须使自己的信息反馈系统快捷而准确。只有这样才能保证渠道畅通，提高消费者满意度。

（2）订货系统要简单明了。不要让消费者填写太多信息，应该采用现在流行的"购物车"方式模拟超市，让消费者一边看商品比较选择，一边将选好的商品加入购物车。购物结束后，一次性结算。另外，订货系统还应该提供商品搜索和分类查找功能，以便消费者在最短的时间内找到需要的商品。还应提供消费者想了解的产品信息，如性能、外形、品牌等重要信息。

（3）选择安全的结算方式。应尽量提供多种结算方式方便消费者选择，还要考虑网上结算的安全性。对于不安全的直接结算方式，应换成安全的间接结算方式。

（4）建立完善的配送系统。消费者只有看到购买的商品到达自己手中才真正感到踏实，因此建立快速、有效、完善的配送服务系统是非常重要的。

3．网络营销渠道的管理

（1）网络营销渠道政策管理。网络营销渠道政策对于网络营销渠道运作的规范与导向作用是不可忽视的，没有好的渠道政策，也不会有成功的渠道。网络营销渠道政策主要包含市场区域划分政策、主打产品宣传政策、促销政策、价格体系政策、客户服务政策及渠道成员分成政策等，这些政策实际上形成一个整体的网络营销渠道政策体系。网络营销渠道政策的关键在于两点：一是制定科学、行之有效的网络营销渠道政策，以保证整个网络营销渠道的高质量运转；二是所有网络营销渠道成员都必须坚决执行已经制定好的政策，以保证网络营销渠道的畅通和对外服务的一致性。

（2）网络营销渠道激励管理。企业首先要认识到网络代理商是独立的经营实体，有自己的目标、利益和策略。网络代理商首先是网络客户的采购代理，然后才是企业的销售代理，只有客户愿意购买网络营销的产品，网络代理商才有兴趣经营。因此，企业应根据网络代理商的特点，采取必要措施，对其进行合理的网络营销渠道激励管理，以使整个网络营销渠道达到最优。为提高网络代理商的积极性，可以制定便于量化管理的分级返点制度，激励网络代理商超额完成任务；帮助网络代理商提高自身的发展能力，与其保持稳定的长期合作伙伴关系。对一些业绩良好、市场拓展能力强、忠诚度高、积极贯彻落实企业政策的网络代理商加大扶持力度和资源支持，帮其做大做强。

10.4　网络营销促销策略

随着网络经济的快速发展，企业的市场竞争已从传统竞争模式走向了网络竞争模式。现代企业竞争的最终目标是获得更多的顾客，使企业产品获得更好的销路。因此，企业除了要重视生产适销对路的产品和确定具有诱惑力的价格等传统营销要素，还要重视产品的网络促销，设计并传播产品外观、特色、购买条件，以及产品将给目标顾客带来的利益等信息。

10.4.1　网络营销促销概述

1．网络营销促销的含义

促销是指营销人员通过各种方式将有关企业及产品的信息传递给目标顾客，以促进其了解、信任企业及产品，并达到刺激需求、促成购买、扩大销售目的的一系列活动。促销的实质是企业与潜在顾客之间进行信息沟通的过程。网络营销促销（以下简称网络促销）是指利用现代化的网络技术向市场传递有关产品和服务的信息，以激发需求，引起消费者的购买欲望和购买行为的各种活动。在竞争更加激烈的今天，开展网络促销是每家企业必不可少的销售活动，这是传统的促销无法实现的。

2．网络促销的作用

网络促销对于消费者的作用，主要体现在以下几个方面。

（1）告知。将企业的产品、服务、价格等信息通过网络传递给消费者，以引起他们的注意。

（2）说服。网络促销的目的在于通过各种有效的方式，解除潜在消费者对产品或服务的疑虑，坚定其购买的决心。比如，在许多同类产品中，消费者往往难以察觉各种产品间的微小差别。企业通过网络促销活动，宣传自己产品的特点，使消费者认识到该产品可能给他们带来的利益或特殊效用，进而选择本企业的产品。

（3）创造需求。运作良好的网络促销活动，不仅可以引导需求，而且可以创造需求，发掘潜在的消费者，拓展新市场，增加销售量。

（4）反馈。结合网络促销活动，企业可以通过在线填写表格或电子邮件等方式及时收集和汇总消费者的意见和需求，迅速反馈给企业的决策管理层。由此获得的信息准确性和可靠性高，对企业经营决策具有较大的参考价值。

（5）稳定销售。在企业的产品销售波动较大，市场地位不稳的情况下，通过适当的网络促销活动，树立良好的产品形象和企业形象，往往有可能改变消费者对企业及产品的认识，提高产品的知名度和用户对本企业产品的忠诚度，达到锁定用户，实现稳定销售的目的。

10.4.2 网络营销促销的特点

与传统促销相比，网络促销具有以下几个特点。

1．是一种"软"营销

传统促销是一种强势营销，企图以一种信息灌输的方式在消费者心中留下深刻印象，而不考虑消费者需求与否。而互联网最重要的基本原则是：不请自到的信息不受欢迎。网络促销更多地具有"软"营销特征。网络促销注重的是与消费者建立起一种相互信任的关系，在交流产品信息的同时交流感情。随着互动逐渐深入，企业与消费者之间的双向沟通也更加密切，为进一步营销奠定了牢固的基础。

2．具有互动性

传统营销中的促销策略是以面向大众为主的，是单一型的、以宣传式劝说为主要方式的。而网络营销中的促销策略则具有针对性强、消费者选择余地大、信息传递与反馈快捷、信息覆盖面全而又廉价等特点。由于网上广告信息容量大、费用低，营销人员可以尽可能详细地向消费者提供关于产品的特色和性能等方面的信息，消费者在接到信息的同时，可以有选择地关注某些信息，再仔细阅读。消费者还可以就某些方面提出问题，反馈给营销人员，营销人员再通过网络及时为消费者解答问题。这样，网络营销的促销活动就打破了传统营销的以宣传式说服为主的方式，形成了具有互动性、知识性、说服力较强的促销方式。

3．具有针对性

网络促销具有一对一与消费者需求导向的特色，这种特色也使其成为发掘潜在消费者的最佳途径，使企业的促销方式和手段更加具有针对性。互联网为企业促销提供了新的载体。企业只要在互联网上建立网站或主页即可进行各种广告宣传活动，利用多媒体技术，企业可以同时以声音、图形、文字和动画形式传播产品信息。互联网改变了过去消费者被动接受广告的局面，消费者可以根据自身需求主动搜索广告，大大提高了针对性，加强了企业与消费者的沟通和联系。网络促销充分利用计算机技术，对大量消费者信息进行加工处理，反映出消费者的不同需求。网络广告也根据细微的个人差别对消费者进行分类，制作传送定制的产品信息，进行针对性促销。

4．打破了时空界限

与传统促销方式相比，网络促销在时间和空间观念上、在信息传播模式上及消费者参与程度上都发生了较大的变化。互联网和传统媒体相比的最大优势是打破了现实中的时空界限，订货和购买可以在任何时间、任何地点进行。独有的、双向的、快捷的、互不见面的信息传播模式，为网络促销提供了更加丰富多彩的表现形式。

10.4.3 网络营销促销的策略组合

相比传统的促销策略，网络促销有自己的特点，不仅企业或产品需要促销，网站自身的推广也是非常重要的一部分。因此，网络促销的策略组合主要包括网络广告策略、网络网站推广策略、网上销售促进策略及网络公共关系策略。网络广告策略在本书第 4 章已进行介绍，这里不再赘述。

1．网络网站推广策略

网络网站推广策略是企业通过网络进行促销的主要策略。网络网站推广就是企业利用网络营销策略扩大网站的知名度，吸引网上流量访问网站，起到宣传和推广企业及企业产品的效果。网络网站推广主要有两种方法：一种是通过改进网站内容和服务，吸引用户访问，起到推广效果；另一种是通过网络广告宣传推广网站。前一种方法费用较低，而且容易锁定顾客，但推广速度比较慢；后一种方法可以在短时间内扩大网站知名度，但费用不菲。网络网站推广是一项系统性工作，要同企业的整体规划一致，同时在进行的过程中，要结合网站推广的各种方法吸引顾客。因此，了解网络网站推广的方法非常重要。网络网站推广的方法有以下几种。

（1）搜索引擎推广。搜索引擎推广是指企业通过搜索引擎、分类目录等具有在线检索信息功能的网络工具进行网站推广的方法。常见的搜索引擎推广方法有登录免费分类目录、登录付费分类目录、搜索引擎优化、关键词广告等。根据调研，网民寻找新网站主要是通过搜索引擎实现的，因此，在著名的搜索引擎注册是非常必要的。注册一般都是免费的。

（2）资源合作推广。资源合作推广是指通过网站交换链接、交换广告、内容合作、用户资源合作等方式，在具有类似目标用户的网站中实现相互推广的目的。资源合作推广可以缩短网页间的距离，提高网站的被访问概率。一般建立链接有下面几种方式：一是在行业网站上申请链接，即如果企业属于某些行业组织，而这些组织建有会员网站，应及时向这些会员网站申请一个链接；二是申请交互链接，即寻找具有互补性的网站，并向它们提出交互链接的要求；三是在商务链接网站申请链接，即向网络上的小型商务链接网站申请链接。

（3）电子邮件推广。快捷、廉价的电子邮件是网络网站推广的有效方式，一般可以利用网站的反馈功能记录愿意接收电子邮件的用户。另外，还可以租用一些愿意接收电子邮件信息用户的通信列表。与搜索引擎推广相比，电子邮件推广具有主动向顾客推广的优势，且方式灵活，新闻邮件、电子刊物、会员通信、专业服务信息等提供不同内容。

（4）新闻发布推广。新闻发布推广，首先，应及时掌握具有新闻性的事件，并定期把这样的新闻发送到企业的行业网站和印刷品媒介上，如华为新款 Mate 9 手机研发成功；其次，通过企业网站的公告栏和新闻组加以推广。

2. 网上销售促进策略

网上销售促进基于现代市场营销销售促进，融入信息科技手段，在互联网上进行产品发布，传递有关产品和服务等信息，采取一些短期的宣传行为，以刺激消费者的购买欲望，使其快速做出购买决策和产生购买行为。网上销售促进主要有以下几种形式。

（1）网上免费促销。网上免费促销主要包括产品免费促销和资源免费促销两类。产品免费促销是指消费者可通过在线注册等方式获取产品，而产品通过邮寄的方式送达消费者手中。产品免费促销一般的目的是吸引流量和供消费者试用。资源免费促销是指通过网站无偿为访问者提供感兴趣的各类资源，吸引消费者访问，增加网站流量，并从中获取收益。目前，利用提供免费资源获取收益的网站有很多，如提供信息服务的百度搜索和新浪微博等。

（2）网上折价促销。网上折价促销是指企业在进行销售的过程中，按照产品的标价，只收取其中部分价格的促销方法。在网络促销中，折价促销是企业常用的一种促销方式。折价促销是历史最悠久、效果最好且现今仍非常实用的一种促销手段。网络消费者通常喜欢物美价廉的商品，因此，企业为了吸引消费者，经常开展幅度较大的打折促销活动，促使消费者尽早做出购买决定。比如，近年比较著名的"618""双十一""双十二"购物节，大部分网店就采用折价促销的方式，如图 10-4 所示。

图 10-4 "618"购物节促销页面

（3）网上赠品促销。网上赠品促销是指企业在推出新品、清仓老产品、开辟新的市场、应对竞争对手等情况下，为了增加消费者的购买量，提高忠诚度，通过网络向购买本企业产品的消费者实施馈赠的促销行为。网上赠品促销可以在短期内大幅增加企业网站的浏览量，提升知名度，促使消费者重复浏览网站，获取更多企业和产品信息；同时，通过消费者索取赠品的情况，企业也可以掌握消费者对产品的偏好，以修正营销手段和改进产品，以期更好地满足消费者的需求。

开展网上赠品促销时要注意：首先，要保证赠品的质量，否则会适得其反；其次，赠品的选择要同企业的促销目标相关，保证消费者后期能更忠于企业和产品；再次，要注意时机的选择，尽量选择消费者当下需要的产品，而非库存货；最后，要注意控制成本，一定要将成本控制在企业能够接受的范围之内。

（4）网上有奖促销。网上有奖促销是指企业向填写问卷、注册网站、购买产品或参加网上活动的消费者提供中奖机会，从而吸引消费者的一种促销方式。网上有奖促销一般同企业的市场调研、产品销售、扩大顾客群、某项推广活动等相结合。但要注意，在进行有奖促销时，提供的奖品要能吸引促销目标消费者的注意。同时，要会利用互联网的交互功能，充分掌握参与促销活动的群体的特征和消费习惯，以及对产品的评价。

（5）积分促销。积分促销是指顾客进行网络消费后，企业会根据其消费情况给予相应的积分奖励，当积分达到一定额度时，可以兑换奖品或直接获得消费的电子券。积分促销简单、易操作，同时可以提高顾客的重复购买率和忠诚度。图 10-5 展示了某个网络积分促销活动页面。

（6）数量折扣促销。数量折扣促销是指企业在确定产品或服务的网上价格时，为了让顾客购买更多的产品，增加销售量，会依据顾客购买的数量等级，给予不同程度的折扣，一般购买数量越多，折扣越大。在实际运用过程中，数量折扣促销有累计数量折扣和非累计数量折扣两种类型，二者的主要区别在于购买数量是否可以累计，从而激发顾客的多次购买需求或一次大量购买需求。

3. 网络公共关系策略

网络公共关系（以下简称网络公关）是指企业利用各种传媒技术，在网络里建立良好的社会公共关系，宣传产品特色，树立企业形象，唤起公众注意，培养人们对企业及其产品的好感、兴趣和信心，从而提升企业知名度和美誉度，并为后续营销活动做好感情铺垫。通过网络公关，企业可以获得信息反馈，促进同消费者、合作伙伴和竞争对手及社会各机构的沟通协调，树立企业形象、建立信誉，并提高企业营销效率。网络公关为现代公共关系的发展提供了新的空间、思维方式和策划思路。网络公关策略主要有五个方面，如图 10-6 所示。

图 10-5　网络积分促销活动页面　　　　图 10-6　网络公共关系策略

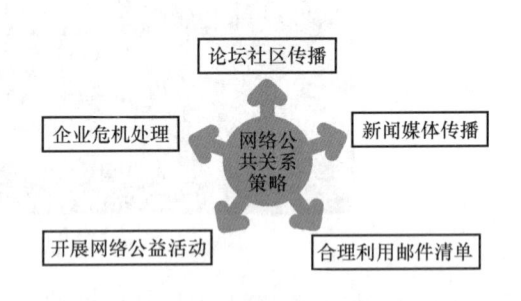

（1）论坛社区传播。用户往往由于共同爱好而在大型论坛社区聚集在一起，分享心得。企业可以通过论坛社区进行推广和网络公关，在论坛社区中发现新的顾客，研究市场动态，为网络社区提供有价值的信息等。同时，企业在对论坛内容进行引导时，可以适当运用多媒体手段，对用户感官造成冲击，从而使用户印象深刻。

（2）新闻媒体传播。新闻媒体传播是指企业通过新闻媒体门户网站发布相关信息，同时借助门户网站强大的流量提升企业知名度和产品曝光度。比如，华为 Mate9 保时捷版手机推出时，各大媒体头条都出现了华为及该产品的新闻发布信息和产品介绍，吸引了用户的关注。

（3）合理利用邮件清单。邮件清单是一种允许企业将信息发送到清单上的电子邮箱中的工具。企业在采用邮件清单策略时，一方面要注意网络礼仪。流畅优美的文字、短小精悍的标题及真实的署名，都会给对方留下较好的印象。另一方面可以创建双向邮件清单，允许成员交流，让成员相互帮助，解决问题。

（4）开展网络公益活动。公益活动是企业从公众的利益出发，通过出人、出物或出钱赞助和支持某项社会公益事业的活动。企业可根据网络信息传播快、形式新等特点开展相应的网络公益活动，从而在公众心目中树立良好的形象。

（5）企业危机处理。每家企业由于竞争对手的问题、自身的问题或环境的问题，都会有各种不同的危机出现。出现危机时，企业可以在企业网站及时把信息传达给受众，在线回答消费者问题，引发讨论，并适时与受众进行线上、线下的互动；通过电子公告板、电子邮件、网络论坛，以及著名新闻网站信息渠道对外发布信息；还可以利用网络的多种媒介平台和多样的形式，采用实况转播报道企业处理危机的过程、在危机中进行民意调研等形式，与受众进行深入互动和沟通，配合其他传播方式形成强大的信息网络，尽快扭转局势，<u>重塑企业的商业形象</u>，重新取得受众、政府部门及社会的信任。

> **知识拓展**
>
> **网络公关遵循的主要原则**
>
> （1）及时性原则。企业在进行网络公关活动时，公关信息应及时传播。企业应整合网络公关与同步的营销活动，否则网络市场瞬息万变，活动的稍微延误就将使企业错失良机。
>
> （2）一致性原则。企业在网络进行的公关活动，应作为企业市场活动的组成部分，符合企业整体形象的要求。网络公关与传统公关相辅相成，或者传递同一个信息，或者各有侧重，与企业的经营目标应是一致的，不可自相矛盾，否则可能使顾客无法正确理解公关活动传达的企业信息。
>
> （3）针对性原则。企业的网络公关活动，应本着承前启后的原则，为处于不同阶段的顾客进行服务。对于潜在顾客，把握顾客的真正需求，讲述产品的优势；对于使用中的顾客，征询顾客对产品的意见；对于对产品有抱怨的顾客，摸清抱怨的原因，分析问题是出于顾客还是出于企业，并提出解决的办法。
>
> （4）连续性原则。企业的网络公关作为沟通企业与顾客的途径之一，是一个连续的过程。公关活动的长期中断，将使企业与顾客日渐疏远，不利于顾客忠诚度的建立。

本章实训

一、实训目标

1. 掌握企业网络营销定价策略。
2. 了解企业网络公共关系策略。
3. 掌握如何制定网络营销策略组合。

二、实训任务

◇实训任务一：网络营销定价策略分析

1. 登录淘宝、京东、唯品会、苏宁易购等网站，调研某年度"双十一"购物节的某商品的价格变化。
2. 分析"双十一"购物节优惠的力度有多大，各个网站有哪些差别，不同商品有哪些差别。
3. 在淘宝网上搜寻正在拍卖的商品，观察拍卖过程，分析不同拍卖形式有哪些差别。

◇实训任务二：网络公关策略分析

登录学校或院系的网站，从网络公关策略的角度分析该网站还有哪些可以改进的地方。

◇实训任务三：网络营销策略分析

1. 登录浏览唯品会网站，分析唯品会网站的产品选择、价格制定、物流体系及促销方法。
2. 以"唯品会网站的营销策略分析"为主题，撰写一篇研究报告，并进行专题汇报。

三、实训总结与思考

1. 网络渠道的发展将极大地冲击线下渠道，分析企业应如何做好线下渠道和线上渠道的融合。
2. 企业如何创新地进行网络公关，以树立更好的企业形象？

课后习题

一、名词解释

网络营销产品　网络营销渠道　网络营销促销　免费价格策略

二、单项选择题

1. 消费者与企业沟通，根据自己的要求进行产品生产，承担自己愿意付出的价格，属于（　　）。

　　A．使用定价策略　　　　　　　　B．低价定价策略
　　C．拍卖定价策略　　　　　　　　D．定制生产定价策略

2. 瑞星公司免费提供 1 个月杀毒软件的升级服务，过期后要想继续使用，消费者就需要支付费用了。瑞星公司采取的价格策略是（　　）。

　　A．完全免费策略　B．限制性免费策略　C．部分免费策略　D．捆绑式免费策略

3. 腾讯公司通过腾讯公益使公众形成良好的印象，属于（　　）。

　　A．网络广告　　B．网络网站推广　　C．网上销售促进　　D．网络公共关系

4. 网络促销具有一对一与消费者需求导向的特色，这种特色也使其成为发掘潜在消费者的最佳途径。这描述的是网络促销的（　　）特点。

　　A．是一种"软"营销　　　　　　B．具有针对性
　　C．具有互动性　　　　　　　　　D．打破了时空界限

三、多项选择题

1. 网络营销产品的类型包括（　　）。

　　A．实体产品　　B．计算机系统软件　C．数字化资讯　　D．网络预约服务

2. 网络营销渠道的三大功能包括（　　）。

　　A．交易功能　　B．物流功能　　　　C．促进功能　　　D．信息功能

3. 网上拍卖竞价方式有（　　）。

　　A．竞价拍卖　　B．竞价拍买　　　　C．个体议价　　　D．集体议价

4. 网络促销策略主要有（　　）。

　　A．网络广告　　B．网络网站推广　　C．网上销售促进　D．网络公共关系

四、简答题

1. 影响网络营销产品价格的因素包括哪些?
2. 免费价格策略包括哪几种?
3. 网络营销渠道有什么特点?
4. 简述网络营销渠道的功能。
5. 简述网络营销促销的特点与作用。
6. 网上销售促进的形式主要有哪些?

第11章 网络营销策划

章节引言

企业无论是准备开展网络营销活动，还是已经涉足网络市场，都需要根据长期或短期的营销活动战略要求，制订网络营销策划方案。一个富有创意的、科学的策划方案可以有效地指导企业开展网络营销活动，达到企业网络营销战略预期。

引导案例

从小米网络营销的成功看网络营销策划的重要性

小米网络营销模式是当今互联网时代最成功的营销模式之一，同时小米网络营销的成功也是小米手机获得成功的关键。小米手机作为一种全新的产品，上市前没有什么知名度，但无论是硬件、操作系统还是销售价格都无可挑剔，性价比极高。

1. 网络营销目标

小米手机上市前的宣传目标是利用网络宣传企业和产品定位，突出企业形象和产品特色。宣传重点是突出小米手机的特色及企业的优质服务，在消费者心中树立良好的企业形象，提高消费者对企业及企业产品的认知度和认可度。

2. 精准的市场定位

小米手机首创了互联网众包研发模式。小米手机的界面允许众多"发烧友"通过互联网参与手机操作系统的开发改进。小米手机外观比较大众化，配置性能较高，符合爱刷手机、追求高性价比的消费者的需求，这部分消费者是小米手机主要的目标消费者群体。

3. 独特的销售方式

（1）建立官方网站销售商品。小米公司建立官方网站，而小米手机只在小米官方网站上销售。小米公司通过官方网站将企业形象、经营理念、产品信息及服务等全面、系统地展示给消费者。

小米公司的销售方式模仿了苹果公司在美国的渠道策略，可有效规避与实体店和分销商的利润分割，避免了多余的成本，杜绝了假冒商品，又充满时尚感，能吸引年轻消费者的兴趣，强化品牌效应。

（2）与中国联通合作，出售合约机。小米手机一开始仅通过官方网站完成销售，而后和中国联通达成协议，合作出售合约机，开启了新一轮的销售浪潮。

4．科学的网络营销推广方法

好的产品和经营理念也需要科学的推广策略，才能实现预期的网络营销目标。

（1）"饥饿营销"。在小米手机正式发售后不久，小米公司开始限制手机销售，市场供不应求。小米公司利用消费者"得不到的才是最好的"的心理因素，有意降低产量，以期达到调控供求关系、制造供不应求"假象"、维持商品较高售价和利润率的目的，同时维护品牌形象、提高产品附加值。

（2）微博营销。小米团队发挥微博营销的优势，在小米手机发布之前，策划人员就通过与微博用户的互动，使很多人对小米手机产生兴趣。产品发布后，小米团队又策划了发微博送手机的活动，以及分享图文并茂的小米手机评测等。

（3）制造媒体炒作的话题。"小米手机是偷来的"这一传闻一直出现在网络上，小米公司一直没有对这一传闻予以澄清或辟谣，引起广大网民的"口水战"。这样，小米公司一直出现在网民的视线内，也给小米手机蒙上了一层"神秘"的色彩，进一步提高了小米的知名度。

小米手机没有做任何广告，只是借助网络媒体的力量，利用病毒式口碑营销及微博营销成功地实现了品牌的宣传及推广，让更多的人了解并认识了小米手机，在此基础上创造了国产手机的奇迹。

小米的网络营销活动是一个环环相扣的网络营销策划方案的体现，该网络营销策划方案包含了营销目标的确定、市场定位的分析、网络营销渠道的创新性设计，以及有效、立体的网络推广策略。

案例思考题
1. 小米的网络营销策划创新点是什么？
2. 小米的网络营销策划重点有哪些？

11.1 网络营销策划概述

在网络营销活动中，企业经常需要制订计划、方案并编写相关文案，这属于网络营销策划过程。编制科学、合理的网络营销策划书，有助于更加高效地开展网络营销活动。可以说，网络营销策划是开展网络营销的第一步。

11.1.1 网络营销策划的含义

营销策划是一种运用智慧与策略的营销活动与理性行为，是为了改变企业现状，达成营销目标，借助科学方法与创新思维，立足于企业现有营销状况而进行的战略性规划活动。网络营销策划就是为了达成特定的网络营销目标而进行的策略思考和方案规划的过程。网络营销策划不仅仅是网站推广，也不仅仅是网上销售。网络营销策划适合任何产品，包括无形的服务，它要求企业根据市场环境变化和自身资源状况做出相应的规划，从而提高产品销售额，获取更多利润。

11.1.2 网络营销策划的基本原则

网络营销策划是对企业未来的营销发展做出的战略性的决策和指导，带有前瞻性、全局性、创新性、系统性。网络营销策划需要遵循以下基本原则，如图 11-1 所示。

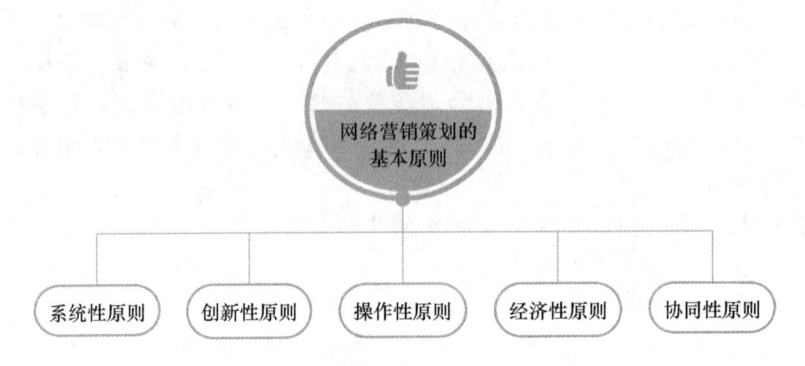

图 11-1 网络营销策划的基本原则

（1）系统性原则。网络营销是以网络为工具的系统性的企业经营活动，它是在网络环境下对市场营销的信息流、商流、制造流、物流、资金流和服务流进行的管理。因此，网络营销策划是一项复杂的系统工程。网络营销策划人员必须以系统论为指导，对企业网络营销活动的各种要素进行整合和优化，使"六流"皆备，相得益彰。

（2）创新性原则。网络为顾客比较不同企业的产品和服务及其带来的效用和价值提供了极大的便利。在个性化消费需求日益明显的网络营销环境中，通过创新，打造与顾客的个性化需求相适应的产品特色和服务特色，是提高效用和价值的关键。创新带来特色，特色不仅意味着与众不同，而且意味着额外的价值。在网络营销策划过程中，策划人员必须在深入了解网络营销环境，尤其是顾客需求和竞争者动向的基础上，努力实现产品和服务创新，增加顾客价值和效用，打造顾客喜爱的产品特色和服务特色。

（3）操作性原则。网络营销策划的第一个结果是网络营销方案。网络营销方案必须具有可操作性，否则毫无价值可言。这种可操作性表现为，在网络营销方案中，策划人员根据企业网络营销的目标和环境条件，就企业在未来的网络营销活动中做什么、何时做、何地做、何人做、如何做的问题，进行了周密的部署、详细的阐述和具体的安排。也就是说，网络营销方案是一系列具体的、明确的、直接的、相互联系的行动计划的指令，一旦付诸实施，企业的每个部门、每个员工都能明确自己的目标、任务、责任及完成任务的途径和方法，并懂得如何与其他部门或员工合作。

（4）经济性原则。网络营销策划必须以经济效益为核心。网络营销策划本身消耗一定的资源，其实施也会改变企业经营资源的配置状态和利用效率。网络营销策划的经济效益，是实施策划带来的经济收益与策划和方案实施成本之间的比率。成功的网络营销策划，应当是在策划和方案实施成本既定的情况下取得最大的经济收益，或者花费最小的策划和方案实施成本取得目标经济收益。

（5）协同性原则。网络营销策划的重要内容之一是确定网络营销方法的组合方案。网络营销方法不能孤立使用，孤立使用某种方法，很难达到网络营销策划的最终目的；而同时使用所有网络营销方法，必然违反经济性原则。只有将论坛、博客、社区、网媒、短视频、直播等多种资源协同应用，才能真正以最小的经济投入取得最大的网络营销效果。

11.1.3 网络营销策划的类型

网络营销策划可以根据不同的标准进行分类，常见的类型如表 11-1 所示。

表 11-1 网络营销策划的类型

分 类 依 据	具 体 类 型
网络营销策划时间的长短不同	网络营销战略策划
	网络营销战术策划
网络营销策划涉及的目标和范围不同	网络营销全程策划
	网络营销单项职能策划
网络营销策划活动的承担者不同	内部自行策划
	委托外部策划
	内外协作策划
网络营销策划活动的目的不同	销售型
	服务型
	品牌型
	提升型
	混合型

1．网络营销策划时间的长短不同

（1）网络营销战略策划。网络营销战略策划是对未来较长时期内企业发展方向、目标、任务、业务重点和发展阶段等问题进行的规划和设计。它与企业的稳健经营和持续发展具有密切的关系。

（2）网络营销战术策划。网络营销战术策划是指在企业营销战略的指导下，对网络营销调研、产品开发与设计、定价、渠道、促销等网络营销职能或活动进行的一种中短期规划和设计。它是企业增强产品或服务竞争力，改善和提高营销效果的有效手段。

2．网络营销策划涉及的目标和范围不同

（1）网络营销全程策划。网络营销全程策划是就企业某次网络营销活动进行的全方位、系统性策划，涵盖了网络营销调研、市场细分、目标市场选择、市场定位、网络营销组合策略设计和网络营销管理的方方面面。当企业即将推出一种新业务、新产品时，通常需要进行这样的策划。

（2）网络营销单项职能策划。网络营销单项职能策划是在企业网络营销活动过程中，仅就某方面的网络营销职能进行某种程度的设计与安排，其目的主要是改善该项职能的网络营销效果。

3．网络营销策划活动的承担者不同

（1）内部自行策划。内部自行策划是由企业内部的网络营销专家或有经验的专业人员、管理人员自行承担的策划活动。企业自己的人员非常熟悉企业自身的情况，策划能从企业的实际情况出发，策划的过程和思路不会外泄。优点是针对性强、保密性好、灵活方便、节省费用。但是由于企业人员自身的局限性等因素，其缺点较突出：策划受企业内部可控人、财、物状况，掌握信息的充分程度，可利用技术水平的高低等因素的影响与制约，策划思维有一定的局限性。

（2）委托外部策划。委托外部策划是由外部专业的咨询策划人员或机构进行策划。优点是策划者经验丰富，见多识广，专业化水平高，策划方案科学性强，还能为方案实施提供指导与帮助；缺点是费用较高，保密性差，需要很长的时间进行摸底调研。

（3）内外协作策划。内外协作策划是以企业内部策划为主，但因技术或其他方面的原因，又从外部聘请专家或机构联合策划。这种策划兼顾了以上两种策划的优点，又弥补了以上两种策划的缺点，但仍然存在保密性差、内外协作困难的缺点。

4．网络营销策划活动的目的不同

（1）销售型。销售型网络营销策划的主要目的可以是弥补传统销售渠道的不足，也可以是完善已有的网络营销渠道，扩大网络销售规模。策划的根本目的是为企业拓宽网络销售渠道，借助互联网的交互性、直接性、实时性和全球性，为顾客提供方便、快捷的网上购买方式。因此，该策划活动主要是围绕网络营销渠道的建设、网络营销渠道的功能完善、网络营销渠道使用的便利性、网络营销渠道的曝光率等内容进行的。

（2）服务型。服务型网络营销策划的主要目的是为顾客提供网上联机服务。顾客通过网上服务人员可以获得远距离的咨询和售后服务。大部分信息技术型公司都建立了此型网站。该策划活动主要是围绕网络服务方式、网络服务功能的建设、网络服务功能的推广等内容进行的。

（3）品牌型。品牌型网络营销策划的主要目的是在网上建立企业的品牌形象，加强与顾客的直接联系和沟通，提升顾客的品牌忠诚度，配合企业现有营销目标，并为企业的后续发展打下基础。大部分企业网站都属于此型。该策划活动主要是围绕品牌定位、品牌活动内容、品牌推广、品牌建设管理等内容进行的。

（4）提升型。提升型网络营销策划的主要目的是通过网络营销替代传统营销，全面降低营销费用，提高营销效率，提升营销管理水平，提高企业竞争力。如戴尔、海尔等网站都属于此型。

（5）混合型。混合型网络营销策划力图同时达到以上目的中的若干种。比如，亚马逊设立网上书店作为其主要销售业务网站，同时创立世界著名的网上书店品牌，并利用新型营销方式提升企业竞争力。它的网络营销策划既是销售型，又是品牌型，还属于提升型。

11.1.4　网络营销策划的作用

1．明确企业网络营销活动的目的

通过策划，企业可以进一步明确网络营销活动的目的，更了解目前发展状态，对未来的任务、目标、投资组合机会及活动实施方式有清晰的认识。良好的策划可以从根本上消除企业网络营销活动的盲目性。

2．提高企业网络营销活动的针对性

任何策划方案都是在特定目标的指导和约束下做出的。因此，为了确保网络营销活动的实施效果，应该认真分析拟开展的网络营销活动，使活动有针对性。正所谓分析准、看得准、做得准，网络营销效果才有保障。

3．增强企业网络营销活动的计划性

策划就是要把企业未来一段时间内的活动内容进行详细的安排、规划。这是企业各个部门和每个员工一段时间内的工作纲领和指导文件。一般情况下，如果没有大的市场形势的冲击和变动，企业就应该严格按照策划要求执行相关的活动内容，这样可以保证企业有序地开展网络营销活动。

4．有助于企业开展有特色或个性化的网络营销活动

随着消费者个性化消费的日益突出，企业要在竞争中获得优势，就必须依靠个性化和差异化的产品、服务和营销方式，只有有特色的网络营销活动才能吸引消费者。通过策划，企业可以重新审视自身的产品概念、产品定位，以及发展思路和品牌建设的内容，预见性地设计营销活动内容，增强企业网络营销活动的差异性，以此加强企业竞争力。

5．有助于企业提高产品竞争力，增加营销效益

从理论上说，在产品工艺质量差异不大的情况下，企业产品的竞争力来自产品"卖点"的新颖、独特，来自企业品牌的高知晓度，来自企业独特销售手段对渠道成员的吸引力。企业进行网络营销策划，就是为了更准确地找到产品竞争力的支撑点。同样，企业要想增加网络营销效益，也需要网络营销策划的支持，这样才能提高网络营销活动的针对性、计划性和创造性，有效避免企业开展无效活动。

11.1.5 网络营销策划的步骤

网络营销策划一般经过五个步骤，如图 11-2 所示。

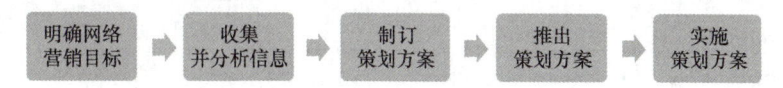

明确网络营销目标 → 收集并分析信息 → 制订策划方案 → 推出策划方案 → 实施策划方案

图 11-2 网络营销策划的步骤

（1）明确网络营销目标。策划是什么？策划是实现营销目标的计划，因此目的性是非常强的。我们必须明确营销目标和方向，并且按照这个目标设计出具体、明确的行动方案，从而帮助从事网络营销活动的人员做好网络营销工作。

（3）收集并分析信息。信息是策划的基础，没有信息就不能策划，所以收集并分析信息非常重要。最好在做策划之前能收集更多高质量、有价值的信息。

（3）制订策划方案。在前面两步的基础上，需要制订准确的策划方案，这也是网络营销策划的重要部分。在这个过程中需注意策划方案的创新性，加大创新力度。

（4）推出策划方案。策划方案编写完成后，要提交给上级主管或委托客户，由其审议通过。这一阶段，主要任务是向上级或委托人讲解、演示、推介策划方案。再好的策划方案，如果不能被对方理解、采纳，也是无用功。因此推出策划方案也是策划的一个重要环节。

（5）实施策划方案。按策划内容和阶段策划要求，分阶段完成相关活动，并随时根据实施的结果评估策划方案，及时动态修正相关内容。

11.2 网络营销策划的主要内容

企业的网络营销策划应该以企业整体运营状况为基础，从企业的全局出发。网络营销策划的主要内容包括六个方面。

11.2.1 企业与宏观环境研究

首先,在开始网络营销策划之前,策划人员要详细分析企业当前的经营状况,分析企业有什么能力开展网络营销活动。其次,企业要明确所处的宏观环境,包括经济、政治、法律、社会、文化、技术环境,以及竞争者、分销商、供应商情况,分析目标市场客户需求。企业可以进行 SWOT 分析,清楚了解开展网络营销活动的机会和困难是什么,为后续的网络营销策划提供定位和依据。

> **知识拓展**
>
> **SWOT 分析**
>
> SWOT 分析,即基于内外部竞争环境和竞争条件的态势分析,就是将与研究对象密切相关的各种主要内部优势、劣势和外部机会、威胁等,通过调研列举出来,并依照矩阵形式排列,然后用系统分析的思想,把各种因素相互匹配加以分析,从中得出一系列相应的结论,而结论通常带有一定的决策性。其中,S(Strengths)代表优势,W(Weaknesses)代表劣势,O(Opportunities)代表机会,T(Threats)代表威胁。
>
> 从整体上看,SWOT 可以分为两部分:第一部分为 SW,主要用来分析内部条件;第二部分为 OT,主要用来分析外部条件。利用这种方法,可以找出对自己有利的、值得发扬的因素,以及对自己不利的、要避开的因素,发现存在的问题,找出解决办法,并明确以后的发展方向。

11.2.2 企业的网络营销战略分析

企业经营管理的主要任务之一,就是从战略角度分析市场环境和形势,制定目标和计划。网络营销策划中的战略分析为网络营销策划活动指明了方向,是全局和综合性的策划活动。战略分析令企业系统、全面地了解所处的形势,提出具有前瞻性和成长性的发展目标,并帮助企业确定未来一段时间内发展的终极任务和品牌定位,并明确网络营销活动的成果。

11.2.3 企业的网络营销策略分析

1. 网络营销产品品牌策划

传统线下品牌线上经营不一定就是网络品牌,企业需要重塑网络品牌。网络企业开展网上经营,更要认真分析,做好定位。产品品牌策划是一种深层次的呈现,能使企业的形象和产品品牌在消费者心中有所差异,从而使消费者留下深刻的印象,与企业产品品牌形成共鸣。产品品牌策划可以帮助企业在进入市场前做出正确判断,制定符合时代发展趋势的产品品牌战略目标,进行正确的产品定位,在一定程度上还可以弥补企业不正确的经营投资造成的经济损失。策划内容具体包括品牌定位、品牌包装、产品设计、产品服务、品牌管理等。

2. 网络营销价格策划

传统市场定价策略和网络市场定价策略都可以用来指导网络营销中的产品定价。其实可以用一种更简单的定价原则指导企业定价活动,即以成本为基础,以同类产品价格为参考制定价格。如想提高产品的价格竞争优势,可以提供差异性的服务或适当降低产品价格。

3. 网络营销渠道策划

网络营销的渠道应该本着让消费者方便购买的原则设置。不同企业自身条件和所处环境不同，渠道策划的重点也不同。如果企业初涉网络市场，而且企业规模和资金实力有限，渠道建设策划的重点是间接渠道的选择，可以利用第三方电商平台、著名经纪公司、专业微商企业、员工社交网络开展网络销售活动或其他网络营销活动。如果企业规模和资金实力都允许，渠道策划应该包括直接渠道的网络自有平台建设。如果企业已经涉足网络市场，此时的渠道策划应该是整合已有的渠道资源，完善渠道类型和功能。

4. 网络营销促销策划

网络营销促销策划越来越成为网络营销策划的重点，它决定了企业网络营销是否能达到预期的战略目标。在促销策划环节，应该明确不同阶段促销计划的具体内容和促销活动的时间线。

（1）确定促销时间。促销即促进性活动，特点是短期，因此促销时间不宜过长。要根据长期战略和短期战略目标，并结合重要的企业事件和社会事件，确定促销阶段的时间长度。可以是几天，一般不要超过 1 个月。

（2）确定促销目标。一般来说，针对消费者的促销目标有：增加销售量，扩大销售；吸引新客户，巩固老客户；树立企业形象，提升知名度；应对竞争，争取客户。促销目标要根据企业要求及市场状况确定，可以确立单个目标，也可以确立多个目标。确定促销目标要交代背景，说明原因，即对与此促销目标有关的情况进行描述，如当前市场、消费者和竞争者状况、企业目前情况及本次促销动机等。这部分内容写作要求客观、简练。

（3）设计促销主题。主题是方案设计的核心。促销主题是促销方案设计的核心、中心思想，是贯穿整个网络营销策划的主线。任何一项策划总有一个主题。主题明确，方案设计才会有清晰而明确的定位，使促销的各种因素能有机地组合在一个完整的计划方案之中。

促销的主题要有新意，同时必须服从和服务于企业的网络营销目标。促销主题必须针对特定的网络促销及其目标，还要迎合消费者心理需求，能引起消费者的强烈共鸣。网络促销的主题语要有明确的利益、情感诉求点，具有鲜明的个性，充满活力，同时简明易懂，让消费者容易记住。

（4）设计促销活动方案。设计促销活动方案能够充分表现设计者的聪明才智与创新点子。网络营销促销活动方案设计的要求如下：

① 紧扣网络营销促销目标，体现促销主题。促销方案的设计要围绕促销主题展开，方案要尽可能具体，要把行动方案按不同的时段进行分解，当然还要突出重点。设计要点是以市场分析为依据，充分发挥设计者的创新精神，力争创出与众不同的新方案。

② 选择网络营销促销内容，确定促销范围。促销的可以是实物商品、虚拟产品，也可以是服务，或者品牌信息。如果促销的是实物商品，那么应该以增加销售量为出发点，设计引起消费者购买欲望的内容；如果促销的是虚拟产品、服务或品牌信息，那么应该以增加流量或会员注册数为目标，设计促销内容。

③ 选择促销方式，并合理组合。根据确定的促销商品范围，设计具体的促销活动方案。在方案策划中，可以采用多种方式，但要注意促销方式的有效性。

④ 促销活动方案设计要求具体和可操作。强调促销活动不仅要明确有几种，是什么，更要明确如何操作。

⑤ 促销活动方案设计追求"创意"。方案设计成功与否，主要看有多大创意，只有具有新意、具有较强个性、具有生动活力的促销活动，才能引起消费者的强烈共鸣，才是设计的价值所在。当然，这些创意要考虑客观性，更要考虑消费者的认可和接受程度，否则再好的创意也是镜花水月。

（5）设计促销宣传方案。网络促销活动的宣传是全方位的。要把促销的信息告知消费者，营造促销气氛，在促销中展示企业形象，必须运用多种宣传方式。要写明采用的宣传组合方式具体有哪些，在什么时间段应用。

（6）编制促销费用预算。费用预算是促销策划必不可少的部分。费用预算不能只有一个笼统的总金额，应该分两部分列出。第一部分是，在促销活动方案中凡涉及费用的都要估算列出；第二部分是，以各方案预算为基础，再设计独立的"促销总费用预算"。

费用预算要在企业资金实力能承受的范围内，与网络促销方案平衡。网络促销活动需要费用支持，网络促销费用预算与网络促销方案设计是密不可分的，任何网络促销方案都要考虑到费用支出。编制费用预算要注意，了解促销费用，尽可能细化，尽可能准确，求得最优效果。

（7）安排促销实施进度。促销实施是一个过程，一般包括两个阶段，即前期促销准备阶段和后期促销进行阶段。整个促销实施过程需要有效控制，从组织上、制度上、人员上和时间上给予充分保障，使促销活动如期、有效地开展。因此，在方案设计中必须拟定促销实施进度安排表，明确安排这些工作、活动何时做，由谁做，有什么要求。安排促销实施进度，使计划方案由单纯的构思创意转为具体的实施计划，也可作为对实施活动进行控制的检查标准。

11.2.4　企业的网络营销预算

网络营销预算是指执行各种网络营销战略、政策所需的最适量的预算，以及在各个网络营销环节、各种网络营销手段之间的预算分配。网络营销活动预算不是笼统的数字，而是根据每个阶段活动的内容，详细列出每笔花费，以及支出名目和依据。促销费用预算如果前面已经分析过了，在策划书的这一部分，可以只列出总数，不用再详细说明。

11.2.5　企业的网络营销实施

网络营销实施是一项系统工程，需要专门的部门或机构进行组织和管理。企业实施网络营销更多的是管理和组织方面的问题，涉及企业高层的战略决策和业务流程。

在网络营销策划过程中的实施部分，要明确说明实施网络营销活动的团队成员，每个成员的工作职责，每项工作内容的考核标准，以及网络营销活动的时间安排。

11.2.6　企业的网络营销风险管理

市场环境中存在很多不确定的因素，任何一种潜在的风险因素都有可能对企业的网络营销活动形成威胁。对企业来说，网络营销风险是客观存在的，且无法完全避免。企业进行风险管理，就是通过识别、判断、评估、预测风险，尽可能地认识、掌控这些风险，进而预见性地制定相应的措施，以降低风险对企业网络营销活动造成的负面影响。

在网络营销策划书中，应该预见性地列出有可能出现的风险具体有什么，企业拟采取的对策有哪些，还要明确对抗风险的相关工作人员和资金情况。

由于企业业务特点、产品特点、资金情况、已进入网络市场开展营销活动的程度不同，网络营销策划内容差异性明显。企业应该根据当期网络营销实际情况，有针对性地选择策划内容,以上只是一般性地分析了策划环节应该包括的内容。

11.3 编制网络营销策划书

网络营销策划书是企业根据实际状况制定的未来某段时间内企业网络营销战略、战术的策划方案,用来指导未来的网络营销工作。网络营销策划书一般遵循一定的编制原则,由基本策划和行动方案两部分构成,在格式上包括封面、正文、附录等主要部分。

11.3.1 网络营销策划书的编制原则

策划书和一般的文章不同,对可信性、可操作性和说服力的要求特别高。为了提高网络营销策划书的准确性与科学性,应首先把握其编制的四个主要原则,如图 11-3 所示。

(1)逻辑严谨。策划的目的在于解决企业网络营销中的问题,应按照逻辑性思维来编制策划书。首先,交代策划背景,分析产品市场现状;其次,详细阐述具体策划内容;最后,明确提出解决问题的对策。

图 11-3 网络营销策划书的编制原则

(2)简洁朴实。网络营销策划书要用简明扼要的方式突出策划的重点内容,抓住企业营销要解决的核心问题,深入分析,并提出可行的对策。语言表达不要过于华丽,需注重实际操作,避免华而不实。

(3)可操作性强。编制的策划书要用于指导营销活动,涉及营销活动中每个人的工作及各环节关系的处理,因此其可操作性非常重要。不能操作的方案,创意再好也无任何价值。不易操作也必然要耗费大量人、财、物资源,管理复杂,效果差。

(4)创意新颖。要求策划书的创意新、内容新、表现手法新,给人以耳目一新的感受。新颖的创意是策划书的核心。

11.3.2 网络营销策划书的基本结构

(1)基本策划部分。主要对企业的网络营销背景、网络市场环境进行分析,视策划内容不同,分析内容也有所差异。具有共性的内容一般有宏观环境分析、微观环境分析、企业概况分析,以及对调研材料的分析。这部分内容要做到分析准确,材料翔实,原始材料的处理要实事求是,不主观捏造。

(2)行动方案部分。主要阐述企业网络营销活动的范围、目标、战略、策略、步骤、实施程序和安排等。

网络营销策划书的这两个部分是相辅相成的关系。基本策划部分为行动方案部分作铺垫,行动方案部分的内容不能脱离基本策划部分提供的前提。策划书里的行动方案要有明确的针对性和切实的可行性。

11.3.3 网络营销策划书的格式

由于企业网络营销活动的策划目标、内容与对象不同,策划书不必有固定的内容和格式。但是,这绝不意味着策划书可以不分情况,想怎么写就怎么写。一般来说,完整的网络营销策划书应该包括封面、前言、目录、正文、结尾、附录等部分。

1. 封面

封面一般由标题、策划单位、策划日期等内容组成。策划书的封面就像一个人的签名，对是否能给人留下良好的第一印象很重要。策划书封面的题目也叫标题，必须新颖、引人注目、简短清晰，并和策划主题内容一致。"某企业网络营销策划书"这类标题不能清晰表达企业网络营销的发展目标，没有表达出策划的内容。因此，封面的标题代表策划的主要目的，主标题要新颖、响亮，可以再加一个起解释说明作用的副标题。图 11-4 展示了森马网络营销策划书封面，该封面同时体现了策划主题、企业名字和企业业务特点。

图 11-4　森马网络营销策划书封面

2. 前言

前言也叫序文、摘要或导言，是策划书的开头部分。前言主要介绍当前策划的项目，如策划书的背景、意义、策划的重点和难点、策划团队的介绍、策划书内容概要等。前言字数不能太多，一般不能超过一页，内容要简明扼要，用词简练。

3. 目录

为了让决策者更清晰地了解策划书的体系结构，快速浏览想看的内容，一定要给策划书加上目录。如果策划书内容不多，目录可以和前言放在一页。

4. 正文

正文是策划书的主体，主要内容如下。

（1）起止时间。主要说明本策划方案从什么时候开始实施，到什么时间截止。时间安排不是凭空想象的，而是经过科学推算的，既要有余地，还不会浪费资源。为了节省网络营销费用而缩短活动时间，不一定能达到策划的预定目标，而活动时间过长，虽然能达到网络营销活动预设目标，但会浪费企业资源。时间适当，才能用最小的代价取得最佳效果。

（2）基本策划部分和行动方案部分。11.3.2 节已经进行了详细说明，此处不再赘述。

5. 结尾

结尾是对策划书的总结和建议，主要重复一下主要观点，突出要点，对策划的有关事宜及操作提出建议和意见。

6. 附录

附录是附带说明问题和进行展示的资料，是策划方案的附件，作用在于提供策划客观性的证明，也包括策划书里引用的数据的原始资料。内容主要有策划书引用的文献资料、消费者问卷的样本、座谈会原始照片等。

11.3.4　网络营销策划书范例

图 11-5 展示了某公司的网络营销策划书。

这个范例只列出了网络营销策划书一般性的内容，在撰写网络营销策划书时还要根据具体的战略目标，对策划书的内容做适当增减。

网络营销策划与推广需要有针对性地制订网络营销方案，并切实落地，难度较大。因此，在实践中，有不少专业网络营销策划与推广机构开展相关的业务，为开展网络营销的企业提供全套服务。

****公司网络营销策划方案（大纲）
1. 公司简介
2. 公司网络市场分析
3. 公司网络竞争分析
　3.1 优势分析
　3.2 劣势分析
　3.3 机会分析
　3.4 威胁分析
4. 公司网络营销组合策略
　4.1 产品与品牌
　4.2 价格
　4.3 渠道
　4.4 促销（主要是网络促销方式的组合）
　4.5 服务
5. 网络营销解决方案
6. 财务管理
　6.1 费用统计
　6.2 预测利润
　6.3 预测资产负债表
　6.4 现金流量表
7. 执行与控制
　7.1 人员安排

图 11-5　某公司的网络营销策划书

本章实训

一、实训目标

1. 理解网络营销策划书的含义和基本结构。
2. 掌握网络营销策划书的编制原则。
3. 熟悉网络营销策划的步骤，能根据战略需求进行策划。

二、实训任务

◇ 实训任务一

1. 自选一家企业，假定你是该企业的网络营销部门经理。
2. 根据自选企业的实际情况，设定网络营销短期战略目标，进行网络营销活动的创意构思和策划。
3. 撰写一份完整的网络营销策划书。

◇ 实训任务二

1. 学生分组，每组选定一款要在网络上销售的产品。
2. 根据本章学习内容，为该产品设计一次完整的网络营销活动。
3. 每组撰写一份网络营销策划，制作幻灯片，演示并答辩。

三、实训总结与思考

1. 分析总结网络营销策划的目的是什么，要解决什么问题。
2. 分析网络营销策划书与一般的营销策划书有什么区别。

课后习题

一、名词解释

网络营销策划　　网络营销战略策划　　网络营销战术策划　　网络营销全程策划

二、单项选择题

1. 网络营销策划人员必须以（　　）为指导，对企业网络营销活动的各种要素进行整合和优化，使"六流"皆备，相得益彰。
   A．策划　　　　B．战略　　　　C．科学性　　　　D．系统论
2. 为了让决策者更清晰地了解策划书的体系结构，快速浏览想看的内容，一定要给策划书加上（　　）。
   A．导论　　　　B．绪论　　　　C．前言　　　　D．目录
3. 网络营销策划的主要目的是通过网络营销替代传统营销，全面降低营销费用，提高营销效率，提升营销管理水平，提高企业竞争力。该网络营销策划属于（　　）。
   A．混合型　　　B．品牌型　　　C．提升型　　　D．服务型
4. （　　）网络营销策划的主要目的是在网上建立企业品牌形象，加强与顾客的直接联系和沟通，提升顾客的品牌忠诚度，配合企业现有营销目标，并为企业的后续发展打下基础。
   A．混合型　　　B．品牌型　　　C．提升型　　　D．服务型
5. （　　）是就企业某次网络营销活动进行的全方位、系统性策划。
   A．网络营销战略策划　　　　　　B．网络营销战术策划
   C．网络营销单项职能策划　　　　D．网络营销全程策划

三、多项选择题

1. 下面（　　）是网络营销策划的基本原则。
   A．系统性原则　　B．创新性原则　　C．操作性原则　　D．经济性原则
2. 根据策划时间的长短不同，网络营销策划可分为（　　）。
   A．网络营销全程策划　　　　　　B．网络营销战略策划
   C．网络营销单项职能策划　　　　D．网络营销战术策划
3. 网络营销策划书的编制原则有（　　）。
   A．逻辑严谨　　B．简洁朴实　　C．可操作性强　　D．即时性
4. 视策划内容不同，网络营销策划书的分析内容也有所差异。具有共性的内容有（　　）。
   A．企业网络营销人员能力分析　　B．宏观环境分析
   C．微观环境分析　　　　　　　　D．企业概况分析
5. 品牌型网络营销策划活动应该围绕（　　）等内容进行。
   A．品牌建设管理　B．品牌定位　C．品牌活动内容　D．品牌价格

四、简答题

1. 网络营销策划的作用是什么？
2. 简述网络营销策划的步骤。
3. 你认为策划过程中，哪个步骤最难？为什么？
4. 为什么要做好网络营销预算？
5. 网络营销策划内容中为什么要有风险管理？

参 考 文 献

[1] 刘芸. 网络营销与策划（第3版）[M]. 北京：清华大学出版社，2020.
[2] 王春梅. 网络营销理论与实务[M]. 北京：清华大学出版社，2018.
[3] 李东进，秦勇，陈爽. 网络营销理论、工具与方法[M]. 北京：人民邮电出版社，2021.
[4] 李玉清，魏明. 网络营销实务[M]. 北京：电子工业出版社，2018.
[5] 喻晓蕾，苑春林. 网络营销[M]. 北京：中国经济出版社，2018.
[6] 何晓兵，何杨平，王雅丽. 网络营销——基础、策略与工具（第2版）[M]. 北京：人民邮电出版社，2020.
[7] 王永东. 网络营销学[M]. 北京：清华大学出版社，2018.
[8] 杨连峰. 网络广告理论与实务[M]. 北京：清华大学出版社，2017.
[9] 杨韵. 网络营销定位、推广与策划[M]. 北京：人民邮电出版社，2021.
[10] 徐茂权，马玉芳. 软文营销理论、方法、策略与案例分析[M]. 北京：人民邮电出版社，2017.
[11] 彭斌全. 软文营销[M]. 北京：清华大学出版社，2020.
[12] 殷存举. 搜索引擎优化技术研究[J]. 软件工程师，2014(7)：40-41.
[13] 冯英健. 网络营销基础与实践（第四版）[M]. 北京：清华大学出版社，2013.
[14] 月光. 电子邮件营销推广的技巧[OL]. https://www.williamlong.info/archives/4258.html，2015.6.
[15] 戴恩勇，袁超. 网络营销[M]. 北京：清华大学出版社，2015.
[16] 王易. 微信电商[M]. 北京：电子工业出版社，2014.
[17] 张兵. 微信微博立体营销六天完成[M]. 北京：中国铁道出版社，2012.
[18] 袁清. 大数据时代营销体系的重构与发展思考[J]. 商业经济研究，2016(24)：46-48.
[19] 李翠亭. "大数据"时代营销策略分析[J]. 商业经济，2016(8)：90-91.
[20] 杨明. 基于大数据技术优势的电子商务精准营销分析[J]. 中国市场，2021(8)：189-190.
[21] 周一冲. 大数据环境下电商精准营销策略研究[J]. 营销界，2020(12)：47-48.
[22] 于勇毅. 大数据营销[M]. 北京：电子工业出版社，2017.
[23] 韩布伟. 大数据营销[M]. 北京：化学工业出版社，2016.
[24] 刘冰. 网络营销策略与方法[M]. 北京：北京邮电大学出版社，2019.
[25] 李琳. 网络营销与案例分析[M]. 西安：西安电子科技大学出版社，2019.

反侵权盗版声明

电子工业出版社依法对本作品享有专有出版权。任何未经权利人书面许可，复制、销售或通过信息网络传播本作品的行为；歪曲、篡改、剽窃本作品的行为，均违反《中华人民共和国著作权法》，其行为人应承担相应的民事责任和行政责任，构成犯罪的，将被依法追究刑事责任。

为了维护市场秩序，保护权利人的合法权益，我社将依法查处和打击侵权盗版的单位和个人。欢迎社会各界人士积极举报侵权盗版行为，本社将奖励举报有功人员，并保证举报人的信息不被泄露。

举报电话：（010）88254396；（010）88258888
传　　真：（010）88254397
E-mail：　dbqq@phei.com.cn
通信地址：北京市万寿路 173 信箱
　　　　　电子工业出版社总编办公室
邮　　编：100036